ADOBE® ACROBAT® X
CLASSROOM IN A BOOK®

A239 Adobe Acrobat X classroom in a book : guia de
       treinamento oficial / [Adobe Creative Team] ; tradução:
       Igor Vianna ; revisão técnica: Fábio Jacob dos Santos. –
       Porto Alegre : Bookman, 2012.
       335 p. : il. color. ; 25 cm + 1 CD-ROM

       ISBN 978-85-407-0093-2

       1. Software – Adobe Acrobat X. I. Adobe Creative Team.

                                          CDU 004.4Adobe Acrobat X

Catalogação na publicação: Ana Paula M. Magnus – CRB 10/2052

ADOBE® ACROBAT® X

CLASSROOM IN A BOOK®
Guia de treinamento oficial

Tradução:
Igor Vianna

Revisão técnica:
Fábio Jacob dos Santos
Publicitário pela Faculdade Oswaldo Cruz
Consultor Adobe Systems Brasil
Especialista em Flash

2012

Obra originalmente publicada sob o título *Adobe Acrobat X Classroom in a Book, 1st Edition*
ISBN 978-0-321-75125-6

Authorized translation from the English language edition, entitled ADOBE ACROBAT X CLASSROOM IN A BOOK, 1st Edition, by ADOBE CREATIVE TEAM, published by Pearson Education,Inc., publishing as Adobe Press, Copyright © 2011. All rights reserved. No part of this book may be reproduced or transmitted in any form or by any means, electronic or mechanical, including photocopying, recording or by any information storage retrieval system, without permission from Pearson Education,Inc.

Portuguese language edition published by Bookman Companhia Editora Ltda, a Division of Grupo A, Copyright © 2012.

Tradução autorizada a partir do original em língua inglesa da obra intitulada ADOBE ACROBAT X CLASSROOM IN A BOOK, 1ª Edição, de autoria de ADOBE CREATIVE TEAM, publicado por Pearson Education, Inc., sob o selo Adobe Press, Copyright © 2011. Todos os direitos reservados. Este livro não poderá ser reproduzido nem em parte nem na íntegra, nem ter partes ou sua íntegra armazenado em qualquer meio, seja mecânico ou eletrônico, inclusive fotocópia e gravação, sem permissão da Pearson Education,Inc.

A edição em língua portuguesa desta obra é publicada por Bookman Companhia Editora Ltda, uma Divisão do Grupo A, Copyright © 2012.

Capa: *VS Digital*, arte sobre capa original

Leitura final: *Aline Grodt*

Gerente Editorial – CESA: *Arysinha Jacques Affonso*

Editora responsável por esta obra: *Mariana Belloli Cunha*

Projeto e editoração: *Techbooks*

Reservados todos os direitos de publicação, em língua portuguesa, à
Bookman® Companhia Editora Ltda, uma divisão do Grupo A Educação S.A.
Av. Jerônimo de Ornelas, 670 – Santana
90040-340 – Porto Alegre – RS
Fone: (51) 3027-7000   Fax: (51) 3027-7070

É proibida a duplicação ou reprodução deste volume, no todo ou em parte, sob quaisquer formas ou por quaisquer meios (eletrônico, mecânico, gravação, fotocópia, distribuição na Web e outros), sem permissão expressa da Editora.

Unidade São Paulo
Av. Embaixador Macedo Soares, 10.735 – Pavilhão 5 – Cond. Espace Center
Vila Anastácio – 05095-035 – São Paulo – SP
Fone: (11) 3665-1100   Fax: (11) 3667-1333

SAC 0800 703-3444 - www.grupoa.com.br

IMPRESSO NO BRASIL
PRINTED IN BRAZIL

SUMÁRIO

O QUE HÁ NO CD 10

INTRODUÇÃO 11
    Sobre o Classroom in a Book 12
    Acrobat Pro e Acrobat Standard 13
    Pré-requisitos 13
    Instale o Adobe Acrobat 13
    Inicie o Adobe Acrobat. 14
    Copie os arquivos do Classroom in a Book 14
    Para copiar os arquivos do Classroom in a Book 14
    Recursos adicionais 15
    Certificação Adobe 15

1 APRESENTANDO O ADOBE ACROBAT X. 18
    Visão geral da lição 18
    Sobre o Adobe PDF 20
    Sobre o Adobe Acrobat 20
    Sobre o Adobe Reader 23
    O Adobe PDF na Internet 24
    Primeira análise da área de trabalho 25
    Visualize apresentações PDF no modo Full Screen 29
    Visualize arquivos PDF no modo Read 31
    Crie documentos para a visualização online 31
    Obtenha ajuda 34
    Perguntas de revisão. 39

2 EXPLORE A ÁREA DE TRABALHO 40
    Visão geral da lição 40
    Abra um arquivo PDF 42
    Trabalhe com barras de ferramentas. 43
    Trabalhe com os painéis de tarefas 46
    Personalize a barra de ferramentas Quick Tools 50

Use as teclas de atalho para selecionar as ferramentas 51
Navegue nos documentos PDF 52
Perguntas de revisão 59

3   CRIE ARQUIVOS ADOBE PDF 60

Visão geral da lição 60
Sobre a criação de arquivos Adobe PDF 62
Use o comando Create 63
Arraste e solte os arquivos 66
Converta e combine diferentes tipos de arquivos 66
Use o PDFMaker 70
Use o comando Imprimir para criar arquivos Adobe PDF 73
Reduza o tamanho do arquivo 78
Sobre a compressão e apresentação de amostras 79
Digitalize um documento em papel 80
Permita que o texto digitalizado seja editado e pesquisado 81
Converta mensagens de e-mail em PDF (Windows) 82
Converta páginas Web em Adobe PDF 86
Perguntas de revisão 93

4   LEIA E TRABALHE COM ARQUIVOS PDF 94

Visão geral da lição 94
Altere a exibição de abertura 96
Sobre a exibição na tela 98
Leia documentos PDF 98
Pesquise documentos PDF 107
Imprima documentos PDF 110
Preencha formulários PDF 112
Sobre a flexibilidade, a acessibilidade e a estrutura 114
Trabalhe com documentos acessíveis 115
Torne arquivos flexíveis e acessíveis 118
Use os recursos de acessibilidade do Acrobat 122
Compartilhe arquivos PDF 128
Perguntas de revisão 129

5 USE O ACROBAT COM ARQUIVOS DO MICROSOFT OFFICE (WINDOWS) 130

Visão geral da lição 130
Introdução 132
Sobre o Acrobat PDFMaker............................. 132
Converta um arquivo do Microsoft Word para Adobe PDF 133
Converta os documentos Excel e inicie uma revisão.... 138
Converta apresentações de PowerPoint 143
Converta páginas Web do Internet Explorer............ 145
Salve arquivos PDF como documentos do Word 145
Extraia tabelas PDF como planilhas do Excel 146
Perguntas de revisão................................... 149

6 APERFEIÇOE E EDITE DOCUMENTOS PDF....................... 150

Visão geral da lição 150
Examine o arquivo de trabalho......................... 152
Mova páginas com as miniaturas de página............ 153
Edite páginas do Adobe PDF 155
Renumere as páginas 157
Edite links 159
Trabalhe com indicadores.............................. 163
Adicione arquivos de multimídia 167
Edite textos 170
Copie textos e imagens de um arquivo PDF............ 172
Defina os metadados e as propriedades de documentos... 175
Perguntas de revisão................................... 177

7 COMBINE ARQUIVOS EM PDF PORTFOLIOS 178

Visão geral da lição 178
Sobre os PDF Portfolios 180
Crie um PDF Portfolio 181
Personalize o PDF Portfolio............................. 186
Compartilhe o PDF Portfolio 190
Pesquise em um PDF Portfolio 191
Perguntas de revisão................................... 193

8 ADICIONE ASSINATURAS E SEGURANÇA 194

Visão geral da lição 194

Introdução 196

Visualize documentos no modo protegido (apenas no Windows) 196

Sobre a segurança 198

Visualize as configurações de segurança...............199

Adicione segurança aos arquivos PDF 201

Sobre as assinaturas digitais..........................204

Crie assinaturas digitais 205

Assine um documento digitalmente...................212

Modifique documentos assinados.....................213

Certifique os arquivos PDF 215

Assine documentos certificados.......................217

Explore por conta própria: use envelopes de segurança..218

Perguntas de revisão..................................221

9 USE O ACROBAT EM UM CICLO DE REVISÃO 222

Visão geral da lição 222

Sobre o processo de revisão...........................224

Introdução 225

Adicione comentários a um documento PDF 225

Trabalhe com comentários............................231

Inicie uma revisão compartilhada 236

Explore por conta própria: inicie uma colaboração ao vivo 241

Perguntas de revisão..................................243

10 TRABALHE COM FORMULÁRIOS NO ACROBAT..................244

Visão geral da lição 244

Introdução 246

Converta arquivos PDF em formulários PDF interativos..246

Adicione campos de formulário 248

Distribua formulários 254

Colete dados de formulário 259

Trabalhe com dados de formulário 261

Explore por conta própria: calcule e valide os campos numéricos..262

Perguntas de revisão..................................265

11 USE AÇÕES..266

Visão geral da lição 266

Sobre as ações..268

Use ações predefinidas 268

Crie uma ação 270

Compartilhe ações...................................280

Perguntas de revisão..................................281

12 USE OS RECURSOS LEGAIS...................................282

Visão geral da lição 282

Os recursos legais do Adobe Acrobat X 284

Sobre a numeração de Bates e a remoção de conteúdo oculto...285

Aplique a numeração de Bates 285

Defina a numeração de Bates 288

Edite a numeração de Bates..........................291

Aplique remoção de conteúdo oculto 292

Altere a aparência dos marcadores de redação.........293

Pesquise marcações no texto.........................295

Monte documentos PDF 297

Marque as remoções de conteúdo oculto em várias páginas 298

Perguntas de revisão..................................301

13 USE O ACROBAT NA IMPRESSÃO PROFISSIONAL 302

Visão geral da lição 302

Crie arquivos PDF para impressão e pré-impressão.....305

Comprovação de arquivos (Acrobat Pro)...............308

Trabalhe com transparências (Acrobat Pro) 313

Configure o gerenciamento de cores 317

Visualizando o trabalho de impressão (Acrobat Pro)....318

Controles de impressão avançados....................321

Perguntas de revisão..................................325

ÍNDICE **327**

O QUE HÁ NO CD

Eis um panorama sobre o conteúdo do CD do Classroom in a Book

O CD do *Adobe Acrobat X Classroom in a Book* contém os arquivos necessários para completar os exercícios deste livro, bem como outras informações que ajudam a conhecer melhor o Adobe Acrobat X e a utilizá-lo com maior eficiência e facilidade. O diagrama abaixo representa o conteúdo do CD e ajuda a encontrar os arquivos necessários.

Arquivos das lições

Cada lição tem sua própria pasta dentro da pasta Lessons. Você precisa copiar essas pastas de lições para o seu disco rígido antes de começar cada lição.

Recurso online

Links para o Adobe Community Help, páginas de ajuda e suporte a produto, programas de certificação Adobe, Adobe TV e outros recursos online úteis estão disponíveis em um prático arquivo html. Basta abrir o arquivo Additional Resources em seu navegador e clicar nos links. Inclui um link especial à página do produto do livro, onde você pode acessar atualizações e material adicional.

Adobe Press

Encontre informações sobre outros títulos da Adobe Press, com toda a linha de produtos da Adobe no arquivo Additional Resources.

INTRODUÇÃO

O Adobe® Acrobat® X é uma ferramenta essencial no fluxo de trabalho eletrônico de hoje. Como nas versões anteriores, é possível usar o Acrobat Standard ou o Acrobat Pro para converter praticamente qualquer documento para PDF (Portable Document Format, formato de documento portátil) da Adobe, conservando o visual exato e o conteúdo do original, incluindo as fontes e os gráficos. Além disso, o Acrobat oferece suporte à tecnologia Adobe Flash, garantindo que os componentes multimídia em um PDF sejam reproduzidos com perfeição.

A Adobe reformulou completamente a interface do usuário do Acrobat, de forma a torná-la mais intuitiva. Caso nunca tenha usado o Acrobat, passará a conhecê-lo rapidamente. Caso tenha utilizado suas versões anteriores, a nova interface do usuário pode exigir algum tempo de adaptação. Porém, é provável que você goste mais da área de trabalho organizada e do design mais avançado. As barras de ferramentas Quick Tools e Common Tools podem ser personalizadas para o acesso rápido às ferramentas utilizadas com mais frequência.

Esteja você utilizando o Acrobat Standard ou o Acrobat Pro, é possível distribuir os documentos em PDF com confiança e segurança por e-mail ou armazená-los na Internet, na Intranet, em um sistema de arquivos, um CD ou um serviço Web como o Acrobat.com. Com as revisões compartilhadas, você e seus colegas podem colaborar facilmente à medida que trabalham em um documento. Os revisores podem visualizar e comentar o seu trabalho, independentemente da plataforma com a qual trabalham. O Acrobat facilita a reunião e organização de dados de revisões ou formulários. É possível criar formulários interativos e permitir que os usuários do download gratuito do Adobe Reader X salvem o formulário completo.

Caso esteja usando o Acrobat Pro, você pode automatizar os processos e torná-los mais uniformes usando o novo Action Wizard. O Acrobat inclui várias ações para tarefas comuns, como tornar documentos acessíveis. Suas próprias ações podem ser criadas, incluindo comentários de instrução, para os processos realizados.

Além disso, no Acrobat Pro, é possível unificar documentos, planilhas, apresentações, e-mail, rich media, entre outros, em um único e coeso PDF Portfolio. Também é possível aplicar a adaptação a informações confidenciais, comparar versões de documentos e usar controles de produção de impressão para obter um fluxo de trabalho de impressão mais rápido e confiável.

Sobre o Classroom in a Book

O *Adobe Acrobat X Classroom in a Book®* faz parte da série de treinamento oficial para software de edição gráfica e de publicação da Adobe desenvolvida com o suporte dos especialistas em produtos Adobe. As lições foram planejadas para que você possa aprender no seu próprio ritmo. Caso nunca tenha usado o Adobe Acrobat, aprenderá os conceitos e recursos fundamentais necessários para dominar o programa. Caso já esteja usando o Acrobat há algum tempo, perceberá que o Classroom in a Book apresenta muitos recursos avançados, ajuda a conhecer a nova interface do usuário e inclui lições destinadas especificamente a profissionais da área jurídica e de impressão.

As lições nesta edição incluem informações sobre diversos recursos do Adobe Acrobat, incluindo:

- Criar e usar ações.
- Desenvolver PDF Portfolios.
- Criar arquivos PDF da Adobe com um clique.
- Salvar sites e outros conteúdos da área de transferência como arquivos PDF.
- Reutilizar o conteúdo dos arquivos PDF da Adobe em outros aplicativos (se for permitido pelo autor).
- Editar documentos PDF.
- Criar apresentações multimídia.
- Revisar e comentar documentos Adobe PDF, incluindo a capacidade de compartilhar um documento para a revisão ao vivo.
- Criar, distribuir e coletar dados de formulários.
- Redigitar informações e utilizar numeração de Bates (para profissionais da área jurídica).
- Proteger documentos PDF.

Embora cada lição apresente instruções passo a passo para projetos específicos, é possível explorar e experimentar. Você pode seguir o livro do início ao fim ou completar apenas as lições que melhor se adaptam aos seus interesses e necessidades.

Acrobat Pro e Acrobat Standard

Este livro compreende recursos incluídos tanto no Acrobat Pro como no Acrobat Standard. Quando uma ferramenta ou recuso descrito estiver disponível apenas no Acrobat Pro, isso será indicado. Os recursos disponíveis apenas no Acrobat Pro incluem:

- Comprovação dos documentos e outras tarefas de produção de impressos.
- Criação de PDF Portfolios.
- Modificação da ordem de novo fluxo de objetos em uma página para otimizar a acessibilidade.
- Aplicação da numeração de Bates e da adaptação.
- Comparação das versões de um documento.
- Utilização e criação de ações.

Pré-requisitos

Antes de começar a usar o *Adobe Acrobat X Classroom in a Book*, você deve conhecer o funcionamento de seu computador e seu sistema operacional. Certifique-se de que sabe como usar o mouse, os menus padrão e os comandos, e também de que sabe como abrir, salvar e fechar arquivos. Se precisar revisar essas técnicas, consulte a documentação impressa ou online incluída em seu sistema.

Instale o Adobe Acrobat

Antes de começar a usar o *Adobe Acrobat X Classroom in a Book*, assegure-se de que o seu sistema está corretamente configurado e de que o software e o hardware necessários foram instalados. O Adobe Acrobat X deve ser adquirido separadamente. Para consultar os requisitos do sistema, consulte o site da Adobe, em www.adobe.com/products/acrobat/main.html.

É necessário instalar o aplicativo do CD do Adobe Acrobat X no disco rígido. Não é possível rodá-lo a partir do CD. Siga as instruções de instalação na tela.

Inicie o Adobe Acrobat

O Acrobat é inicializado da mesma maneira que outros aplicativos.

- **Windows:** Escolha Start > Program ou All Programs > Adobe Acrobat X Standard ou Adobe Acrobat X Pro.
- **Mac OS:** Abra a pasta do Adobe X Standard ou do Adobe Acrobat X Pro e clique duas vezes no ícone do programa.

Copie os arquivos do Classroom in a Book

O CD do *Adobe Acrobat X Classroom in a Book* inclui pastas que contêm todos os arquivos eletrônicos das lições. Cada lição tem sua própria pasta, e elas devem ser copiadas para o seu disco rígido para acompanhar as lições. A fim de economizar espaço em disco, é possível instalar apenas a pasta necessária para cada lição, à medida que for necessário, e remover a pasta quando tiver concluído.

Para copiar os arquivos do Classroom in a Book:

● **Nota:** Caso os arquivos da lição sejam sobrescritos quando você estiver seguindo as lições, é possível restaurar os arquivos originais copiando a pasta da lição correspondente do CD do Classroom in a Book para a pasta AcrobatX_CIB em seu disco rígido.

1 Insira o CD do *Adobe Acrobat X Classroom in a Book* na unidade de CD-ROM.
2 Crie uma pasta com o nome **AcrobatX_CIB** no disco rígido.
3 Copie todas as lições, ou apenas aquelas que deseja trabalhar agora, para o disco rígido:
   - Para copiar todas as lições, arraste a pasta Lessons do CD para a pasta AcrobatX_CIB.
   - Para copiar uma única lição, arraste a pasta da lição individual do CD para a pasta AcrobatX_CIB.

Recursos adicionais

O objetivo do *Adobe Acrobat X Classroom in a Book* não é substituir a documentação que acompanha o programa, nem ser uma referência completa para cada recurso do software. Somente os comandos e opções utilizados nas lições são explicados neste livro. Para informações adicionais sobre os recursos do programa e tutoriais, consulte:

Ajuda e Suporte Acrobat: www.adobe.com/support/acrobat, onde você encontra conteúdo de Ajuda e suporte do Adobe.com.

Com o Adobe Community Help você pode:

Adobe TV: http://tv.adobe.com é um recurso online de vídeo que fornece instruções básicas e especializadas e inspiração sobre produtos Adobe.

Acrobat Users.com: site oficial para a comunidade de usuários do Acrobat, onde você encontra tutoriais, vídeos, entrevistas, discussões e muito mais.

Adobe Forums: http://forums.adobe.com permite que você participe de discussões peer-to-peer e também faça perguntas e encontre respostas sobre produtos Adobe.

Recursos para educadores: www.adobe.com/education inclui inúmeros recursos para professores e alunos.

Home Page do Adobe Acrobat X: www.adobe.com/products/acrobat

Adobe Labs: http://labs.adobe.com disponibiliza acesso às primeiras novidades da tecnologia de ponta, além de fóruns em que você pode interagir com as equipes de desenvolvedores da Adobe que trabalham nessa tecnologia e outros integrantes da comunidade.

● **Nota:** Comentários e sugestões relativos à edição brasileira desta obra podem ser enviados para secretariaeditorial@grupoaeditoras.com.br.

Certificação Adobe

O objetivo dos programas de treinamento e certificação da Adobe é ajudar os clientes a aprimorar e promover suas habilidades e proficiência no uso do produto. Há quatro níveis de certificação:

- Adobe Certified Associate (ACA)
- Adobe Certified Expert (ACE)
- Adobe Certified Instructor (ACI)
- Adobe Authorized Training Center (AATC)

O certificado Adobe Certified Associate (ACA) atesta que o usuário tem as habilidades básicas para planejar, projetar, construir e manter uma comunicação utilizando diferentes formas de mídia digital.

O programa Adobe Certified Expert é uma maneira de os usuários especialistas poderem atualizar suas credenciais. Você pode usar a certificação Adobe como um catalisador para conseguir um aumento salarial, encontrar um emprego ou aumentar sua experiência.

Se você é instrutor de nível ACE, o programa Adobe Certified Instructor eleva o nível de suas habilidades e fornece acesso a um amplo espectro de recursos da Adobe.

Os Adobe Authorized Training Centers oferecem cursos conduzidos por instrutores e treinamento em produtos Adobe, empregando apenas instrutores certificados pela Adobe. Um diretório de AATCs está disponível em http://partners.adobe.com.

Para informações sobre os programas de certificação da Adobe, visite www.adobe.com/support/certification/main.html.

Acelere seu ritmo de trabalho com o Adobe CS Live

O Adobe CS Live é uma suíte de serviços que utiliza a conectividade da Web e se integra ao Adobe Creative Suite 5 para simplificar o processo de revisão criativa, acelerar os testes de compatibilidade, gerar inteligência relevante sobre o usuário da rede e muito mais, permitindo que você concentre seus esforços na criação de trabalhos mais impactantes. Os serviços CS Live são oferecidos gratuitamente por tempo limitado* e podem ser acessados online ou via aplicativos da Creative Suite 5.

Adobe BrowserLab é destinado a Web designers e desenvolvedores que precisam pré-visualizar e testar suas páginas Web em diversos navegadores e sistemas operacionais. Diferentemente de outras soluções de compatibilidade com navegadores, o BrowserLab gera imagens de tela praticamente *on demand* com diversas ferramentas de visualização e diagnóstico, e pode ser usado com o Dreamweaver CS5 para pré-visualizar conteúdos locais e diferentes estados de páginas interativas. Por ser um serviço online, o BrowserLab tem ciclos de desenvolvimento rápidos, com maior flexibilidade para expandir suporte de navegação e funcionalidades atualizadas.

Adobe CS Review é destinado a profissionais da criação que desejam um novo nível de eficiência no processo de revisão criativa. Ao contrário de outros serviços que oferecem a revisão online de conteúdo criativo, o CS Review permite publicar uma revisão diretamente na Web utilizando InDesign, Photoshop, Photoshop Extended e Illustrator, além de visualizar os comentários dos revisores no aplicativo original do Creative Suite.

Acrobat.com é dirigido a profissionais da criação que precisam trabalhar com um grupo de colegas e clientes para fazer um projeto criativo ir do briefing de criação ao produto final. O Acrobat.com é um conjunto de serviços online que inclui *web conferencing*, compartilhamento online de arquivos e áreas de trabalho. Em vez da colaboração via e-mail e das demoradas reuniões presenciais, o Acrobat.com traz as pessoas até seu trabalho, abolindo a necessidade de enviar arquivos a todos os envolvidos. Com isso, você consegue acelerar as tratativas de negócio do processo criativo de qualquer local.

Adobe Story atende às necessidades de profissionais da criação, produtores e escritores que trabalham com scripts. O Story é uma ferramenta colaborativa de desenvolvimento de scripts que os transforma em metadados que podem ser utilizados com as ferramentas Adobe CS5 Production Premium para melhorar a eficiência dos fluxos de trabalho e criar recursos de vídeo.

SiteCatalyst NetAverages é para profissionais Web e de dispositivos móveis que desejam otimizar seus projetos para públicos maiores. O NetAverages fornece informações sobre como os usuários estão acessando a Web, o que ajuda a reduzir as suposições já no começo do processo criativo. Você pode acessar dados agregados de usuário, como tipo de navegador utilizado, sistema operacional, perfil de dispositivo móvel, resolução da tela e muito mais – tudo isso mostrado em tempo real. Os dados são obtidos das atividades dos visitantes de sites clientes do Omniture SiteCatalyst. Diferentemente de outras soluções de inteligência para a Web, o NetAverages exibe dados com Flash, criando uma experiência envolvente, robusta e, ao mesmo tempo, fácil de usar.

Você pode acessar o CS Live de três maneiras:

1. Configure o modo de acesso quando registrar os produtos de sua Creative Suite 5 e obtenha acesso gratuito que inclui todos os recursos e vantagens de fluxo de trabalho do CS Live com o CS5.
2. Configure o modo de acesso com o registro online e obtenha acesso gratuito a serviços online CS Live por tempo limitado. Observe que esta opção não oferece acesso aos serviços em seus produtos.
3. As versões de teste dos produtos para desktop incluem um período de teste de 30 dias dos serviços CS Live.

* Visite www.adobe.com/go/cslive para obter mais detalhes.

1 APRESENTANDO O ADOBE ACROBAT X

Visão geral da lição

Nesta lição, você vai:

- Ser apresentado ao formato do documento Adobe PDF, ao Acrobat X e ao Adobe Reader.
- Observar pela primeira vez a área de trabalho do Acrobat.
- Analisar exemplos de documentos PDF desenvolvidos para impressão e para visualização online.
- Examinar algumas decisões de criação e formatação necessárias durante a criação de uma publicação eletrônica.
- Visualizar um PDF no modo Read.
- Aprender a usar a ajuda do Adobe Acrobat X.

Esta lição levará aproximadamente 45 minutos para ser concluída. Copie a pasta Lesson01 para o disco rígido do seu computador, caso ainda não a tenha copiado.

Com o Adobe Acrobat X, é possível visualizar, criar, editar e aprimorar os documentos Adobe PDF, conservando toda a formatação do arquivo original.

Sobre o Adobe PDF

O PDF (*Portable Document Format*, formato de documento portátil) da Adobe é um formato de arquivo universal que conserva todas as fontes, formatação, cores e gráficos de todos os documentos de origem, independentemente do aplicativo e da plataforma usada para a criação do documento original. Os arquivos Adobe PDF são compactos e seguros. Qualquer pessoa que utiliza o Adobe Reader gratuito pode visualizar, navegar, comentar e imprimir um arquivo PDF. Direitos adicionais podem ser estendidos aos usuários do Adobe Reader, possibilitando que eles preencham e salvem um formulário PDF e participem dos processos de revisão do PDF. Se o Acrobat Pro estiver sendo utilizado, também é possível permitir que os usuários do Reader assinem digitalmente um PDF.

- O Adobe PDF conserva o layout exato, as fontes e a formatação de texto dos documentos eletrônicos, independentemente do sistema operacional ou da plataforma usada para a visualização desses documentos.
- Os documentos PDF podem conter vários idiomas, como japonês e inglês, na mesma página.
- Os documentos PDF são impressos da maneira esperada, com as margens e as quebras de páginas adequadas.
- Os arquivos PDF podem ser protegidos para impedir alterações e impressões não autorizadas ou para limitar o acesso a documentos confidenciais.
- A ampliação da visualização pode ser alterada para uma página PDF no Acrobat ou no Adobe Reader, o que é muito útil para ampliar o zoom em gráficos ou diagramas que contêm detalhes complexos.

Sobre o Adobe Acrobat

O Acrobat permite a criação, utilização, leitura e impressão de documentos PDF.

Crie arquivos Adobe PDF

Praticamente qualquer documento (um arquivo de texto, um arquivo criado em um aplicativo de layout de páginas, um documento digitalizado, uma página Web ou uma foto digital) pode ser convertido para o Adobe PDF com a utilização do software Acrobat ou de aplicativos de edição de outras empresas. O fluxo de trabalho e o tipo de documento determinam a melhor maneira para criar um PDF.

- Use os comandos Create no menu File do Acrobat para converter rapidamente diversos formatos de arquivos para o Adobe PDF e abri-los no Acrobat. Esses comandos também podem ser acessados no botão Create, na barra de ferramentas Quick Tools. Os arquivos podem ser convertidos individualmente ou em conjunto. Os arquivos convertidos podem ser combinados em um único arquivo PDF compacto, ou, se o Acrobat Pro estiver sendo usado, é possível reuni-los em um PDF Portfolio com ferramentas de navegação incorporadas. Também é possível criar uma página PDF em branco usando a ferramenta Insert Blank Page.

- Use o comando Print (Imprimir) para converter praticamente qualquer arquivo em Adobe PDF, em qualquer aplicativo. Na maioria dos aplicativos, as configurações da criação do PDF podem ser ajustadas dentro da caixa de diálogo Print.

- Use o Acrobat PDFMaker do Microsoft Office para o Windows ou outros aplicativos conhecidos. Quando o Acrobat é instalado, o Acrobat PDFMaker é adicionado automaticamente aos aplicativos compatíveis instalados no computador. Basta clicar no botão Create PDF ( ) na faixa do Acrobat (Office 2007 ou 2010) ou no botão Convert To Adobe PDF ( ) na barra de ferramentas do aplicativo de edição. As configurações podem ser alteradas para incluir indicadores, hiperlinks e recursos de acessibilidade.

- Digitalize documentos em papel e converta-os em documentos Adobe PDF pesquisáveis.

- Use o comando Create PDF From Web Page para baixar páginas Web e convertê-las em Adobe PDF, mantendo os links intactos, ou use o Acrobat PDFMaker no Mozilla Firefox ou no Microsoft Internet Explorer para salvar páginas Web rapidamente.

- Converta mensagens de e-mail para Adobe PDF no Microsoft Outlook ou no Lotus Notes no Windows. Você pode converter um e-mail individual para PDF ou toda uma pasta de mensagens fundidas em um PDF ou um PDF Portfolio.

As Lições 3, 5 e 13 apresentam instruções passo a passo para a criação de arquivos Adobe PDF com a utilização desses métodos.

Trabalhe com arquivos PDF

Os arquivos PDF podem ser gerenciados, editados, reunidos e pesquisados no Acrobat. Além disso, formulários podem ser criados, processos de revisão iniciados e até mesmo recursos legais aplicados.

- Configure a área de trabalho do Acrobat de acordo com as suas necessidades. A interface do usuário no Acrobat X apresenta barras de ferramentas, painéis de tarefas e painéis de navegação personalizáveis. (Lição 2, "Explore a área de trabalho".)

- No Acrobat Pro, vários documentos podem ser reunidos em um PDF Portfolio, no qual os arquivos individuais são mantidos como documentos separados que podem ser lidos, editados e impressos individualmente. (Lição 7, "Combine arquivos em PDF Portfolio".)

- Execute uma pesquisa simples usando o comando Find ou execute uma pesquisa mais complexa com o painel avançado Search, no Acrobat. (Lição 4, "Leia e trabalhe com arquivos PDF".)

- Gire e recorte páginas PDF, insira arquivos e páginas PDF em um documento, personalize os indicadores e renumere páginas. (Lição 6, "Aprimore e edite documentos PDF".)

- Faça pequenas edições ao conteúdo do PDF, incluindo texto e, no Acrobat Pro, objetos. Reutilize o conteúdo de um arquivo PDF em outros aplicativos (se permitido pelo criador do documento), salvando o conteúdo em outros formatos de arquivo, extraindo imagens e convertendo páginas PDF em formatos de imagem. (Lição 6, "Aprimore e edite documentos PDF".)

- Crie apresentações multimídia sofisticadas. Arquivos de vídeo, animação e som incorporados não necessitam de outros softwares para serem executados. O arquivo PDF inclui tudo aquilo que o destinatário precisa para visualizar o arquivo no Acrobat ou no Adobe Reader gratuito que pode ser baixado. (Lição 6, "Aprimore e edite documentos PDF".)

- Aprove o conteúdo e certifique a validade de um documento adicionando sua assinatura digital. Uma proteção sofisticada também pode ser adicionada a um arquivo PDF confidencial, evitando que usuários copiem textos e gráficos, imprimam documentos ou até mesmo abram o arquivo. (Lição 8, "Adicione assinaturas e segurança".)

- Adicione comentários e texto de marcação no ciclo de revisão de um documento eletrônico. No Acrobat, revisões compartilhadas, pela Web ou por e-mail podem ser configuradas. É possível colaborar ao vivo usando o serviço online Acrobat.com. Também é possível convidar usuários do Adobe Reader para participar das revisões. (Lição 9, "Use o Acrobat em um ciclo de revisão".)

- Crie formulários PDF interativos a partir de qualquer documento eletrônico ou de um formulário físico digitalizado. Formulários podem ser habilitados, de forma que os usuários do Acrobat Reader também poderão preenchê-los e salvá-los. As ferramentas do Acrobat também ajudam na distribuição de formulários, no rastreamento de respostas e na análise de dados de formulários. (Lição 10, "Trabalhe com formulários no Acrobat".)

- No Acrobat Pro, automatize fluxos de trabalho usando ações personalizadas que combinam as tarefas de acordo com a sua necessidade. (Lição 11, "Use ações".)

- Processe e distribua documentos legais eletronicamente. Para atender às necessidades de tribunais e escritórios de advocacia, o Acrobat Pro inclui um recurso de adaptação para a remoção de conteúdo sigiloso de um documento PDF e um recurso de numeração de Bates para a classificação dos documentos. (Lição 12, "Use os recursos legais".)

- Gere arquivos PDF de alta qualidade. As ferramentas de pré-impressão especializadas do Acrobat Pro permitem a visualização de separações de cores, o ajuste de transparências de objetos em suas reproduções e a separação de cores de impressão dos arquivos PDF. O painel Standards identifica os arquivos PDF/X, PDF/A e PDF/E e o recurso Preflight torna mais fácil verificar se um arquivo PDF atende aos critérios definidos antes da impressão. (Lição 13, "Use o Acrobat na impressão profissional".)

Leia arquivos PDF

Os documentos PDF podem ser lidos com o Adobe Reader, o Acrobat Standard ou o Acrobat Pro. Além disso, eles também podem ser compartilhados com a utilização de redes e servidores de Internet, CDs, DVDs e outras mídias removíveis, além do serviço online Acrobat.com.

● **Nota:** Os recursos de acessibilidade, incluindo o Read Out Loud, podem não funcionar no Adobe Reader, no Windows XP, quando o modo protegido estiver habilitado. No Windows Vista e no Windows 7, os recursos de acessibilidade funcionam como o esperado no modo protegido.

Sobre o Adobe Reader

O Adobe Reader, disponível online gratuitamente, é o padrão global para a visualização de arquivos PDF. Ele é o único visualizador de PDF que pode abrir e interagir com todos os documentos PDF. O Adobe Reader possibilita a visualização, pesquisa, assinatura digital, verificação, impressão e colaboração em arquivos PDF sem a necessidade da instalação do Acrobat.

O Adobe Reader pode exibir nativamente conteúdo rich media, incluindo arquivos de áudio e vídeo. Os PDF Portfolios também podem ser visualizados no Reader. No Adobe Reader X, é possível comentar os arquivos PDF usando as ferramentas Sticky Note e Highlights, incorporadas ao aplicativo. Porém, direitos adicionais podem ser estendidos aos usuários do Adobe Reader, caso seja necessário que eles preencham um formulário PDF ou participem plenamente das revisões colaborativas de documentos.

Por padrão, o Adobe Reader para Windows abre arquivos PDF no modo protegido (Protected Mode) (conhecido pelos profissionais de TI como "isolamento de processos"). No modo protegido, o Reader limita todos os processos ao aplicativo em si, de maneira que arquivos PDF potencialmente maléficos não tenham acesso ao computador e seus arquivos de sistemas. Para verificar se o Adobe Reader está no modo protegido, escolha File > Properties, selecione a guia Advanced e analise o status de Protected Mode.

● **Nota:** A Adobe recomenda enfaticamente que o Adobe Reader seja usado no modo protegido. Porém, se precisar desabilitá-lo, escolha Edit > Preferences. A seguir, selecione General na lista de categorias e desmarque Enable Protected Mode At Startup, no painel Application Startup. Será necessário reinicializar o Adobe Reader para que a alteração seja aplicada.

O Adobe PDF na Internet

A Internet expandiu enormemente as possibilidades de distribuição de documentos eletrônicos para um público amplo e variado. Como os navegadores podem ser configurados para executar outros aplicativos dentro de sua janela, os arquivos PDF podem ser postados como parte de um site. As pessoas que visitam o seu site podem baixar ou visualizar esses arquivos PDF dentro da janela do navegador usando o Adobe Reader.

Ao incluir um arquivo PDF como parte da página Web, considere direcionar os usuários ao site da Adobe, para que, na primeira vez em que encontrarem um PDF, possam baixar o Adobe Reader gratuitamente, se necessário.

Os PDFs podem ser visualizados uma página de cada vez e impressos da Internet. Com a transferência de uma página por vez, os servidores Web enviam apenas a página solicitada, diminuindo o tempo de transferência. Além disso, é possível imprimir facilmente as páginas selecionadas ou todas as páginas do documento. O PDF é um formato adequado para a publicação de documentos eletrônicos longos presentes na Internet, sendo que os documentos PDF são impressos como o esperado, com as quebras de página e as margens adequadas.

Também é possível baixar e converter páginas Web para Adobe PDF, facilitando as ações de salvá-las, distribui-las e imprimi-las. (Para obter mais informações, consulte a Lição 3, "Crie arquivos Adobe PDF".)

Adicione os instaladores do Adobe Reader

O Adobe Reader está disponível gratuitamente, facilitando a visualização de documentos PDF pelos usuários. Os usuários podem ser indicados aos instaladores do Adobe Reader no site da Adobe, em www.adobe.com. Se documentos estiverem sendo distribuídos em um CD ou DVD, é possível incluir uma cópia dos instaladores do Adobe Reader no disco.

Se estiver incluindo os instaladores do Adobe Reader em um disco, é preferível incluir um arquivo de texto Leia Me no nível superior do CD ou DVD, que descreverá como instalar o Adobe Reader e fornecerá informações de última hora.

Cópias ilimitadas do Adobe Reader podem ser feitas e distribuídas, incluindo cópias para a distribuição comercial. Para obter informações sobre a distribuição e a disponibilização de acesso aos usuários para o Adobe Reader, acesse o site da Adobe, em http://www.adobe.com/products/acrobat.

Uma logomarca especial é disponibilizada pela Adobe para que seja usada quando da distribuição do Adobe Reader.

Primeira análise da área de trabalho

Inicialmente analisaremos alguns PDFs no Acrobat para conhecermos a interface do Acrobat X e as considerações sobre o design de documentos eletrônicos.

1 Inicie o Acrobat. Na tela de boas-vindas, clique em Open.

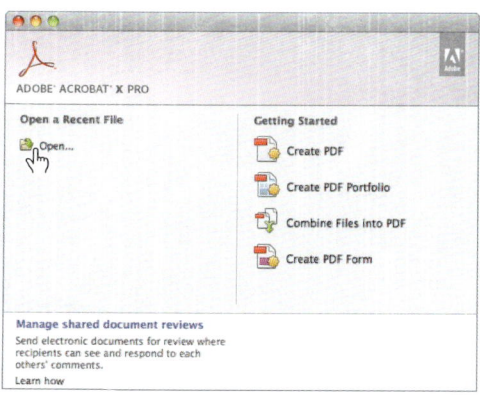

A tela de boas-vindas do Acrobat é o painel de arquivos recentes e ferramentas de criação de PDF.

2 Acesse a pasta Lesson01 no seu disco rígido, selecione o arquivo de nome Hilaptorex.pdf e clique em Open.

Esse documento é um artigo de uma página que foi convertido para Adobe PDF a fim de facilitar a distribuição eletrônica.

3 Observe a área de trabalho. Ela inclui uma barra de menu no topo da tela. Clique em qualquer um dos menus para ver um menu de comandos. Clicamos em View.

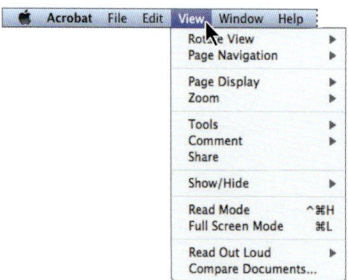

A barra de menu geralmente fica aberta quando trabalhamos no Acrobat. Caso a barra de menu seja fechada com o comando View > Show/Hide > Menu Bar, não será possível acessar outros comandos de menu para reabri-la. Para reabrir a barra de menu, pressione F9 (Windows) ou Command+Shift+M (Mac OS) no teclado.

4 Observe os botões do painel de tarefas à direita da janela: Tools, Comment e Share. Clique em Tools.

O painel Tools organiza as ferramentas do Acrobat em painéis relacionados às tarefas.

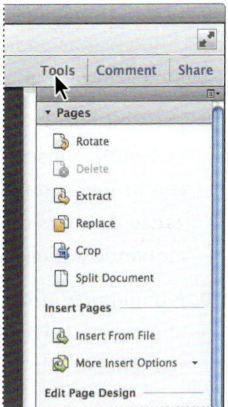

5 Observe as barras de ferramentas diretamente abaixo da barra de menu. As barras de ferramentas contêm botões para permitir o acesso a certos recursos mais rapidamente.

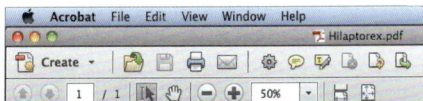

A barra de ferramentas Quick Tools pode ser personalizada com a adição de botões para qualquer uma das ferramentas listadas nos painéis de tarefas. Estudaremos a personalização da barra de ferramentas na Lição 2, "Explore a área de trabalho".

6 Clique no botão Create na barra de ferramentas Quick Tools. Escolher um dos comandos de Create inicia um processo para a criação de um arquivo PDF. Clique fora do menu para fechá-lo sem selecionar um comando.

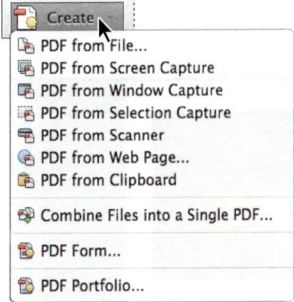

7 Mova o cursor para baixo, para o canto inferior esquerdo do painel do documento, a fim de que o tamanho da página seja revelado. (O painel do documento faz parte do workspace que exibe um documento aberto.) A exibição do tamanho da página desaparece quando o ponteiro é afastado da área.

Observe que o tamanho da página tem um padrão de 8,5 x 11 pol. O designer escolheu esse tamanho para que a página pudesse ser impressa em uma impressora padrão além de ser lida eletronicamente.

8 Escolha File > Open e abra o arquivo Application.pdf, localizado na pasta Lesson01. Observe que o arquivo é aberto em um workspace separado com seu próprio conjunto de barras de ferramentas. Podemos alternar a visualização dos dois documentos abertos, Hilaptorex.pdf e Application.pdf, selecionando aquele que deseja visualizar no menu Window.

9 No menu Window, selecione o arquivo Application.pdf (na lista de arquivos abertos na parte inferior do menu). Posteriormente, veremos como posicionar janelas lado a lado para visualizarmos vários arquivos de uma só vez.

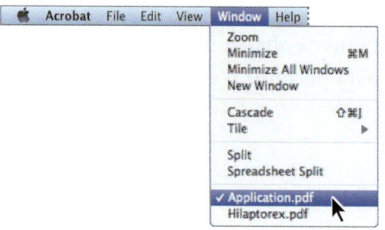

10 Clique no botão Bookmarks ( ), no painel de navegação, à esquerda da área de trabalho. Clique no indicador Harry Tanaka CV, no painel Bookmarks, para acessar diretamente a página de destino desse indicador no documento.

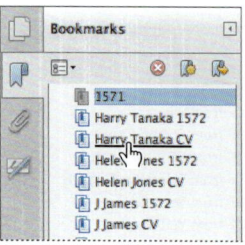 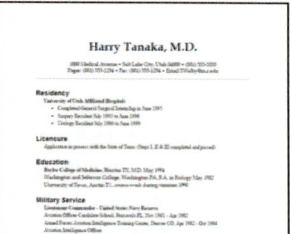

O painel de navegação exibe os painéis de navegação padrão, incluindo o painel Bookmarks. Para abri-los, escolha View > Show/Hide > Navigation Panes > [nome do painel]. Estudaremos mais sobre o painel de navegação e seus painéis na lição 2, "Explore a área de trabalho".

11 Com o arquivo Application.pdf ativo, escolha File > Close e feche esse arquivo sem salvar as alterações. Feche o arquivo Hilaptorex.pdf da mesma maneira.

Acabamos de analisar rapidamente os principais componentes da área de trabalho do Acrobat X: a barra de menu, as barras de ferramentas, os painéis de tarefas, o painel de documentos e o painel de navegação. Aprenderemos mais sobre esses elementos à medida que avançarmos no livro.

Visualize apresentações PDF no modo Full Screen

No modo Full Screen (tela cheia), a barra de menu e as barras de ferramentas são ocultas.

1 Escolha File > Open e clique duas vezes no arquivo Aquo_Financial.pdf, localizado na pasta Lesson01.

2 Clique em Yes na caixa de mensagem Full Screen para abrir o documento no modo Full Screen.

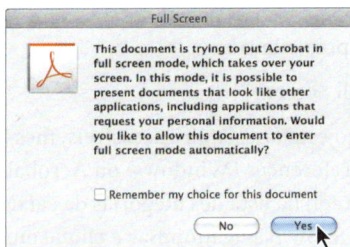 

Observe que no modo Full Screen o documento ocupa todo o espaço disponível no monitor. Todas as barras de ferramentas, menus e painéis desapareceram.

Esse documento é uma apresentação informativa, destinada a ser visualizada exclusivamente em monitores. Os gráficos, as fontes grandes e o layout de página horizontal foram desenvolvidos para a exibição em um monitor.

Para definir um arquivo para ser aberto no modo Full Screen, escolha File > Properties, clique na guia Initial View na caixa de diálogo Document Properties, selecione Open In Full Screen Mode e clique em OK. A seguir, salve o documento. Para obter mais informações, consulte a Lição 6, "Aprimore e edite documentos PDF".

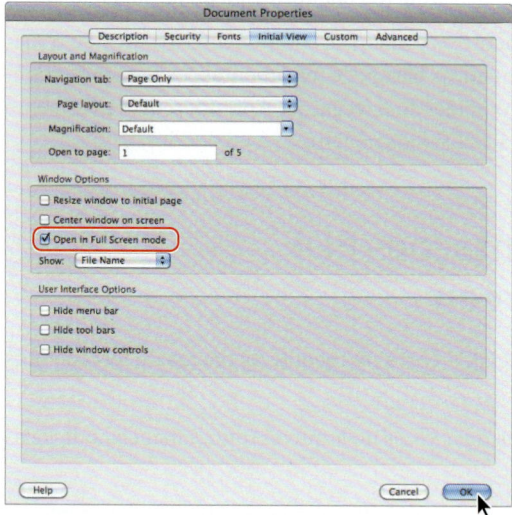

Qualquer arquivo PDF pode ser visualizado no modo Full Screen, abrindo o documento no Acrobat e escolhendo View > Full Screen Mode.

3 Pressione Enter ou Return para folhear a apresentação.

4 Pressione a tecla Esc para sair do modo Full Screen.

5 Para garantir que os controles de navegação estejam sempre acessíveis, mesmo no modo Full Screen, escolha Edit > Preferences (Windows) ou Acrobat > Preferences (Mac OS) e selecione Full Screen na lista de categorias da caixa de diálogo Preferences. Selecione a opção Show Navigation Bar e clique em OK para aplicar as alterações.

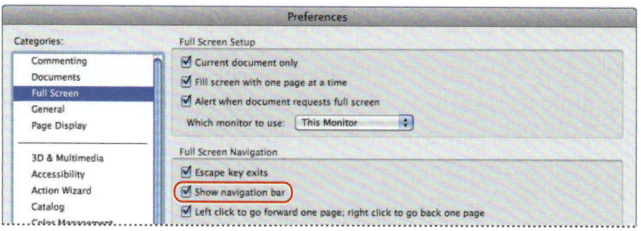

De agora em diante, sempre que um documento for aberto no Acrobat neste computador no modo Full Screen, o Acrobat exibirá os botões Next Page, Previous Page e Exit Full Screen View na parte inferior esquerda do painel do documento. Os botões são exibidos quando o documento é visualizado pela primeira vez no modo Full Screen e desaparecem para não obstruírem a apresentação. Para acessar os botões, mova o ponteiro sobre o canto inferior esquerdo da tela. Lembre-se de que as preferências de visualização Full Screen são específicas do computador no qual uma apresentação PDF é executada, não do documento.

Visualize arquivos PDF no modo Read

O espaço disponível em tela para o documento PDF pode ser maximizado sem que seja necessário entrar no modo Full Screen. O modo Read oculta todos os elementos da área de trabalho, exceto a barra de menu e o documento.

1 Escolha View > Read Mode.

2 Aproxime o ponteiro da parte inferior da janela. Uma barra de ferramentas flutuante semitransparente é exibida rapidamente quando o ponteiro do mouse aproxima-se da parte inferior da página. Essa barra de ferramentas flutuante inclui ferramentas de navegação que permitem o aumento ou a diminuição do zoom ou a movimentação para diferentes páginas.

3 Para restaurar a área de trabalho, clique no botão Show Main Toolbar na barra de ferramentas flutuante ou escolha View > Read Mode.

4 Escolha File > Close e feche o arquivo sem salvar as alterações.

Crie documentos para a visualização online

Se quisermos que os leitores visualizem o documento online, é necessário tomar decisões de criação e produção que ajudarão a tornar a publicação mais atraente e fácil de utilizar. Se estivermos simplesmente convertendo um documento físico existente para o formato eletrônico, será necessário ponderar sobre os benefícios de retrabalho do design em relação ao tempo e custo necessários para isso. Se a publicação destinar-se à visualização tanto na tela quanto em papel, devemos nos certificar de que o design acomoda os requisitos de ambos.

Primeiro, analisaremos um documento impresso convertido para o formato eletrônico inalterado. Converter um documento para Adobe PDF é uma boa maneira de distribuir um documento de maneira fácil e econômica. Permite também a utilização de recursos como links e indicadores, tornando a navegação de um documento mais longo, como Perguntas frequentes de uma empresa, fácil e intuitiva. Com o OCR (*optical character recognition*, reconhecimento óptico de caracteres) também é possível tornar pesquisável o texto do documento.

1 Escolha File > Open e abra o arquivo Aquo_FAQs_Print.pdf, localizado na pasta Lesson01.

Observe que esse documento longo e estreito é difícil de ser lido na tela. É preciso baixar a barra de rolagem para ler toda a página.

2 Para visualizar toda a página no painel do documento, escolha View > Zoom > Zoom To Page Level ou clique no botão Fit One Full Page ( ) na barra de ferramentas Common Tools.

Embora as páginas se encaixem na tela, pode-se perceber que esse documento foi criado para impressão. A página longa e estreita tem um formato inadequado para a tela, e a imagem e os tamanhos pequenos das fontes dificultam a leitura pelo usuário.

Agora analisaremos o mesmo documento reprojetado e otimizado para a leitura online.

3 Escolha File > Open e clique duas vezes no arquivo Aquo_FAQs_Web.pdf, também localizado na pasta Lesson01.

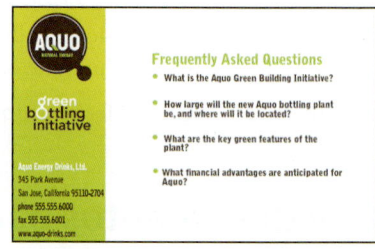

Observe que a orientação horizontal da página torna esse documento mais adequado para a exibição em um monitor em comparação com a orientação vertical do documento anterior.

4 Clique no botão Bookmarks ( ) no painel de navegação para abrir o painel Bookmarks.

5 Clique no indicador intitulado "Size and location of the plant".

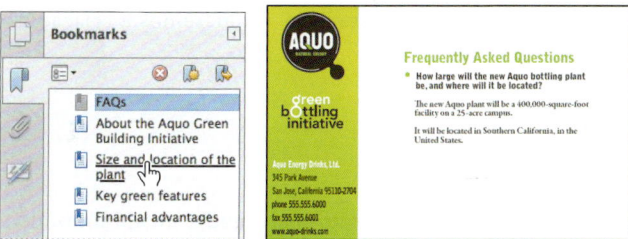

A pergunta e a resposta sobre o tamanho e a localização da fábrica são exibidas. Observe como as fontes maiores e o tamanho de página diferente tornam esse documento mais fácil de visualizar que o documento criado para impressão.

6 Clique no indicador intitulado "FAQs".

7 Clique em uma das perguntas para acessar sua página.

Cada pergunta na primeira página do documento é um link que leva o usuário à pergunta correspondente. O documento original foi reprojetado para acomodar uma estrutura de navegação baseada em unidades autônomas, com tamanho adequado para telas.

As considerações de formatação de publicações em tela (fontes, tamanho da página, layout, cor e resolução) são as mesmas que aquelas de outros tipos de publicações, porém, cada elemento deve ser reavaliado no contexto da visualização em tela.

As decisões sobre questões como cor e resolução que, na publicação tradicional, podem exigir uma troca entre qualidade e custo, também podem demandar uma troca paralela entre qualidade e tamanho de arquivo na publicação eletrônica. Após determinar os elementos mais importantes da página, escolha as ferramentas de publicação e o formato que melhor manterão esses elementos.

8 Escolha File > Close para fechar cada arquivo PDF aberto.

Examinamos diversos documentos eletrônicos desenvolvidos em diferentes formatos de arquivo para diferentes finalidades, passando a conhecer a área de trabalho do Acrobat X. Posteriormente neste livro, estudaremos a criação e a adaptação dos documentos eletrônicos.

Obtenha ajuda

O Acrobat oferece recursos acessíveis completos para ajudar no aprendizado e na utilização do programa.

- A Adobe Acrobat X Help contém informações detalhadas sobre todos os comandos e recursos do Acrobat.
- No Acrobat, dispomos de um link direto a recursos de suporte atualizados online no site da Adobe.

Use a Adobe Acrobat X Help

As lições deste livro concentram-se nas ferramentas e recursos mais comumente usados do Acrobat X. Porém, é possível obter informações completas sobre todas as ferramentas, comandos e recursos do Acrobat, tanto para o Windows quanto para o Mac OS, na Adobe Acrobat X Help. A Adobe Acrobat X Help é fácil de usar, pois nela é possível buscar tópicos de várias maneiras:

- Analisar o índice.
- Pesquisar palavras-chave.
- Pular entre os tópicos utilizando os links de tópicos relacionados.

A Adobe Acrobat X Help será usada para obter informações sobre o aplicativo.

1 Escolha Help > Adobe Acrobat X Help para abrir a Adobe Acrobat X Help em seu navegador padrão.

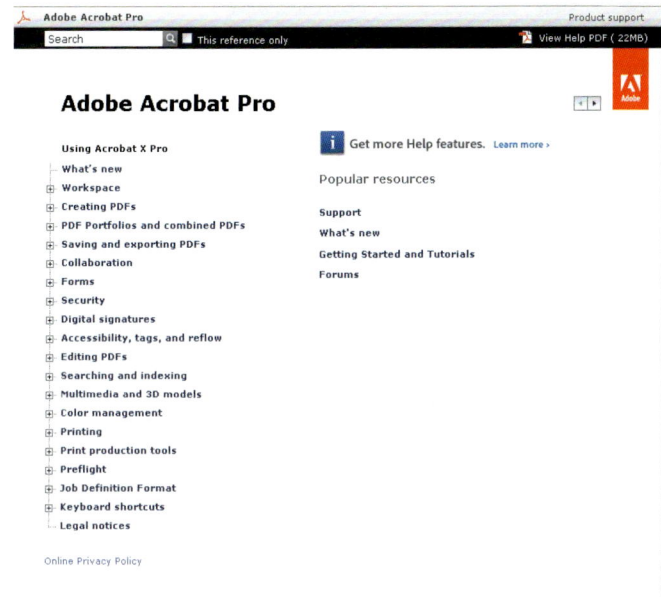

A Adobe Acrobat X Help é aberta online. O índice é exibido, com links para cada tópico.

Se você não dispuser de uma conexão com a Internet, o Acrobat exibe uma mensagem sugerindo que tal conexão seja verificada. Caso pense em trabalhar no Acrobat sem conexão com a Internet, é possível baixar os tópicos da Acrobat Help como um documento PDF na tela online Adobe Acrobat X Help e, a seguir, abrir e pesquisar o arquivo PDF como qualquer outro.

2 Clique no ícone à esquerda do título para expandi-lo.

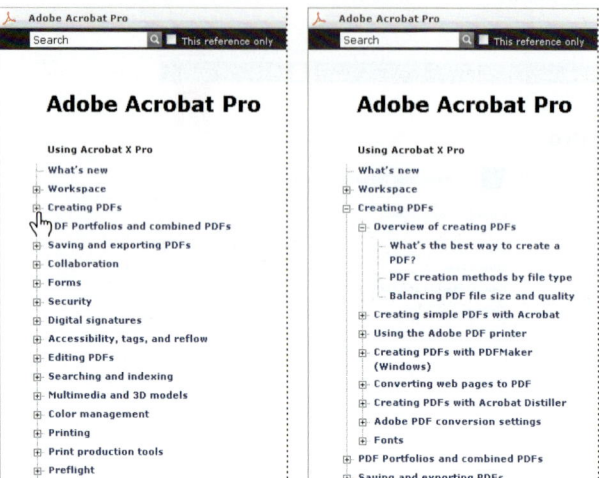

3 Clique em qualquer título ou subtítulo para visualizar o conteúdo da ajuda sobre esse tópico.

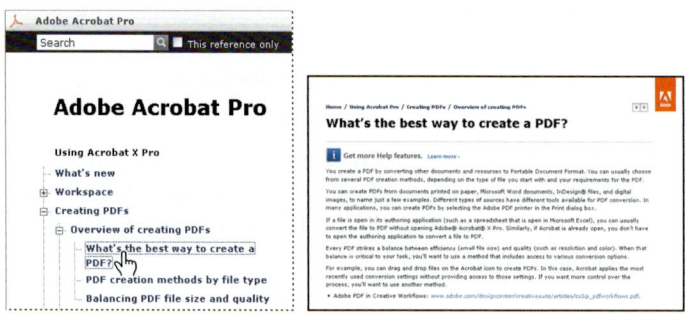

4 Use os links inclusos no tópico para visualizar as informações relacionadas. Ou, ainda, clique nos links estruturais, na parte superior da janela, para retornar ao índice ou a um título anterior.

5 Na caixa Search, no topo da janela, digite **PDF Portfolio** e, a seguir, pressione Enter ou Return.

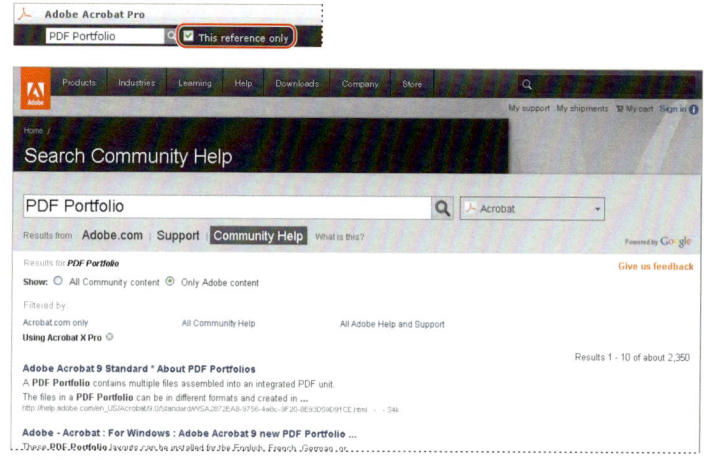

Se This Reference Only for selecionada durante a pesquisa, apenas os tópicos do Acrobat Help são exibidos.

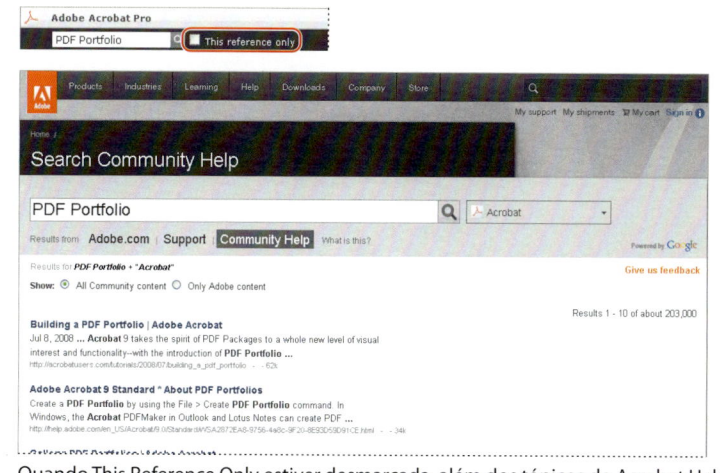

Quando This Reference Only estiver desmarcada, além dos tópicos do Acrobat Help, também os recursos relacionados da comunidade serão exibidos.

Os resultados da pesquisa são listados na janela. Os tópicos de Help podem ser visualizados na tela ou impressos.

6 Para imprimir um tópico de Help, escolha File > Print ou clique no botão Print, na barra de tarefas de seu aplicativo de navegação.

7 Feche o navegador para fechar a Adobe Acrobat X Help.

8 Saia do Acrobat escolhendo File > Exit (Windows) ou Acrobat > Quit Acrobat (Mac OS).

Agora que o Acrobat foi apresentado, aprenderemos como criar e trabalhar com os arquivos Adobe PDF à medida que avançarmos pelas lições deste livro.

Perguntas de revisão

1 Cite uma maneira para criar um documento PDF.
2 Cite duas vantagens dos documentos PDF.
3 Como podemos retornar à área de trabalho normal a partir do modo Full Screen?

Respostas

1 Para criar um documento PDF, podemos usar o comando Create no Acrobat, o comando Print em qualquer aplicativo, o Acrobat PDFMaker do Microsoft Office no Windows ou outro aplicativo compatível, digitalizar um documento e convertê-lo em PDF, ou criar um arquivo PDF de uma página Web usando o comando From Web Page no Acrobat.

2 O Adobe PDF oferece várias vantagens, incluindo as seguintes:

- O Adobe PDF conserva o layout exato, as fontes e a formatação de texto dos documentos eletrônicos, independentemente do sistema computacional ou da plataforma usada para a visualização desses documentos.
- Os documentos PDF podem conter vários idiomas, como japonês e inglês, na mesma página.
- Os documentos PDF são impressos da maneira esperada, com as margens e as quebras de página adequadas.
- Os arquivos PDF podem ser protegidos para impedir alterações e impressões não autorizadas ou para limitar o acesso a documentos confidenciais.
- A ampliação da visualização pode ser alterada para uma página PDF no Acrobat ou no Adobe Reader, o que é muito útil para ampliar o zoom em gráficos ou diagramas que contêm detalhes complexos.

3 Para sair do modo Full Screen e retornar à área de trabalho normal, pressione a tecla Esc no teclado.

2 EXPLORE A ÁREA DE TRABALHO

Visão geral da lição

Nesta lição, você vai aprender a:

- Selecionar ferramentas nas barras Quick Tools e Common Tools.
- Selecionar ferramentas nos painéis Tools e Comment.
- Adicionar ferramentas à barra Quick Tools.
- Acessar um documento PDF usando a barra de ferramentas Common Tools, os comandos de menu, as miniaturas de página e os indicadores.
- Alterar a exibição de um documento no painel do documento.

Esta lição levará aproximadamente 45 minutos para ser concluída. Copie a pasta Lesson02 para o disco rígido do seu computador, caso ainda não a tenha copiado.

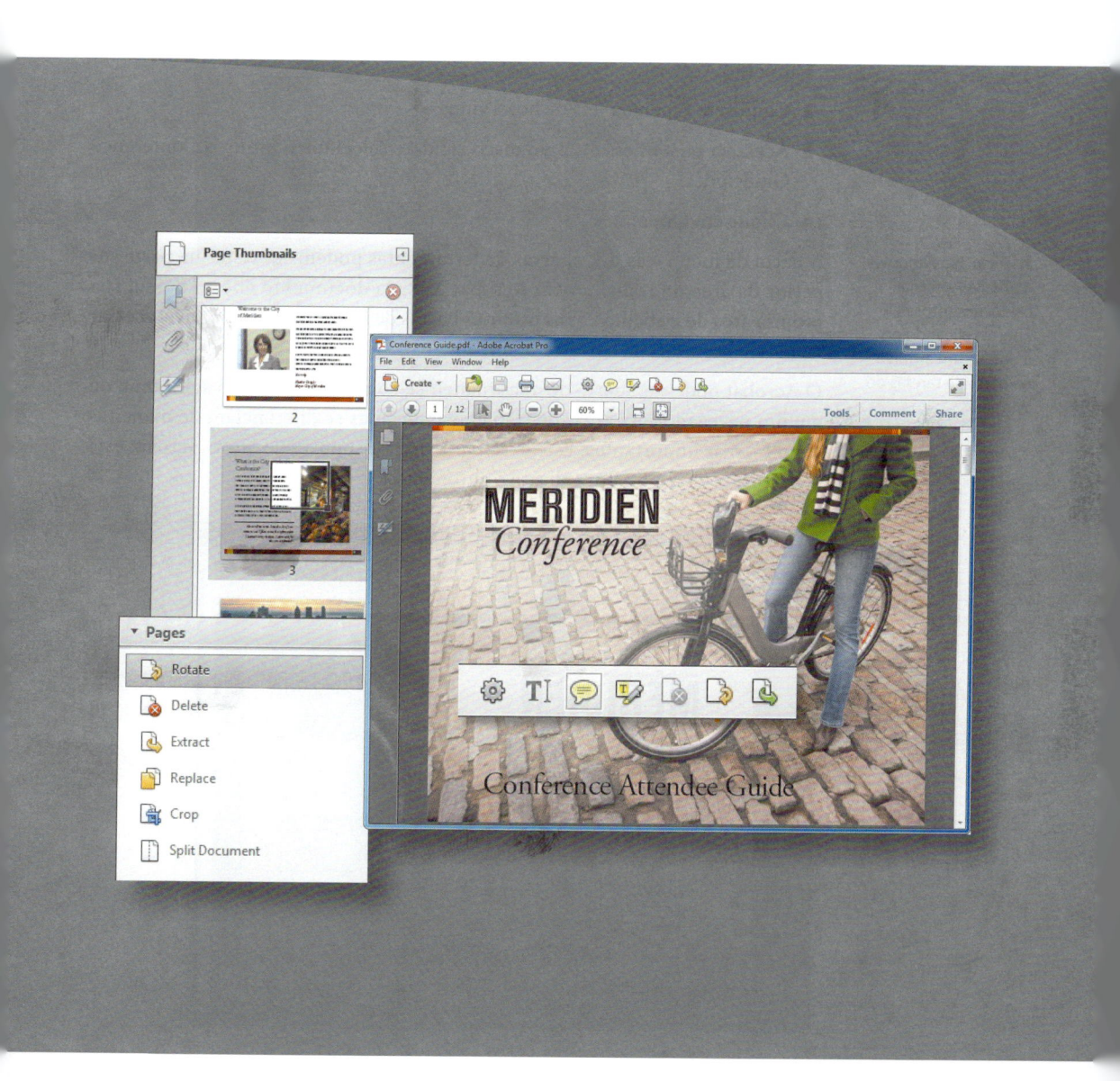

O espaço de trabalho do Acrobat X coloca as ferramentas à sua disposição sem encher a tela. As barras de ferramentas podem ser personalizadas, possibilitando acesso mais rápido às ferramentas usadas com mais frequência.

Abra um arquivo PDF

A área de trabalho padrão do Acrobat X foi otimizada para garantir o acesso fácil às ferramentas usadas com mais frequência durante o trabalho com arquivos PDF.

1 Inicie o Acrobat.

2 Clique em Open na tela de boas-vindas.

3 Acesse a pasta Lesson02 no disco rígido e selecione o arquivo Conference Guide.pdf.

4 Clique em Open.

▶ **Dica:** No Windows, é possível alternar os documentos PDF abertos clicando no ícone de um arquivo na barra de tarefas do Windows.

A barra de menu e as duas barras de ferramentas podem ser vistas na parte superior da área de trabalho. No Acrobat X, cada documento aberto possui sua própria área de trabalho e suas próprias barras de ferramentas. É possível acessar comandos comuns na barra de menu.

O Acrobat pode ser aberto de duas maneiras: como um aplicativo autônomo ou em um navegador. As áreas de trabalho associadas se diferenciam de maneiras simples, mas importantes. Este livro parte do pressuposto de que o Acrobat está sendo utilizado como um aplicativo autônomo.

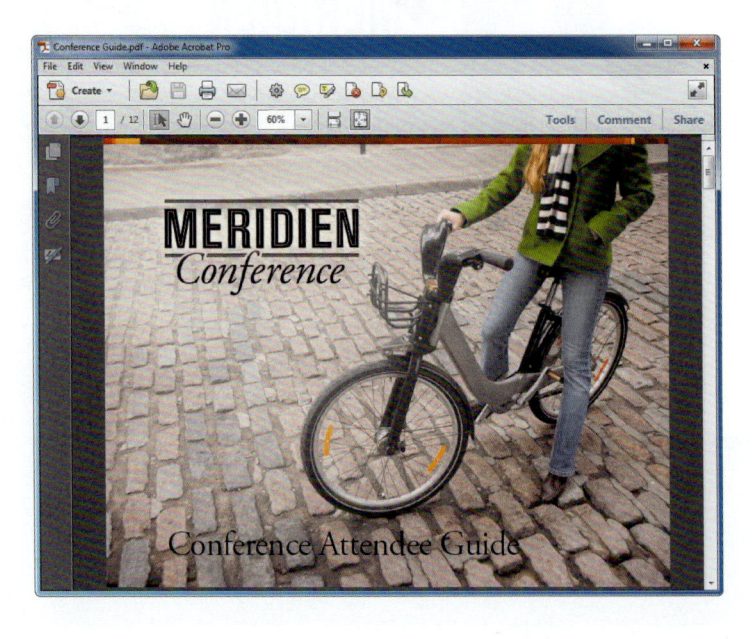

Trabalhe com barras de ferramentas

As barras de ferramentas do Acrobat, conhecidas como Quick Tools e Common Tools, contêm as ferramentas e os comandos mais usados durante a utilização de arquivos PDF. A maioria das ferramentas disponíveis no Acrobat foi incluída no painel Tools, à direita da janela. Porém, é possível adicionar ferramentas à barra de ferramentas Quick Tools, para que elas possam ser acessadas mais rapidamente.

Use as barras de ferramentas

Por padrão, a barra de ferramentas Quick Tools inclui o botão Create, que fornece vários comandos para a criação de arquivos PDF, botões de saída, ferramentas de comentários básicas e ferramentas de manipulação de páginas comuns. Ela também inclui um botão para a personalização da barra de ferramentas Quick Tools.

Barra de ferramentas Quick Tools

A barra de ferramentas Common Tools inclui botões de navegação de página.

Barra de ferramentas Common Tools

Para visualizar o nome ou a descrição de uma ferramenta em uma das barras de ferramentas, passe o ponteiro pela ferramenta.

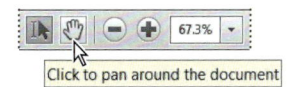

Selecione as ferramentas

A ferramenta padrão no Acrobat é a Selection (). Para selecionar uma ferramenta na barra de ferramentas, clique em seu botão na barra. Uma ferramenta selecionada geralmente permanece ativa até que outra seja selecionada.

1 Clique no botão Zoom In (⊕) na barra de ferramentas Common Tools três vezes.

O Acrobat ampliará a exibição. Apenas parte do documento é exibida na janela do aplicativo.

2 Clique na ferramenta Hand (✋), na barra de ferramentas Common Tools.

A ferramenta Hand permite a visão panorâmica do documento.

3 Com a ferramenta Hand selecionada, arraste o documento na janela do aplicativo para visualizar uma parte diferente da imagem.

4 Clique no botão Zoom Out (⊖) uma vez para visualizar uma porção maior da página.

As ferramentas Zoom não alteram o tamanho real de um documento. Elas alteram apenas sua ampliação na tela.

▶ **Dica:** Uma seta preta à direita de uma ferramenta indica que há um menu associado a essa ferramenta. Clique na seta para revelar esse menu.

5 Clique na seta à direita da caixa de texto de ampliação e escolha 100% no menu pop-up para que o documento seja exibido a 100%.

As mesmas ferramentas, locais diferentes

Se o Adobe Acrobat 9 ou um anterior estiver sendo utilizado, a área de trabalho do Acrobat X pode exigir um pouco de adaptação. Mas não se preocupe. As ferramentas que conhecemos ainda estão lá, no entanto, foram inseridas em painéis em vez de em barras de ferramentas.

Se procurarmos uma ferramenta na barra de ferramentas no Acrobat 9, ela provavelmente estará nos painéis de tarefas no Acrobat X. A maioria das barras de ferramentas é mapeada diretamente aos painéis no painel Tools. A barra de ferramentas Comment, é claro, é mapeada ao painel Comment. E a barra de tarefas Collaborate é mapeada ao painel Share. Muitos dos comandos de menu também foram movidos para o painel Tools.

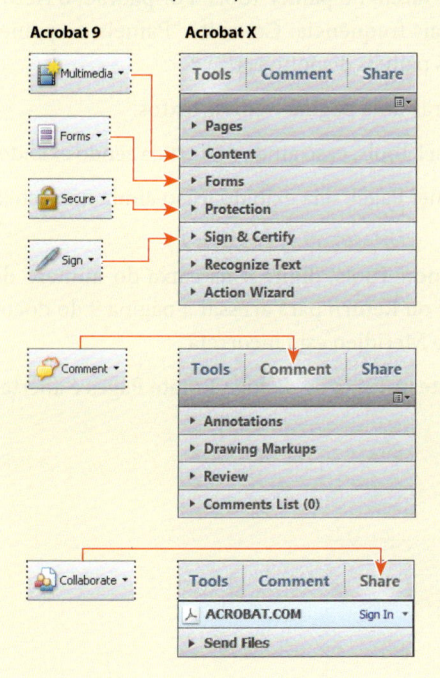

▶ **Dica:** Se uma ferramenta for utilizada com frequência, adicione-a à barra de ferramentas Quick Tools para acessá-la mais rapidamente.

Trabalhe com os painéis de tarefas

Os painéis de tarefas à direita da janela do aplicativo contêm muitas ferramentas necessárias para a realização de uma ampla variedade de tarefas no Acrobat. O painel Tools exibe os painéis com ferramentas para tarefas, desde a manipulação de páginas até a criação de formulários e o reconhecimento de textos. O painel Comment permite o acesso a ferramentas de revisão. O painel Share facilita o compartilhamento de arquivos no Acrobat.com, um serviço de compartilhamento de arquivos online, ou seu envio como anexo. Para que o conteúdo de um painel seja exibido, clique em seu nome.

Selecione ferramentas no painel Tools

As ferramentas estão agrupadas por tarefa no painel Tools. Por padrão, o Acrobat exibe os painéis usados com mais frequência. Consulte "Painéis no painel Tools" para obter uma descrição dos painéis disponíveis.

As ferramentas serão usadas para girar uma página e editar textos.

1 Clique em Tools para abrir o painel Tools, caso ainda não esteja sendo exibido.

2 Clique em Pages para que o painel Pages seja exibido, caso ainda não esteja aberto.

3 Na barra de ferramentas Common Tools, digite **9** na caixa do número da página; a seguir, pressione Enter ou Return para acessar a página 9 do documento. A orientação do mapa de Meridien está incorreta.

4 No painel Pages, clique em Rotate. A caixa de diálogo Rotate Pages é aberta.

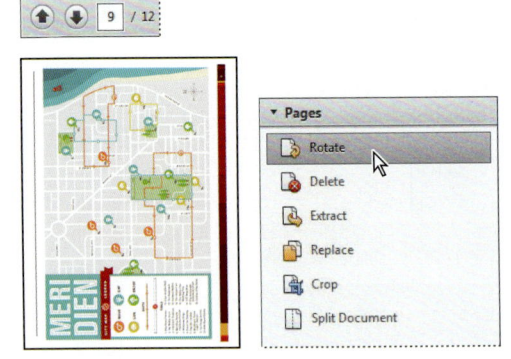

5 Escolha Clockwise 90 Degrees no menu Direction. A seguir, selecione Pages na área Page Range e certifique-se de que está girando da página 9 para a página 9 de 12.

LIÇÃO 2 | **47**
Explore a Área de Trabalho

6 Clique em OK para fechar a caixa de diálogo Rotate Pages e girar a página.

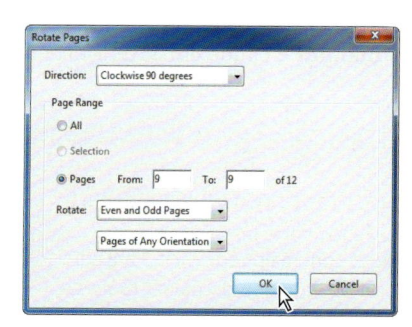

7 Vá para a página 12.

8 Clique em Content no painel Tools.

O painel Content é aberto. Por padrão, o Acrobat exibe apenas um painel de cada vez. Quando um painel é aberto, o Acrobat fecha o painel aberto anteriormente.

9 Selecione a ferramenta Edit Document Text na área Edit Text & Objects, no painel Content.

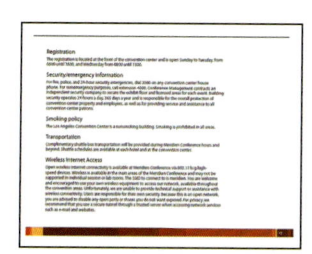

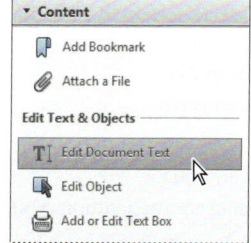

● **Nota:** Se essa for a primeira vez que a ferramenta Edit Document Text é utilizada, pode demorar um pouco para o Acrobat carregar as fontes do sistema.

O ponteiro se transforma em um I quando é movido sobre textos.

10 Na página 12, selecione a palavra *and* na segunda frase do tópico Wireless Internet Access.

11 Digite **but** para substituir a palavra *and*.

12 Clique em OK se o Acrobat informar que é necessário substituir a fonte.

13 Selecione File > Save As > PDF.

14 Nomeie o arquivo **Conference Guide_final.pdf** e clique em Save. Deixe o arquivo aberto.

Painéis no painel Tools

Por padrão, o painel Tools exibe os painéis usados com mais frequência. Para adicionar ou remover painéis do painel, selecione-os no menu do painel Tools. O Acrobat usa a configuração atual do painel Tools em todos os documentos PDF abertos, até que a configuração seja alterada novamente. (Algumas ferramentas, e alguns painéis inteiros, estão disponíveis apenas no Acrobat Pro.)

- O painel Pages abrange ferramentas para manipulação e criação de páginas.
- O painel Content inclui ferramentas para a edição do conteúdo do documento, incluindo textos.
- O painel Forms envolve ferramentas para criação e edição de formulários PDF.
- O painel Protection contém ferramentas para criptografia, adaptação e outros recursos de segurança de arquivos.
- O painel Sign & Certify engloba ferramentas para o trabalho com assinaturas digitais.
- O painel Recognize Text abarca ferramentas para a conversão de textos digitalizados em textos editáveis.
- O painel Action Wizard inclui ações e ferramentas existentes para a criação de novas ações.
- O painel Document Processing compreende ferramentas para a preparação de um documento para distribuição.
- O painel Print Production disponibiliza ferramentas para a preparação de um documento para impressão profissional.
- O painel JavaScript ferramentas para abrange criação e edição de scripts no Acrobat.
- O painel Accessibility dispõe de ferramentas para garantir que o documento PDF possa ser acessado por pessoas com necessidades especiais.
- O painel Analyze contém ferramentas para o trabalho com dados no documento.

Use o painel Comment

O Acrobat oferece diversas maneiras para a adição de comentários ou outros tipos de marcação de um documento. O painel Comment permite o acesso às ferramentas de comentários e lista os comentários incluídos no documento.

Veremos os comentários em um documento e adicionaremos um comentário próprio. Trabalharemos extensivamente com o painel Comment na Lição 9, "Use o Acrobat em um ciclo de revisão".

1 Escolha File > Open.

2 Na caixa de diálogo Open, acesse a pasta Lesson02, selecione o arquivo Meridien Rev.pdf e clique em Open.

Esse documento é uma captura de tela de uma página Web para a conferência. O designer está solicitando comentários de revisão.

3 Na barra de ferramentas Common Tools, clique na seta ao lado do percentual de zoom e escolha Zoom To Page Level, para que toda a página possa ser visualizada.

4 Clique em Comment, no canto superior direito da janela do aplicativo, para abrir o painel Comment.

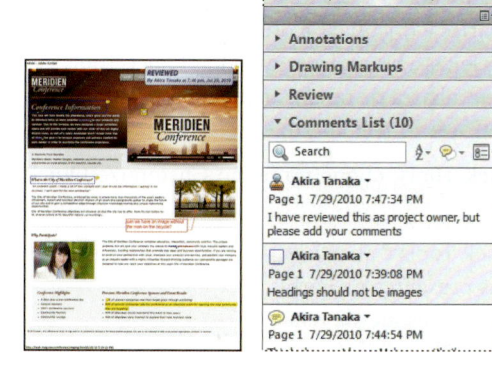

Os comentários do documento são exibidos na área Comments List do painel.

5 Selecione um comentário. Sua marcação é exibida na página, de maneira que o comentário possa ser visto dentro do contexto.

6 Clique em Annotations para abrir o painel Annotations, caso ainda não esteja aberto.

7 Selecione a ferramentas Sticky Note (　).

8 Clique em qualquer lugar na página. O ícone de uma nota é exibido e uma caixa de mensagem é aberta. Digite **This is much better than the last version!**

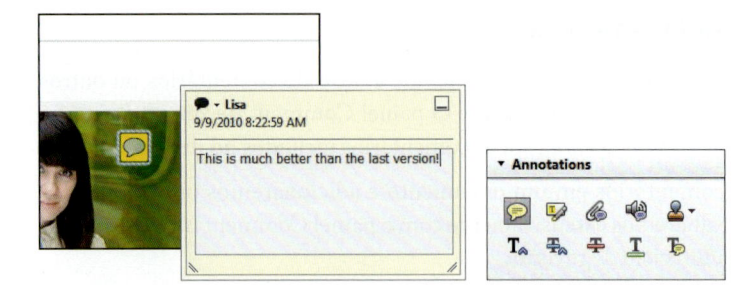

9 Clique em qualquer lugar da página para desmarcar o comentário. O comentário é exibido em Comments List.

10 Clique em Comment para fechar o painel Comment.

Personalize a barra de ferramentas Quick Tools

● **Nota:** É possível adicionar e remover ferramentas à direita do botão Customize Quick Tools, na barra de ferramentas Quick Tools, mas não se pode mover nem remover o que está à esquerda, como os botões Save e Print.

Os painéis de tarefas possuem diversas ferramentas, mas ocultas. Porém, é mais rápido acessar as ferramentas na barra de ferramentas Quick Tools que abrir um painel, selecionar um painel e selecionar uma ferramenta. É possível adicionar as ferramentas usadas com mais frequência à barra de ferramentas Quick Tools, remover as ferramentas desnecessárias e organizar a ordem das ferramentas na barra de ferramentas. As alterações feitas à barra de ferramentas Quick Tools são feitas em todo o aplicativo, para que a barra de tarefas mantenha sua aparência, independentemente do arquivo PDF que estiver aberto.

1 Na barra de ferramentas Quick Tools, clique no botão Customize Quick Tools.

A caixa de diálogo Customize Quick Tools é aberta. A lateral direita exibe as ferramentas presentes na barra de ferramentas no momento. A lateral esquerda relaciona as ferramentas que podem ser adicionadas.

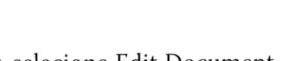

2 Na lista à esquerda, expanda Content e, a seguir, selecione Edit Document Text.

3 Clique no botão da seta para a direita a fim de copiar a ferramenta para a lista à direita.

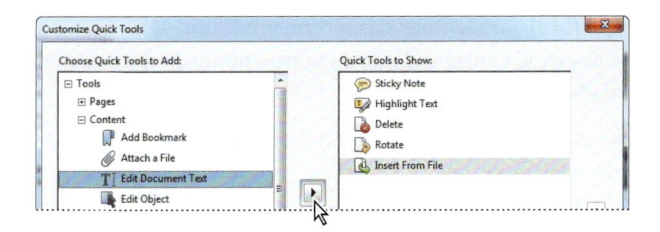

4 Clique no botão da seta para cima várias vezes para mover a ferramenta Edit Document Text para o topo da lista, a fim de que ela apareça em primeiro lugar na barra de ferramentas Quick Tools.

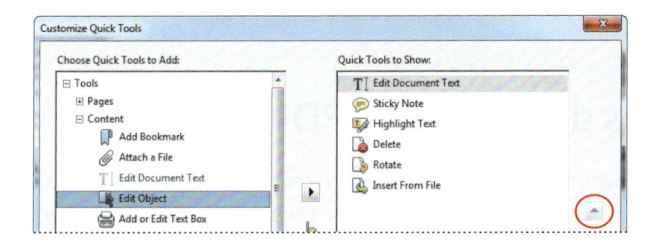

5 Clique em OK para salvar as alterações.

A ferramenta Edit Document Text foi adicionada à barra de ferramentas Quick Tools, sendo exibida imediatamente após o botão Customize Quick Tools.

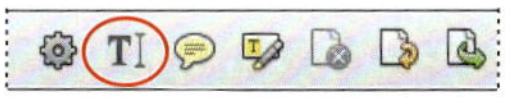

Use as teclas de atalho para selecionar as ferramentas

As preferências do Acrobat podem ser definidas para que as teclas de atalho sejam utilizadas para a seleção de ferramentas.

● **Nota:** Nem todas as ferramentas possuem atalhos de teclados associados a elas.

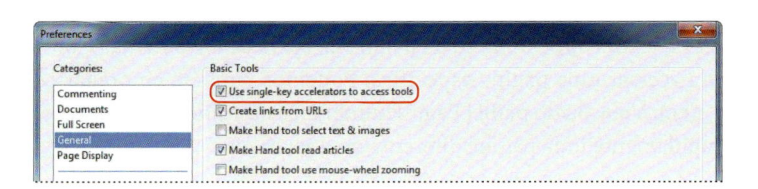

1 Escolha Edit > Preferences (Windows) ou Acrobat > Preferences (Mac OS) e selecione Geral entre as categorias à esquerda.

2 Selecione a opção Use Single-Key Accelerators To Access Tools. Uma marcação é exibida na caixa quando a opção é selecionada.

3 Clique em OK para aplicar a alteração.

Agora, quando o ponteiro focalizar algumas das ferramentas, uma letra ou uma combinação de teclas será exibida entre parênteses após o nome da ferramenta. Essa é a tecla de atalho da ferramenta.

4   Posicione o ponteiro sobre a ferramenta Add Sticky Note, na barra de ferramentas Quick Tools, e observe que a dica de ferramenta exibe a tecla de atalho para a ferramenta.

5   Coloque o ponteiro dentro do painel do documento e pressione Ctrl+6 ou Command+6 no teclado. O ponteiro se transforma na ferramenta Sticky Note e o Acrobat adiciona uma nota à página.

6   Clique em qualquer lugar da página para desmarcar a nota.

Navegue nos documentos PDF

É possível aumentar ou diminuir o zoom, acessar diferentes páginas, exibir várias páginas e visualizar vários documentos ao mesmo tempo e até mesmo dividir um documento para que diferentes áreas do mesmo documento sejam visualizadas ao mesmo tempo. Muitas ferramentas de navegação estão disponíveis em diferentes locais; utilize o método que melhor se adapta ao seu fluxo de trabalho.

Altere a ampliação

Nesta lição, utilizamos as ferramentas Zoom In e Zoom Out, assim como o menu Preset Magnification, todos na barra de ferramentas Common Tools. Também é possível alterar a ampliação usando os comandos no menu View.

1   Se o arquivo Meridien Rev.pdf não estiver aberto, abra-o.

2   Escolha View > Zoom > Fit Width.

O documento PDF preenche toda a largura da janela do aplicativo.

3   Escolha View > Zoom > Zoom To.

4   Na caixa de diálogo Zoom To, escolha 125% no menu pop-up Magnification e clique em OK.

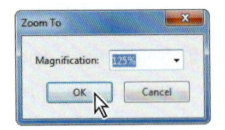

Acesse páginas específicas

Usamos a caixa de texto com o número da página na barra de ferramentas Common Tools para acessar uma página específica. Podemos também empregar os comandos do menu View ou do painel Page Thumbnails, no painel de navegação, para acessar rapidamente uma página diferente do documento.

1. Escolha Window > Conference Guide_final.pdf para que o arquivo com o qual trabalhamos anteriormente seja exibido. Se o arquivo Conference Guide_final.pdf não estiver aberto, abra-o.
2. Escolha View > Page Navigation > Page.
3. Na caixa de diálogo Go To Page, digite **7** e clique em OK.

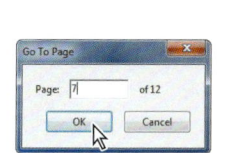

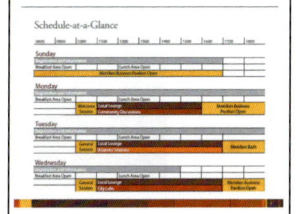

O Acrobat exibe a página 7 do documento.

4. Escolha View > Page Navigation > Previous Page.

O Acrobat exibe a página 6 do documento. Os comandos Previous Page e Next Page têm a mesma finalidade que os botões Previous Page e Next Page da barra de ferramentas Common Tools.

5. No painel de navegação, à esquerda da janela do aplicativo, clique no botão Page Thumbnails ( ).

O Acrobat exibirá as miniaturas de todas as páginas do documento. O programa criará miniaturas para as páginas de um documento PDF automaticamente quando ele for aberto, caso elas não existam no documento.

6. Selecione a miniatura da página 3.

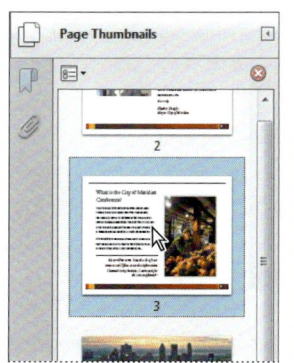

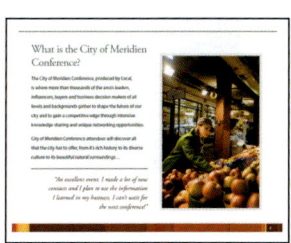

O Acrobat exibe a página 3 do documento.

7. Aumente o zoom para 200%. Observe que a miniatura marca a área da página visível nessa ampliação.

● **Nota:** O painel de navegação também contém os painéis Attachments e Digital Signatures. Trabalharemos com esses painéis em outras lições.

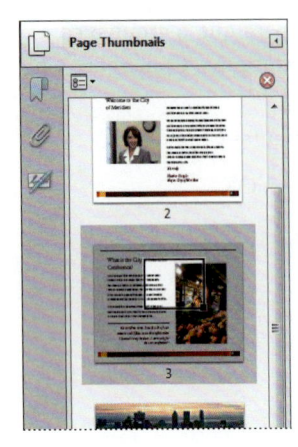

8 Selecione a ferramenta Hand na barra de ferramentas Common Tools.

9 Arraste dentro da janela do documento para ver uma área diferente da página. Observe que a área em destaque na miniatura se movimenta da mesma maneira.

Use indicadores para navegar nos documentos

▶ **Dica:** É possível criar indicadores para um documento PDF no Acrobat, ou eles podem ser gerados automaticamente usando o PDFMaker ou gerando um índice no InDesign e fazendo as especificações para incluir os indicadores quando um arquivo PDF for criado.

É possível criar indicadores para auxiliar os leitores a navegar nos documentos PDF. Os indicadores agem como uma página de índice eletrônico, proporcionando links diretos ao conteúdo que descrevem.

1 Clique no botão Bookmarks ( ) logo abaixo do botão Page Thumbnails no painel de navegação.

O Acrobat exibe os indicadores criados para esse documento PDF.

2 Clique no indicador Meridien Wi-Fi.

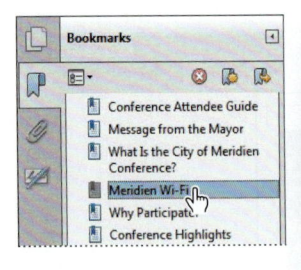

O Acrobat exibe a página 4, que contém as informações sobre o acesso *wireless* de Meridien.

3 Clique no indicador General Sessions.

O Acrobat exibe a página 8, na qual as descrições das sessões da conferência iniciam. Não é necessário criar um indicador para cada página.

4 Clique no indicador General Information.

O Acrobat exibe a página 10, na qual as informações gerais iniciam. Criaremos outro indicador para auxiliar os participantes da conferência a localizar as informações sobre o acesso rápido a primeiros socorros.

5 Clique no botão Next Page (⬇) na barra de ferramentas Common Tools para acessar a página 11.

6 Selecione a ferramenta Selection (🔍) na barra de ferramentas Common Tools e, a seguir, o título First aid information na página.

7 Clique no botão New Bookmark (📑) no topo do painel Bookmarks.

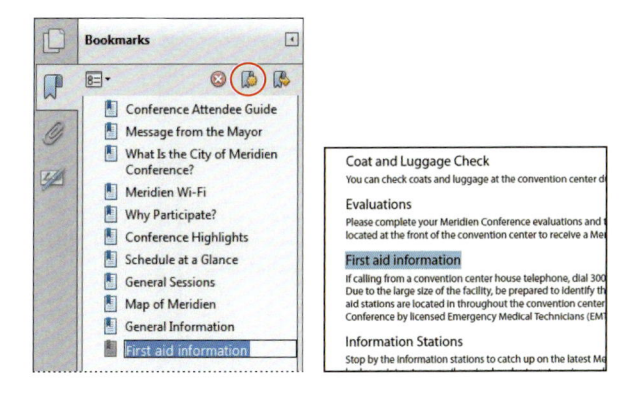

O Acrobat adiciona um novo indicador com o texto selecionado abaixo do indicador General Information.

8 Arraste o novo indicador sobre o indicador General Information (acima das palavras "General Information") até que um triângulo pequeno seja exibido à direita; a seguir, solte o mouse.

O Acrobat encaixa o novo indicador, incluindo-o dentro do indicador General Information.

Visualize vários documentos

Podemos trabalhar com mais de um arquivo PDF de cada vez, exibindo os documentos vertical ou horizontalmente.

1 Escolha Windows > Tile > Vertically.

O Acrobat exibe todos os arquivos PDF abertos, lado a lado. Observe que cada documento possui sua própria janela de aplicativo, completa com barras de ferramentas e painéis.

2 Escolha Windows > Tile > Horizontally.

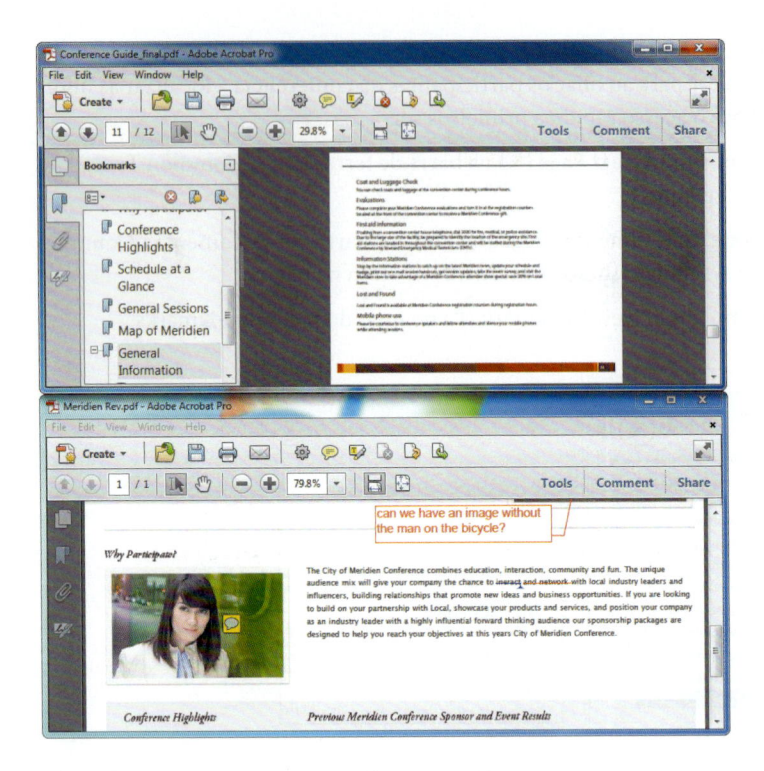

O Acrobat exibe os documentos PDF em suas próprias janelas de aplicativo de novo, mas dessa vez eles são exibidos horizontalmente.

3 Escolha Window > Cascade.

O Acrobat exibe o documento ativo na frente dos outros, mas a barra de título para cada um dos outros documentos abertos pode ser vista.

Divida a exibição de um documento

Algumas vezes será necessário trabalhar com diferentes partes de um único documento simultaneamente, seja para garantir que a construção de palavras tenha sido usada com consistência ou para examinar diferenças em imagens. Um documento pode ser dividido em duas exibições, com a possibilidade de navegação em cada uma de maneira individual.

LIÇÃO 2
Explore a Área de Trabalho

1 Escolha Window > Split.

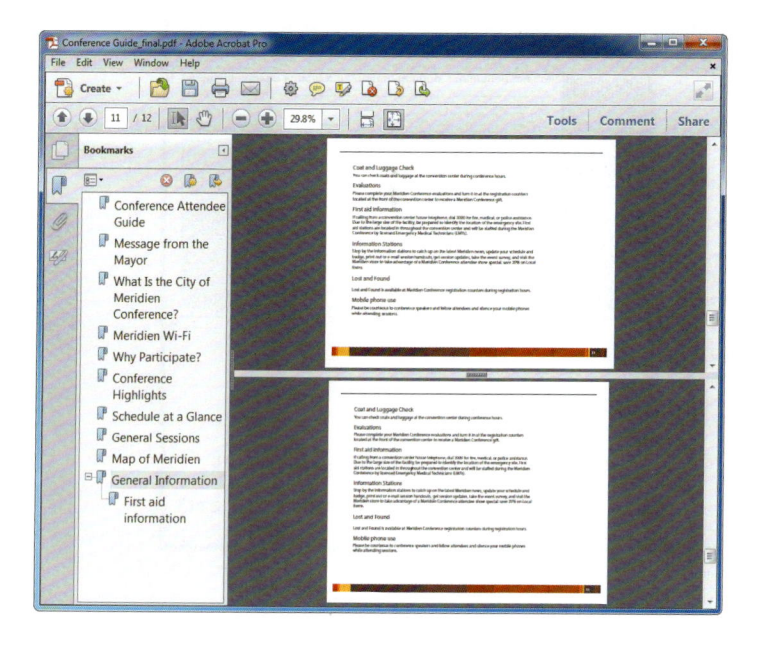

O Acrobat exibe o mesmo documento duas vezes, cada um com sua barra de rolagem. Observe que as duas cópias do documento compartilham as mesmas barras de ferramentas e painéis.

2 Clique em qualquer lugar na versão superior do documento. Ele se torna a exibição ativa.

3 Clique no botão Previous Page para acessar a página anterior na exibição superior. Apenas a exibição superior é alterada.

4 Clique em qualquer lugar na exibição inferior para ativá-la.

5 Aumente o zoom para 150%. Apenas a exibição inferior é alterada.

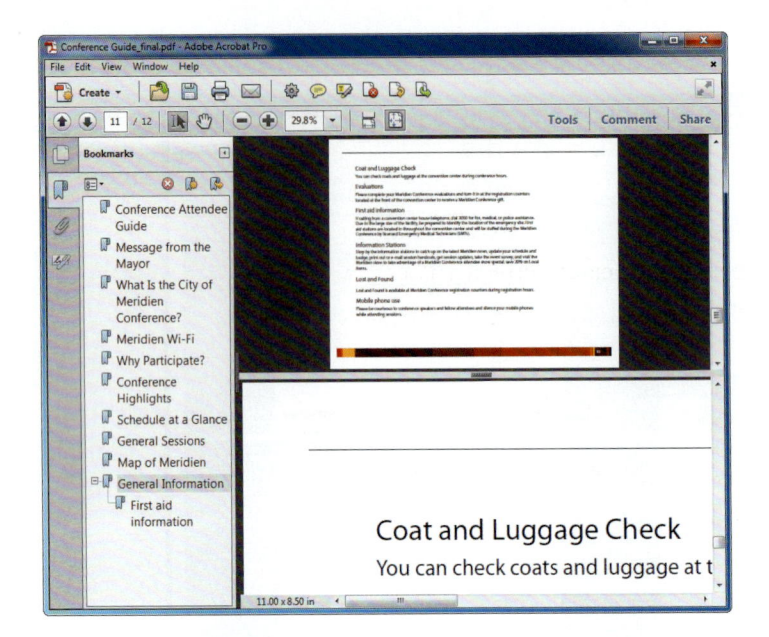

6 Escolha Window > Remove Split.

O Acrobat restaura o documento para uma exibição única, mostrando a exibição ativa quando o comando Remove Split foi selecionado.

7 Feche todos os documentos abertos sem salvar as alterações.

Perguntas de revisão

1 Como acessamos uma página diferente?
2 Como exibimos painéis adicionais no painel Tools?
3 Como podemos adicionar ferramentas à barra de ferramentas Quick Tools?
4 Como acessamos as ferramentas de comentários?

Respostas

1 Para acessar uma página diferente, execute uma das ações a seguir:
   - Clique no botão Next Page ou Previous Page na barra de ferramentas Common Tools.
   - Digite o número de uma página na barra de ferramentas Common Tools.
   - Escolha um comando no menu View > Page Navigation.
   - Selecione uma miniatura no painel Page Thumbnails, no painel de navegação.
   - Selecione um indicador no painel Bookmarks, no painel de navegação.
2 Para exibir painéis adicionais no painel Tools, selecione-os no menu do painel Tools.
3 Para adicionar ferramentas à barra de ferramentas Quick Tools, clique no botão Customize Quick Tools, na barra de ferramentas Quick Tools. A seguir, na lista à esquerda, selecione a ferramenta que deseja adicionar, clique no botão da seta para a direita e, depois, em OK.
4 Para acessar as ferramentas de comentários, clique em Comment para abrir o painel Comment.

3 CRIE ARQUIVOS ADOBE PDF

Visão geral da lição

Nesta lição, você vai aprender a:

- Converter um arquivo TIFF para Adobe PDF usando o comando Create.
- Converter um arquivo Adobe PDF usando o comando Print (Imprimir) do aplicativo de edição.
- Combinar vários documentos em um único arquivo PDF.
- Explorar as configurações do Adobe PDF usadas para a conversão de arquivos em Adobe PDF.
- Reduzir o tamanho de um arquivo PDF.
- Digitalizar um documento em papel para Adobe PDF.
- Converter imagens para texto pesquisável.
- Converter mensagens de e-mail para Adobe PDF.
- Converter páginas Web para Adobe PDF no Acrobat e diretamente no Internet Explorer (Windows) ou no Mozilla Firefox.

Esta lição levará aproximadamente 60 minutos para ser concluída. Copie a pasta Lesson03 para o disco rígido do seu computador, caso ainda não a tenha copiado.

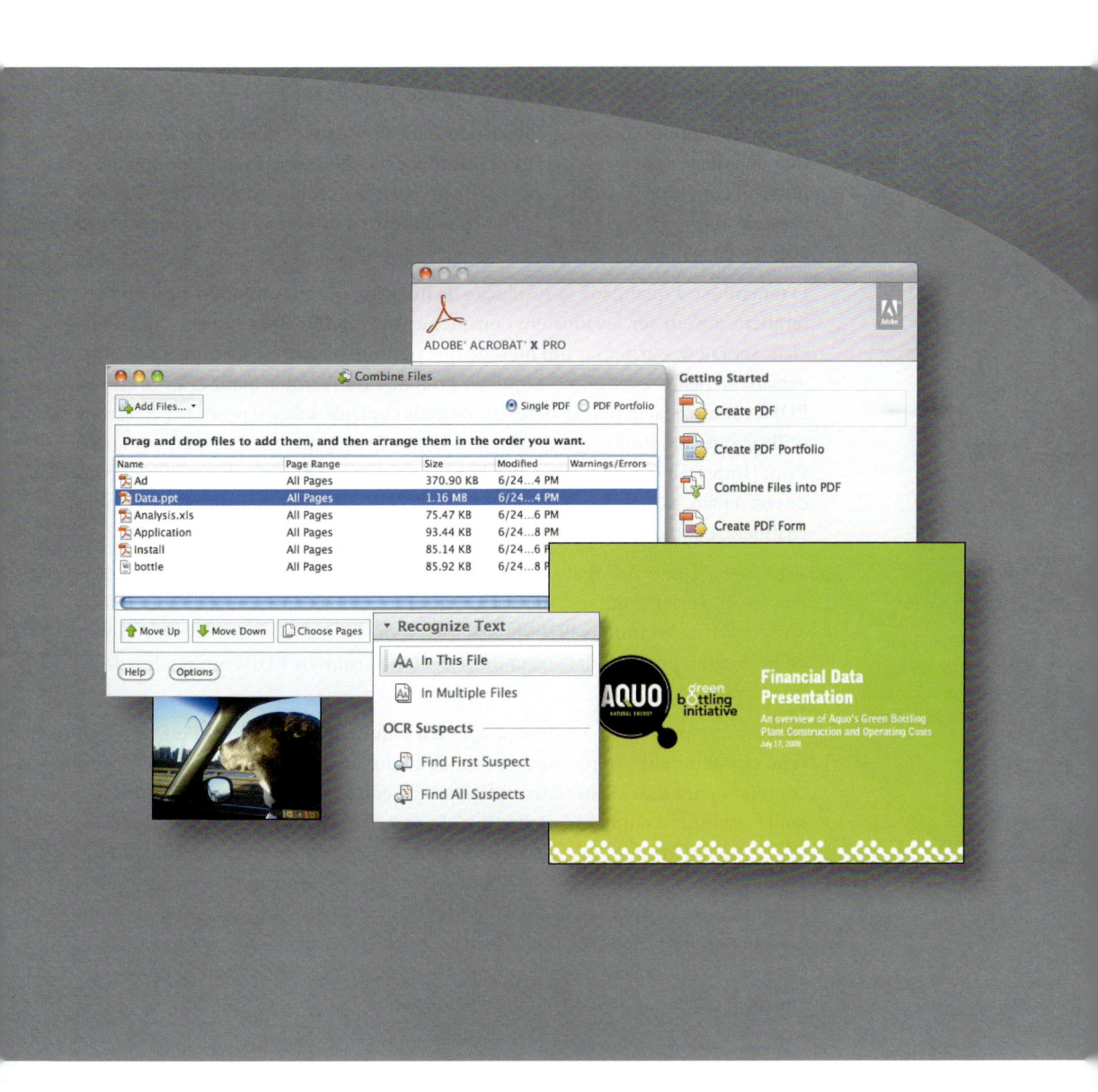

Os arquivos PDF podem ser criados facilmente a partir de arquivos existentes, como documentos do Microsoft Word, páginas Web, documentos digitalizados e imagens.

Sobre a criação de arquivos Adobe PDF

Diversos formatos de arquivos podem ser convertidos em Adobe PDF, conservando todas as fontes, formatação, gráficos e cores do arquivo de origem, independentemente do aplicativo e da plataforma usada para criá-los. Os PDFs podem ser gerados a partir de imagens, arquivos de documentos, sites, documentos em papel digitalizados e conteúdo da área de transferência.

Se um documento que será convertido para PDF estiver aberto em seu aplicativo de edição (por exemplo, uma planilha está aberta no Excel), geralmente é possível converter o arquivo em PDF sem abrir o Acrobat. Mas, caso o Acrobat já esteja aberto, não é necessário abrir o aplicativo de edição para converter um arquivo para PDF.

O tamanho e a qualidade (a resolução da imagem, por exemplo) do arquivo PDF também devem ser levados em consideração. Quando esses fatores são essenciais, será necessário usar um método que permita o controle das opções de conversão. Arrastar e soltar os arquivos no ícone do Acrobat para criar arquivos PDF é rápido e fácil, mas se desejarmos mais controle sobre o processo, devemos utilizar outro método, como utilizar o botão Create no Acrobat ou o comando Print (Imprimir) no aplicativo de edição. Após a especificação das configurações de conversão, as definições são aplicadas no PDFMaker, no Acrobat e no Acrobat Distiller, até que sejam alteradas.

● **Nota:**
Durante a criação de um PDF no Acrobat, é necessário ter o aplicativo que criou o arquivo original instalado no sistema.

A Lição 5, "Use o Acrobat com arquivos do Microsoft Office (Windows)", descreve como criar arquivos Adobe PDF diretamente de diversos arquivos do Microsoft Office usando o PDFMaker no Windows. A Lição 13, "Use o Acrobat na impressão profissional", trata da criação de arquivos PDF com qualidade de impressão.

Se as configurações de segurança aplicadas a um arquivo Adobe PDF permitirem, também pode-se reutilizar o conteúdo do documento. É possível extrair o conteúdo para usá-lo em outro aplicativo de edição, como o Microsoft Word, e ainda redefinir o conteúdo para utilizá-lo com aparelhos portáteis ou leitores de tela. A qualidade com que o conteúdo pode ser reformulado ou reutilizado depende muito das informações estruturais contidas no arquivo PDF. Quanto mais informações estruturais um documento PDF contiver, mais oportunidades teremos de reutilizar efetivamente o conteúdo, e maior será a segurança com que um documento poderá ser usado com leitores de tela. (Para obter mais informações, consulte a Lição 4, "Leia e trabalhe com arquivos PDF".)

Use o comando Create

O comando Create pode ser usado no Acrobat para a conversão de diversos formatos de arquivo diferentes para Adobe PDF.

Convertermos um arquivo TIFF simples para um arquivo Adobe PDF. Esse mesmo método pode ser usado para a conversão de diversos tipos de arquivos em Adobe PDF, tanto arquivos de imagem quanto outros.

1 Inicie o Acrobat.

2 Execute uma destas ações:

- Clique em Create PDF na tela de boas-vindas.

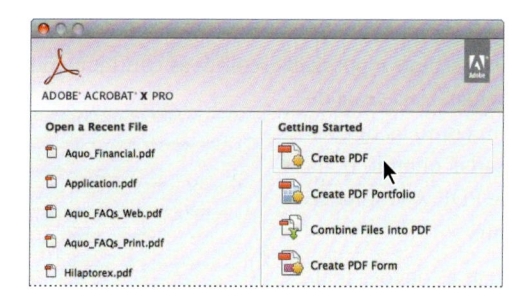

- Clique no botão Create na barra de ferramentas Quick Tools e escolha PDF From File. (No Mac OS, as barras de ferramentas são exibidas apenas se houver um documento aberto.)

- Escolha File > Create > PDF From File.

3 Na caixa de diálogo Open, escolha TIFF no menu Files Of Type (Windows) ou Show (Mac OS). (O menu lista todos os tipos de arquivos que podem ser convertidos com esse método.)

4 Acesse a pasta Lesson03 em seu disco rígido.

5 Clique em Settings para abrir a caixa de diálogo Adobe PDF Settings.

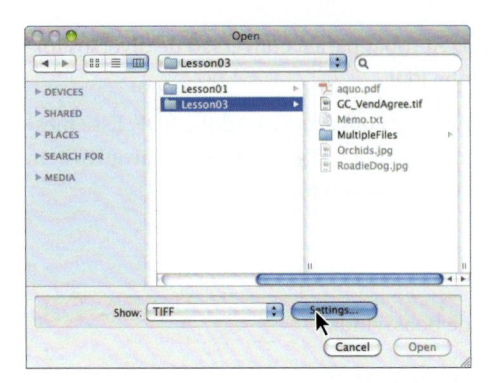

Na caixa de diálogo Adobe PDF Settings é possível escolher as configurações de compressão para imagens coloridas, em escala de cinza e monocromáticas, assim como as opções de gerenciamento de cores usadas quando o arquivo é convertido para Adobe PDF. A resolução é determinada automaticamente.

6 Clique em Cancel para deixar as opções inalteradas neste momento.

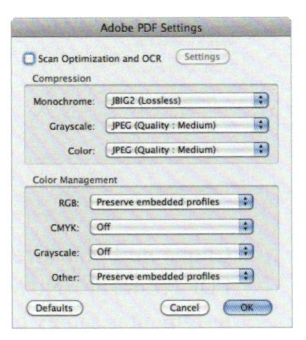

Também é possível revisar e editar as configurações usadas para converter os arquivos para PDF no painel Convert To PDF, na caixa de diálogo Preferences.

7 Na caixa de diálogo Open, selecione o arquivo GC_VendAgree.tif e clique em Open.

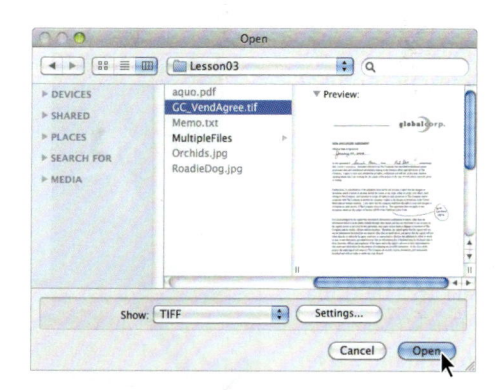

O Acrobat converte o arquivo TIFF para Adobe PDF e abre o arquivo PDF automaticamente.

8 Clique no botão Fit One Full Page ( ) na barra de ferramentas Common Tools para que todo o acordo possa ser visualizado.

Observe que a nota escrita a mão adicionada pelo signatário do acordo é preservada no arquivo Adobe PDF.

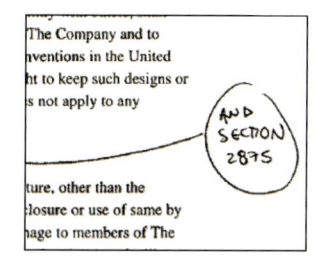

9 Escolha File > Save As > PDF, nomeio o arquivo GC_VendAgree1.pdf e salve-o na pasta Lesson03. A seguir, escolha File > Close para fechar o arquivo PDF.

Arraste e solte os arquivos

Os arquivos Adobe PDF também podem ser criados a partir de vários documentos. Basta arrastar o arquivo para o ícone do Acrobat ou para o painel do documento no Acrobat (Windows). O Acrobat utiliza as configurações de conversão especificadas da última vez em que um arquivo foi convertido.

Tente arrastar os arquivos Orchids.jpg e RoadieDog.jpg para o painel do documento do Acrobat (Windows), para o ícone do Acrobat em sua área de trabalho, ou para o ícone do Acrobat no Dock (Mac OS). Feche todos os arquivos PDF abertos quando tiver concluído. Os arquivos PDF recém-criados podem ser salvos ou fechados sem serem salvos.

Crie Adobe PDFs a partir de arquivos do Microsoft Office (Mac OS)

No Acrobat X, os arquivos do Microsoft Office são convertidos para Adobe PDF da mesma maneira que todos os outros arquivos. Você pode usar o comando Print no Microsoft Office ou o menu Create no Acrobat. Ou, ainda, o arquivo pode ser arrastado para o ícone do Acrobat na área de trabalho.

O Acrobat X não dispõe do PDFMaker para a versão do Microsoft Office para o Mac OS. Para obter mais informações, consulte os tópicos relevantes nesta lição e em "Crie PDFs" na ajuda do Adobe Acrobat X.

Converta e combine diferentes tipos de arquivos

O comando Combine Files Into A Single PDF no menu do botão Create pode ser usado para a fácil conversão de diferentes tipos de arquivos para Adobe PDF e para combiná-los em um arquivo PDF. Caso esteja usando o Acrobat Pro, vários documentos podem ser reunidos em um PDF Portfolio. Para obter informações sobre a criação de PDF Portfolios, consulte a Lição 7, "Combine arquivos em PDF Portfolios".

Agora, converteremos um arquivo para Adobe PDF e o combinaremos com vários outros arquivos PDF.

Reúna arquivos

Primeiro, selecionaremos os arquivos que serão combinados e especificaremos quais páginas serão incluídas. Combinaremos um arquivo JPEG com vários arquivos PDF. Incluiremos apenas uma página de um dos documentos PDF.

1 No Acrobat, escolha File > Create > Combine Files Into A Single PDF. Caso esteja trabalhando no Windows ou tiver um documento aberto no Mac OS, também é possível clicar no botão Create, na barra de ferramentas Quick Tools, e escolher Combine Files Into A Single PDF.

O Acrobat abre a caixa de diálogo Combine Files para que os documentos possam ser reunidos.

2 Clique no botão Add Files, na caixa de diálogo Combine Files e escolha Add Files no menu.

Agora selecionaremos os arquivos que serão convertidos e combinados. Os tipos de arquivos que podem ser convertidos variam caso estejamos trabalhando no Windows ou no Mac OS.

3 Na caixa de diálogo Add Files, acesse a pasta MultipleFiles, na pasta Lesson03. Certifique-se de que All Supported Formats esteja selecionada.

4 Selecione o arquivo bottle.jpg. A seguir, clique segurando Ctrl (Windows) ou Command (Mac OS) para adicionar estes arquivos à seleção:

- Analysis.xls.pdf
- Ad.pdf
- Data.ppt.pdf
- Install.pdf
- Application.pdf

5 Clique em Open (Windows) ou Add Files (Mac OS).

Esses arquivos podem ser adicionados em qualquer ordem, pois eles podem ser reorganizados na janela Combine Files. O botão Remove também pode ser usado para que os arquivos indesejados sejam removidos.

6 Clique em uma área vazia na caixa de diálogo para desmarcar todos os arquivos. A seguir, selecione cada arquivo e use os botões Move Up e Move Down para organizar os arquivos na seguinte ordem:

- Ad
- Data.ppt
- Analysis.xls

- Application
- Install
- bottle

Você pode converter todas as páginas em um arquivo ou, ainda, selecionar uma página específica ou um conjunto de páginas para conversão.

7 Selecione o arquivo Data.ppt na caixa de diálogo Combine Files e clique no botão Choose Pages.

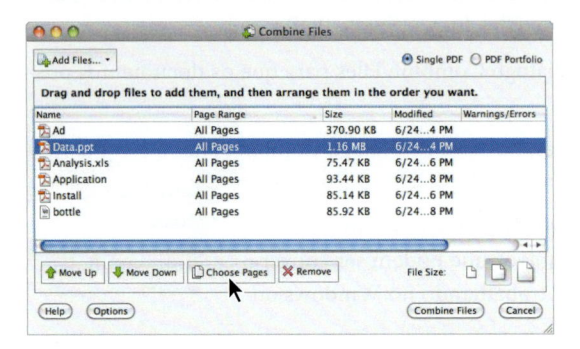

8 Use os controles da página na caixa de diálogo Preview And Select Page Range para visualizar as páginas nesse documento.

9 Selecione a opção Pages e insira **1** na caixa de texto para incluir apenas uma página da apresentação. Clique em OK. Observe que a inserção na coluna Page Range foi alterada.

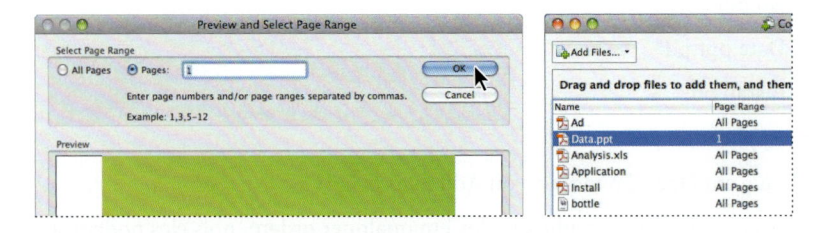

Converta e consolide os arquivos

Os arquivos reunidos serão convertidos em um arquivo PDF.

1 Certifique-se de que o ícone central (Default File Size) esteja selecionado para File Size, no canto inferior direito da caixa de diálogo.

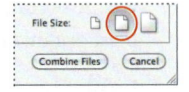

A opção Default File Size produz um arquivo PDF adequado à visualização e impressão de documentos comerciais. A opção Smaller File Size otimiza os arquivos para a distribuição na Internet. Use a opção Large File Size para preparar os documentos para impressão de alta qualidade.

2 Clique em Combine Files.

O Acrobat converterá qualquer arquivo nativo em PDF e consolidará todos os arquivos selecionados em um único arquivo, de nome Binder1.pdf. O arquivo é aberto automaticamente.

3 Use os botões Next Page (⬇) e Previous Page (⬆) para folhear os documentos consolidados.

4 Escolha File > Save As > PDF, nomeio o arquivo **Aquo.pdf** e salve-o na pasta Lesson03. Clique em Save.

Sem sair do Acrobat, convertemos um arquivo JPEG para Adobe PDF e o combinamos com vários outros arquivos PDF.

5 Escolha File > Close para fechar o arquivo.

Insira uma página em branco

No Acrobat, é possível inserir páginas em branco em um arquivo PDF, o que facilita a criação de uma página de transição ou de uma página de notas.

1 No Acrobat, abra o arquivo Aquo.pdf criado e acesse a página 7, a última.

2 Abra o painel Tools e, a seguir, o painel Pages.

3 Selecione More Insert Options na área Insert Pages do painel Pages e escolha Insert Blank Page.

4 Na caixa de diálogo Insert Pages, escolha After no menu Location e certifique-se de que a página 7 esteja selecionada na área Page da caixa de diálogo. A seguir, clique em OK.

5 Clique no botão Next Page, na barra de ferramentas Common Tools, para que a página em branco seja exibida.

6 Abra o painel Content no painel Tools. Selecione Add Or Edit Text Box. O Acrobat abre a caixa de ferramentas Typewriter.

7 Selecione a ferramenta Typewriter na barra de ferramentas. O ponteiro se transforma em um I. Clique no ponto de inserção no topo da página e altere a fonte (utilizamos a Adobe Garamond Pro Bold). Digite **Notes**. Use as opções na barra de ferramentas Typewriter para alterar os atributos do texto, incluindo o tamanho da fonte e a cor.

8 Escolha File > Save para salvar o documento e fechar o arquivo.

Use o PDFMaker

Quando o Adobe Acrobat X é instalado, o instalador adiciona os botões ou comandos de menu do Acrobat PDFMaker aos aplicativos compatíveis, incluindo os aplicativos do Microsoft Office (somente no Windows), Mozilla Firefox, Autodesk AutoCAD, entre outros. As opções do PDFMaker variam de acordo com os aplicativos, mas elas sempre permitem a criação rápida de um arquivo PDF a partir de um arquivo do aplicativo de origem. Dependendo do aplicativo, o PDFMaker também poderá ser usado para adicionar indicadores, marcar o documento PDF para torná-lo mais acessível, adicionar recursos de segurança ou incluir camadas.

Para obter informações específicas sobre a utilização do PDFMaker no Office para o Windows, consulte a Lição 5, "Use o Acrobat com arquivos do Microsoft Office (Windows)". Para usar o PDFMaker no Microsoft Outlook ou no Lotus Notes, consulte "Converta mensagens de e-mail para PDF (Windows)" posteriormente nesta lição. Para utilizar o PDFMaker no Firefox ou no Internet Explorer, consulte "Converta páginas Web em Adobe PDF" posteriormente nesta lição.

Opções do PDFMaker

O Acrobat PDFMaker é instalado automaticamente em vários aplicativos compatíveis. Em cada aplicativo, ele inclui opções que podem ser usadas para a personalização de arquivos PDF criados com esse determinado aplicativo. Embora a maioria dos aplicativos compatíveis esteja no Windows, o PDFMaker também é instalado no Firefox para o Mac OS.

Microsoft Word (Windows)
- Conserva os links
- Cria arquivos PDF acessíveis
- Conserva indicadores, títulos e estilos como indicadores
- Conserva notas finais, notas de rodapé e outras referências
- Incorpora Flash no documento de Word e o conserva no PDF
- Combina modelos de e-mail no Adobe PDF e, opcionalmente, seu envio aos destinatários
- Importa comentários do arquivo PDF correspondente para o documento de Word

Microsoft Excel (Windows)
- Conserva os links
- Converte várias planilhas ou uma seleção em PDF
- Cria arquivos PDF acessíveis
- Marca planilhas como indicadores
- Conserva as informações de documentos e comentários

Microsoft PowerPoint (Windows)
- Conserva os links
- Cria arquivos PDF acessíveis
- Conserva mídia Flash no arquivo PDF
- Cria indicadores de slides
- Cria arquivos compatíveis com PDF/A e PDF/X
- Cria PDFs seguros
- Cria e envia PDFs por e-mail
- Cria PDFs e os envia para revisão

Microsoft Outlook (Windows)
- Arquiva e-mails em PDF Portfolios estruturados, conservando a pasta e as informações da mensagem
- Cria arquivos indexados para pesquisa mais rápida
- Conserva anexos
- Automatiza arquivos
- Converte um documento em PDF e o anexa ao e-mail
- Converte um documento em PDF, aplica segurança a ele e o anexa ao e-mail

Microsoft Project (Windows)
- Cria PDFs seguros
- Cria arquivos compatíveis com PDF/A
- Converte um documento em PDF e o anexa ao e-mail
- Converte um documento em PDF e o envia para revisão

Microsoft Publisher (Windows)

- Conserva os links
- Conserva cores especiais, marcas de corte e transparência
- Permite sangrados e marcas de sangrado de impressão
- Cria PDFs seguros
- Cria indicadores
- Converte um documento em PDF e o anexa ao e-mail
- Converte um documento em PDF e o envia para revisão

Microsoft Access (Windows)

- Converte relatórios simples, tabelas, formulários e consultas em PDF
- Cria um PDF único a partir de vários relatórios, com relatórios individuais marcados como indicadores

Microsoft Visio (Windows)

- Conserva camadas, metadados de objetos e comentários
- Seleciona qual camada ou camadas serão conservadas
- Cria arquivos PDF compatíveis com PDF/A
- Converte um documento em PDF e o envia por e-mail
- Converte um documento em PDF e o envia para revisão
- Cria PDFs seguros

IBM Lotus Notes (Windows)

- Arquiva e-mails em PDF Portfolios estruturados, conservando a pasta e as informações da mensagem
- Conserva anexos
- Automatiza arquivos
- Cria arquivos indexados para pesquisa mais rápida

AutoDesk AutoCAD (Windows)

- Conserva os links
- Conserva vários layouts e espaços de modelo em PDF
- Conserva camadas
- Importa comentários do PDF correspondente para o documento do AutoCAD
- Cria documentos compatíveis com PDF/E, PDF/A e outros padrões
- Conserva a escala e as informações do documento
- Cria PDF Portfolios a partir de vários arquivos
- Cria PDFs seguros
- Converte um documento em PDF e o anexa ao e-mail
- Converte um documento em PDF e o envia para revisão

Microsoft Internet Explorer (Windows)		
• Cria arquivos PDF acessíveis • Conserva mídia em Flash de um site no PDF	• Cria indicadores • Converte um documento em PDF e o anexa ao e-mail	• Converte as áreas selecionadas em uma página Web em PDF • Cria um cabeçalho ou rodapé
Mozilla Firefox		
• Cria arquivos PDF acessíveis • Conserva mídia em Flash de um site no PDF	• Cria indicadores • Converte um documento em PDF e o anexa ao e-mail	• Cria um cabeçalho ou rodapé

Use o comando Imprimir para criar arquivos Adobe PDF

Como vimos nesta lição, arquivos Adobe PDF podem ser criados facilmente com o comando Create ou o botão Create na barra de ferramentas. Porém, um arquivo Adobe PDF pode ser gerado de praticamente qualquer arquivo do aplicativo com o comando Imprimir do aplicativo com a impressora Adobe PDF (Windows) ou a opção Salvar como Adobe PDF (Mac OS).

Imprima na impressora Adobe PDF (Windows)

A impressora Adobe PDF não é uma impressora física como aquela em seu escritório. Na verdade, ela é uma impressora simulada que converte o arquivo em Adobe PDF em vez de imprimi-lo em papel. O nome da impressora é Adobe PDF.

Você converterá um arquivo de texto em Adobe PDF com a utilização do comando Imprimir com a impressora Adobe PDF. Essa técnica pode ser usada em praticamente qualquer aplicativo, independentemente de o aplicativo dispor dos recursos incorporados para a criação de arquivos PDF. Mas saiba que a impressora Adobe PDF cria arquivos PDF não marcados. (Uma estrutura marcada é necessária para a redefinição do conteúdo para um aparelho portátil. Ela é preferível para a produção de resultados confiáveis com um leitor de tela.)

Os passos podem variar caso utilizemos o Windows XP, o Vista ou o Windows 7. Estes passos pressupõem o emprego do Windows 7.

> **Nota:** Caso cliquemos apenas duas vezes no arquivo, o Windows o abrirá no Bloco de notas. O Bloco de notas pode ser usado para este exercício, mas o memorando perderá sua formatação.

1 Na área de trabalho, acesse a pasta Lesson03 e selecione o arquivo Memo.txt.

2 Escolha Arquivo > Abrir com > WordPad. O arquivo de texto é aberto no Bloco de notas, um editor de texto distribuído com o Windows.

3 No Bloco de notas do Windows 7, clique no botão de menu e escolha Imprimir. No Windows XP ou no Vista, escolha Arquivo > Configuração de página e clique no botão Impressora.

4 Escolha a Adobe PDF na lista de impressoras. Pode ser necessário baixar a barra de rolagem para vê-la.

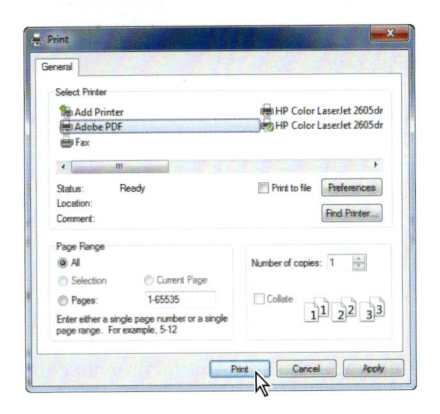

A fim de alterar as configurações usadas para a conversão do arquivo de texto em Adobe PDF, clique em Preferências, na caixa de diálogo Imprimir, ou em Propriedades, na caixa de diálogo Configurações de página. Para obter mais informações, consulte a barra lateral "Predefinições do Adobe PDF" nesta lição.

5 No Windows 7, clique em Imprimir. Se estiver usando o Windows Vista ou o XP, clique em OK duas vezes para fechar a caixa de diálogo Configurações de página e retornar ao memorando; a seguir, escolha Arquivo > Imprimir e clique em Imprimir.

6 Salve o arquivo usando o nome padrão (Memo.pdf) na pasta Lesson03 e clique em Salvar na caixa de diálogo Salvar arquivo PDF como.

7 Se o arquivo PDF não for aberto automaticamente, acesse a pasta Lesson03 e clique duas vezes no arquivo Memo.pdf para exibi-lo no Acrobat. Quando o arquivo tiver sido revisado, feche-o e saia do Bloco de notas.

A impressora Adobe PDF é uma maneira fácil e conveniente de criar um arquivo PDF a partir de praticamente qualquer documento. Porém, se estivermos trabalhando com arquivos do Microsoft Office, os botões Create Adobe PDF ou a faixa do Acrobat (que usa o PDFMaker) permitem a criação de documentos marcados e a inclusão de indicadores e links de hipertexto.

8 Feche todos os arquivos abertos.

Imprima com a opção Salvar como Adobe PDF (Mac OS)

No Acrobat X para o Mac OS, a impressora Adobe PDF foi substituída pela opção Salvar como Adobe PDF, no menu PDF da caixa de diálogo Imprimir. A opção Salvar como Adobe PDF pode ser usada para a impressão em qualquer aplicativo.

1 Na área de trabalho, acesse a pasta Lesson03 e clique duas vezes no arquivo Memo.txt.

O arquivo de texto é aberto em um editor de texto como o TextEdit.

2 Escolha Arquivo > Imprimir. Não importa qual impressora está selecionada.

3 Clique no botão PDF na parte inferior da caixa de diálogo e escolha Salvar como Adobe PDF.

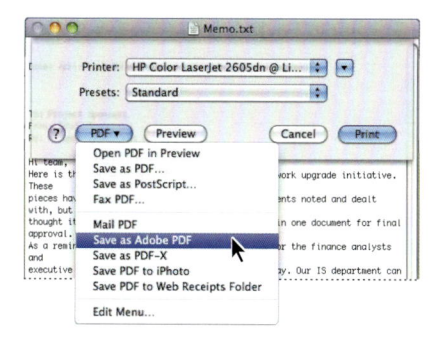

● **Nota:** Caso seja necessário criar um arquivo de configurações de PDF personalizado, é possível, no Distiller. Para abri-lo no Acrobat Pro, selecione o Acrobat Distiller no painel Print Production, dentro do painel Tools. Para obter mais informações sobre a criação de arquivos de configurações de PDF personalizados, consulte a ajuda do Adobe Acrobat X.

4 Na caixa de diálogo Salvar como Adobe PDF, escolha o arquivo Configurações do Adobe PDF e escolha a sua versão do Acrobat (Acrobat Standard ou Acrobat Pro) no menu Após a criação do PDF para abrir o arquivo PDF no Acrobat. Clique em Continuar.

5 Na caixa de diálogo Salvar, aceite o nome padrão Memo.pdf e salve o arquivo na pasta Lesson03.

6 Clique em Salvar.

7 Se o arquivo PDF não for aberto automaticamente, acesse a pasta Lesson03 e clique duas vezes no arquivo Memo.pdf para exibi-lo no Acrobat. Quando o arquivo tiver sido revisado, feche-o e saia do aplicativo editor de texto.

Acabamos de converter um documento de texto simples em um documento Adobe PDF usando o comando Imprimir do aplicativo de edição.

8 Feche todos os arquivos abertos.

Predefinições do Adobe PDF

Uma predefinição do PDF é um grupo de configurações que influenciam o processo de criação de um arquivo PDF. Essas configurações são desenvolvidas para equilibrar o tamanho do arquivo com a qualidade, dependendo de como o arquivo PDF será utilizado. A maioria das predefinições é compartilhada nos aplicativos do Adobe Creative Suite®, incluindo o Adobe InDesign®, o Adobe Illustrator®, o Adobe Photoshop® e o Acrobat. Também é possível criar e compartilhar predefinições personalizadas para atender a determinadas necessidades.

Algumas predefinições de PDF não ficam disponíveis até que sejam movidas da pasta Extras para a pasta Settings. A pasta Extras é instaladas apenas com o Acrobat Pro. Para obter descrições detalhadas de cada predefinição, consulte a ajuda do Adobe Acrobat X.

- **High Quality Print** cria PDFs para a impressão de qualidade em impressoras comuns e dispositivos de revisão de texto.
- **Oversized Pages** cria PDFs adequados para a visualização e impressão de desenhos técnicos que ultrapassam 200 x 200 pol.
- **PDF/A-1b: 2005 (CMYK and RGB)** é usada para a conservação (arquivamento) de longo prazo de documentos eletrônicos.
- Os padrões **PDF/X-1a (2001 and 2003)** minimizam o número de variáveis em um documento PDF para aumentar a confiabilidade. Os arquivos PDF/X-1a geralmente são usados para anúncios digitais que serão reproduzidos em uma impressora.
- Os arquivos **PDF/X-3 (2003)** são semelhantes aos PDF/X-1a, mas não são compatíveis com fluxos de trabalho gerenciados por cores e permitem algumas imagens RGB.
- **PDF/X-4 (2007)** apresenta as mesmas especificações de cores ICC de gerenciamento de cores que os PDF/X-3, mas inclui o suporte à transparência ativa.
- **Press Quality** cria arquivos PDF para produção de impressões de alta qualidade (por exemplo, para a impressão digital ou para separações para uma fotocompositora ou tipógrafo).
- **Rich Content PDF** cria arquivos PDF acessíveis que incluem marcações, hiperlinks, indicadores, elementos interativos e camadas.
- **Smallest File Size** cria arquivos PDF para a exibição na Internet ou em uma Intranet, ou para a distribuição por um sistema de e-mail.
- **Standard** cria arquivos PDF que serão impressos em impressoras comuns ou copiadoras digitais, publicados em um CD ou enviados a um cliente como prova de publicação.

Reduza o tamanho do arquivo

O tamanho de um arquivo PDF pode variar radicalmente de acordo com as configurações do Adobe PDF usadas para sua criação. Por exemplo, os arquivos criados com a predefinição High Quality Print são maiores que os arquivos criados com as predefinições Standard ou Smallest File Size. Independentemente da predefinição usada para criar um arquivo, o tamanho do arquivo geralmente pode ser reduzido sem a necessidade de o arquivo PDF ser gerado de novo.

Reduziremos o tamanho do arquivo Ad.pdf.

1 No Acrobat, abra o arquivo Ad.pdf na pasta Lesson03/MultipleFiles.

2 Escolha File > Save As > Reduced Size PDF.

3 Selecione Acrobat 9.0 And Later para a compatibilidade do arquivo e clique em OK.

Quanto mais nova for a versão do Acrobat escolhida para a compatibilidade, menor será o arquivo. Porém, se a compatibilidade com o Acrobat X for escolhida, será necessário se certificar de que o público-alvo realmente tem o Acrobat X instalado.

4 Nomeie o arquivo modificado **Ad_Reduce.pdf**. Clique em Save para concluir o processo.

Recomendamos sempre que um arquivo seja salvo com um nome diferente para que o arquivo não modificado não seja substituído.

O Acrobat otimiza automaticamente o arquivo PDF, um processo que pode levar entre um e dois minutos. Qualquer incorreção é exibida na janela Conversion Warnings. Se necessário, clique em OK para fechar a janela.

5 Minimize a janela do Acrobat. Use o Windows Explorer (Windows) ou o Finder (Mac OS) para abrir a pasta Lesson03/MultipleFiles e visualizar o tamanho do arquivo Ad_Reduce.pdf. O tamanho do arquivo é menor que o do arquivo Ad.pdf.

Os passos de 1 a 5 podem ser repetidos com diferentes configurações de compatibilidade para que saibamos como elas afetam o tamanho do arquivo. Observe que algumas configurações podem acabar aumentando o tamanho do arquivo.

6 No Acrobat, escolha File > Close para fechar o arquivo.

Sobre a compressão e apresentação de amostras

Muitos fatores influenciam o tamanho e a qualidade dos arquivos, mas quando trabalhamos com arquivos com muitas imagens, a compressão e a apresentação de amostras são importantes. O PDF Optimizer oferece maior controle sobre o tamanho e a qualidade dos arquivos.

Para acessar o PDF Optimizer, escolha File > Save As > Optimized PDF.

Na caixa de diálogo do PDF Optimizer, é possível escolher entre vários métodos de compressão desenvolvidos para reduzir o espaço do arquivo usado por imagens coloridas, em escala de cinza e monocromáticas do documento. O método escolhido depende do tipo das imagens que serão comprimidas. As definições padrão do Adobe PDF usam a compressão automática (JPEG) para imagens coloridas e em escala de cinza e a compressão CCITT Group 4 para imagens monocromáticas.

Além de escolher um método de compressão, as imagens bitmap podem ser amostradas no arquivo para reduzir seu tamanho. Uma imagem bitmap consiste em unidades digitais chamadas pixels, cujo número total determina o tamanho do arquivo. Quando uma imagem bitmap é amostrada novamente, as informações representadas por vários pixels na imagem são combinadas para compor um único pixel maior. Esse processo também é chamado de *amostragem com redução de resolução*, pois ela reduz o número de pixels da imagem. (Quando a resolução é reduzida ou o número de pixels diminuído, as informações são excluídas da imagem.)

Nem a compressão nem a nova amostragem afetam a qualidade do texto e as ilustrações.

Crie arquivos a partir da área de transferência

Podemos copiar o conteúdo de qualquer tipo de arquivo, depois escolher File > Create > PDF From Clipboard no Acrobat para criar um novo arquivo PDF. O comando Create PDF From Clipboard usa o Distiller para converter o conteúdo em PDF. O conteúdo PDF criado dessa maneira pode ser pesquisado, pois ele não é uma imagem. (No Mac OS, o comando PDF From Screen Capture também pode ser usado para a conversão de capturas de tela.)

Além disso, também é possível adicionar textos e gráficos copiados da área de trabalho facilmente para um PDF existente. Abra o arquivo PDF, a seguir, no painel Pages, em Tools, escolha More Insert Options > Insert From Clipboard.

Digitalize um documento em papel

● **Nota:** Se o Acrobat não reconhecer o seu scanner, consulte a documentação do scanner para obter instruções sobre as configurações e ajuda para a solução de problemas.

Você pode digitalizar documentos em papel para PDF em vários tipos de scanner, adicionar metadados durante a digitalização e otimizar o PDF digitalizado. No Windows, é possível escolher predefinições para preto e branco, escala de cinza, documentos coloridos e imagens coloridas, as quais otimizam a qualidade do documento digitalizado. Também podemos definir nossas próprias configurações de conversão.

Caso não haja um scanner conectado ao sistema, ignore este exercício.

1 Insira qualquer documento de uma página no scanner e pressione o botão Scan (Digitalizar) no scanner. Assim, uma caixa de diálogo será automaticamente aberta no sistema, perguntando qual programa inicializar para executar a digitalização. Escolha o Acrobat ou execute uma destas ações:

- **No Windows**: No Acrobat, escolha File > Create > PDF From Scanner e selecione uma predefinição para o documento.
- **No Mac OS**: Escolha File > Create > PDF From Scanner, selecione as opções na caixa de diálogo Acrobat Scan e clique em Scan.

A digitalização é feita automaticamente.

2 Quando solicitado, clique em OK para confirmar a conclusão da digitalização.

O PDF do documento digitalizado é exibido no Acrobat.

3 Escolha File > Save e salve a digitalização na pasta Lesson03 como Scan.pdf.

4 No Windows, para ver as configurações usadas para a conversão, escolha File > Create > PDF From Scanner > Configure Presets. Na caixa de diálogo, é possível especificar várias opções, inclusive a digitalização de um ou dois lados, o tamanho do papel, a solicitação de mais páginas, o tamanho do arquivo, a aplicação do reconhecimento óptico de caracteres e a adição de metadados na caixa de diálogo Document Properties. Clique em Cancel para sair da caixa de diálogo sem fazer alterações.

5 Escolha File > Close para fechar o documento.

Permita que o texto digitalizado seja editado e pesquisado

Quando um arquivo é convertido para PDF em um aplicativo como o Microsoft Word ou o Adobe InDesign, o texto pode ser completamente editado e pesquisado. Porém, o texto em arquivos de imagens, sejam eles documentos digitalizados ou arquivos salvos em um formato de imagem, não pode ser editado nem pesquisado. Com o OCR (reconhecimento óptico de caracteres), o Acrobat analisa a imagem e substitui partes dela por caracteres diferentes. Ele também identificará qualquer caractere que possa ter sido analisado incorretamente.

Aplicaremos o OCR ao arquivo TIFF convertido anteriormente.

▶ **Dica:** O Acrobat pode executar o OCR (reconhecimento óptico de caracteres) quando as imagens forem digitalizadas. Basta assegurar que Make Searchable esteja selecionada na predefinição do scanner (Windows) ou na caixa de diálogo Acrobat Scan (Mac OS) antes da digitalização.

1 Escolha File > Open, acesse a pasta Lesson03 e abra o arquivo GC_VendAgree1.pdf salvo anteriormente.

2 Com a ferramenta Selection selecionada na barra de ferramentas Common Tools, focalize o ponteiro sobre o documento. É possível selecionar áreas no documento, mas o Acrobat não seleciona texto específico algum.

3 Abra o painel Tools e clique em Recognize Text para que seu painel seja aberto.

4 Clique em In This File no painel Recognize Text. O Acrobat exibe a caixa de diálogo Recognize Text.

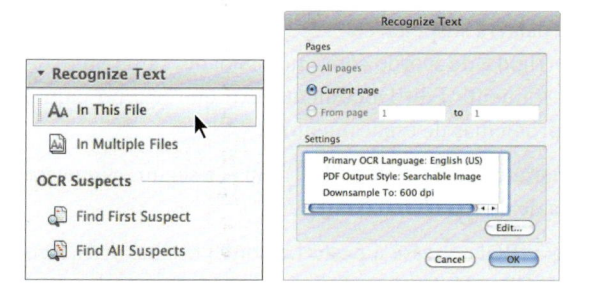

5 Certifique-se de que Current Page esteja selecionada na área Pages da caixa de diálogo. A seguir, clique em Edit para editar as configurações da conversão.

• **Observação:** Por padrão, o Acrobat converte o documento como imagem pesquisável. Essa configuração pode ser usada para a conversão de documentos, mas o ClearScan geralmente oferece uma conversão de texto mais precisa e apurada.

6 Na caixa de diálogo Recognize Text – General Settings, escolha ClearScan no menu PDF Output Style.

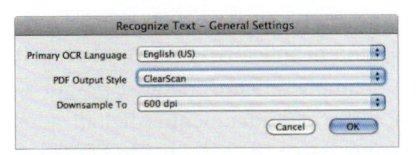

O ClearScan converte o arquivo para incluir textos e gráficos dimensionáveis para que possam ser editados no Acrobat.

7 Clique em OK para fechar a caixa de diálogo Recognize Text – General Settings e, a seguir, em OK novamente para fechar a caixa de diálogo Recognize Text e executar o ClearScan.

O Acrobat converterá o documento.

8 Com a ferramenta Selection, selecione uma palavra na página. O Acrobat converteu uma imagem para um texto editável e pesquisável.

9 Clique em Find First Suspect no painel Recognize Text. O Acrobat pesquisará o documento e identificará todas as palavras que podem ter sido convertidas incorretamente. Se ele encontrar alguma palavra suspeita, ela pode ser examinada e corrigida, de acordo com a necessidade. Também pode ser necessário usar a ferramenta Edit Document Text, que fica no painel Content, para tratar de problemas de espaçamento.

10 Clique em OK para fechar a caixa de diálogo Touchup e, a seguir, clique em Close para fechar a caixa de diálogo Find Element.

11 Selecione File > Save As > PDF. Acesse a pasta Lesson03 e salve o arquivo como **GC_VendAgree_OCR.pdf**. A seguir, feche-o.

Converta mensagens de e-mail em PDF (Windows)

Mensagens de e-mail podem ser convertidas em qualquer aplicativo com o comando Print (Imprimir), mas dispomos de flexibilidade extra se usarmos o Acrobat PDFMaker no Microsoft Outlook ou no Lotus Notes (somente no Windows). Utilizaremos nossos próprios arquivos de e-mail neste exercício. Caso não utilize esses aplicativos, ignore este exercício.

Pode ser útil salvar as mensagens de e-mail em um formulário independente do aplicativo de e-mail, seja por motivos de arquivamento ou apenas pela comodidade de ter um arquivo portátil e mais facilmente pesquisável. O PDFMaker adiciona botões e comandos aos menus e barras de ferramentas do Outlook e do Lotus que convertem mensagens individuais ou pastas de e-mail em Adobe PDF.

Caso não visualize o botão ou os comandos do Acrobat no Outlook ou no Lotus Notes, consulte "Exiba ou ative o PDFMaker no Microsoft Office e no Lotus Notes" na ajuda do Adobe Acrobat X.

Converta pastas de e-mail (Acrobat Pro)

Ao fim de qualquer projeto pessoal ou comercial, geralmente temos uma ou várias pastas cheias de mensagens de e-mail relacionadas ao projeto. Com o Acrobat Pro, essas pastas podem ser facilmente convertidas em um arquivo Adobe PDF pesquisável que é completamente independente do aplicativo de e-mail.

Cada mensagem de e-mail na pasta é convertida como um arquivo separado e salva por padrão em um PDF Portfolio.

1 Selecione uma pasta. No Outlook 2010, clique em Selected Folders na faixa do Adobe PDF e escolha Create New PDF. Nas versões anteriores do Outlook, clique em Create Adobe PDF From Folders. Em Notes, clique em Convert Selected Folder(s) To Adobe PDF na barra de ferramentas.

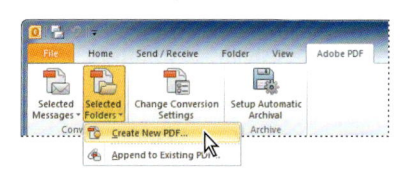

Para economizar tempo neste exercício, selecione as pastas que não contêm muitas mensagens.

2 No Outlook, na caixa de diálogo Convert Folder(s) To PDF, é possível selecionar pastas adicionais que serão convertidas. Use a opção Convert This Folder And All Sub Folders para incluir automaticamente todas as subpastas ou expanda a pasta e selecione manualmente as subpastas necessárias. Selecionamos a pasta Inbox (caixa de entrada) e deixamos a opção Convert This Folder And All Sub Folders desmarcada. Clique em OK.

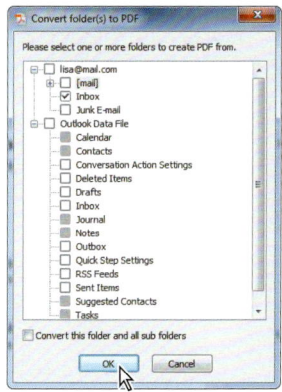

3 Na caixa de diálogo Save Adobe PDF File As, clique em Save para salvar o arquivo PDF na pasta Lesson03, dentro do nome da pasta de e-mail (Inbox. pdf). Pode ser necessário permitir o acesso ao programa de e-mail.

As mensagens de e-mail convertidas são abertas automaticamente em um PDF Portfolio no Acrobat.

Configure o arquivamento automático

É fácil fazer o backup automático das mensagens de e-mail no Acrobat.

1 No Outlook 2010, clique em Setup Automatic Archival na faixa do Adobe PDF. Nas versões anteriores do Outlook, escolha Adobe PDF > Setup Automatic Archival. No Lotus Notes, escolha Actions > Setup Automatic Archival.

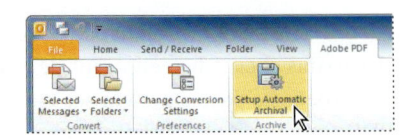

2 Na caixa de diálogo do Acrobat PDFMaker, clique na guia Automatic Archival e selecione Enable Automatic Archival.

Agora especificaremos a frequência com que a operação de backup será executada. As opções serão definidas para executarem o backup dos e-mails semanalmente, no sábado às 12 horas.

3 Para Frequency, selecione Weekly e Saturday no menu adjacente.

▶ **Dica:** A opção Embed Index For Faster Search, na guia Settings, é útil quando pastas que contêm muitas mensagens são arquivadas. Essa opção cria um índice para todo o conjunto de e-mails. Pesquisar nesse índice é mais rápido que pesquisar nos arquivos PDF um por um.

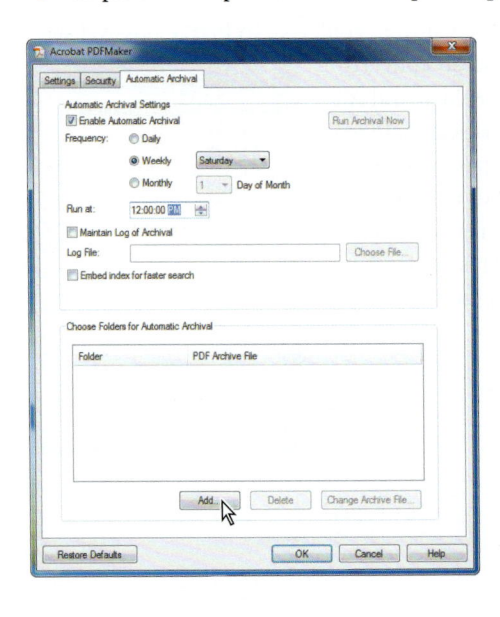

4 Para Run At, escolha 12:00 PM. Use as teclas de seta para alterar os incrementos de hora ou digite novos valores para as informações horas, minutos e AM/PM. As outras opções permanecerão com seus valores padrão.

5 Clique em Add para selecionar as pastas que serão arquivadas.

6 Se estiver usando o Acrobat Pro, selecione a guia Settings e, a seguir, Output Adobe PDF Portfolio When Creating A New PDF File para fundir os arquivos em um PDF Portfolio. Desmarque essa opção para fundir as páginas em um único PDF.

7 Na caixa de diálogo Convert Folder(s) To PDF, selecione as pastas que serão arquivadas. Selecionamos a pasta Inbox (caixa de entrada), a pasta Outbox (caixa de saída) e Sent Items (itens enviados). Expanda todas as pastas que têm subpastas (indicadas por um sinal de mais ao lado de seu nome) para verificar se deseja converter todas as subpastas.

Se selecionarmos a opção Convert This Folder And All Sub Folders, arquivaremos automaticamente toda e qualquer pasta em Inbox. Caso não queira converter todas as subpastas, é necessário desmarcar essa opção e desmarcar manualmente as subpastas que não serão convertidas.

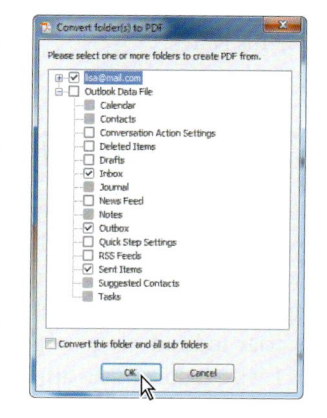

8 Quando tiver concluído a seleção, clique em OK e insira um nome para o arquivamento na caixa de diálogo Save PDF Archive File As. (Salvamos o arquivamento na pasta Lesson03 usando o nome EmailArc.) A seguir, clique em Open.

9 Clique em OK para concluir. Os arquivos de e-mail nas pastas especificadas serão arquivados automaticamente todos os sábados, às 12 horas.

Lembre-se de que o processo de arquivamento substituirá o arquivamento da semana anterior.

Para visualizar o arquivamento, você pode executar uma operação de arquivamento agora mesmo.

10 Escolha Adobe PDF > Setup Automatic Archival. Na caixa de diálogo do Acrobat PDFMaker, clique na guia Automatic Archival e, a seguir, em Run Archival Now. Os arquivos PDF são criados e armazenados automaticamente no arquivo nomeado.

A qualquer momento, podemos adicionar ou remover pastas do processo de arquivamento automático, com os botões Add e Delete, na guia Automatic Archival da caixa de diálogo do Acrobat PDFMaker. Podemos alterar o nome e/ou o local do arquivamento com o botão Change Archival File nessa mesma caixa de diálogo.

11 Quando tiver terminado, feche todos os arquivos PDF e o Outlook ou o Lotus Notes.

Converta páginas Web em Adobe PDF

Podemos converter ou "capturar" uma página Web inteira ou vários níveis de um site de várias páginas. No Internet Explorer, também é possível capturar apenas o conteúdo selecionado em uma página Web. Podemos definir o layout de uma página, determinar as opções de exibição para as fontes e outros elementos visuais e criar indicadores para páginas Web convertidas em Adobe PDF. O arquivo HTML e todos os seus arquivos associados (como imagens JPEG, folhas de estilo em cascata, arquivos de texto, mapas de imagens e formulários) são incluídos no processo de conversão, de maneira que o PDF resultante se comportará como a página Web original.

Como as páginas Web convertidas estão no formato Adobe PDF, podemos facilmente salvá-las, imprimi-las, enviá-las por e-mail a outras pessoas ou arquivá-las para uso próprio.

Defina as preferências do Acrobat

Podemos especificar as preferências de Internet do Acrobat para determinar como ele converte páginas Web.

1 No Acrobat, escolha Edit > Preferences (Windows) ou Acrobat > Preferences (Mac OS) e selecione Internet entre as categorias à esquerda. Por padrão, várias opções de preferência de Internet são selecionadas automaticamente.

- Display PDF In Browser: exibe todos os documentos PDF abertos na Internet dentro da janela do navegador. Se essa opção não estiver selecionada, os documentos PDF são abertos em uma janela separada do Acrobat.

- Display In Read Mode By Default: exibe os arquivos PDF sem as barras de ferramentas ou painéis; esses itens são exibidos em uma barra de ferramentas flutuante semitransparente quando o mouse é movido sobre a área inferior do arquivo PDF. Se essa opção for desmarcada, os arquivos PDF são abertos com barras de ferramentas e painéis.

- Allow Fast Web View: transfere os documentos PDF para a visualização na Internet, uma página de cada vez. Se essa opção não for selecionada, todo o arquivo PDF é transferido antes de ser exibido.

- Allow Speculative Downloading In The Background: permite que um documento PDF continue a ser transferido da Internet, mesmo após a primeira página solicitada ser exibida. A transferência em segundo plano é interrompida quando outras tarefas, como folhear o documento, são iniciadas no Acrobat.

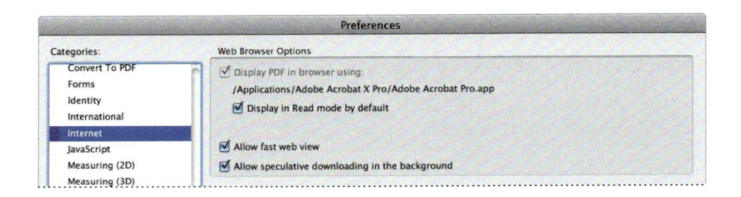

2 Quando terminar de revisar as configurações da Internet, clique em OK na caixa de diálogo Preferences para aplicar todas as alterações feitas ou clique em Cancel para sair da caixa de diálogo sem aplicar as alterações.

Configure as opções para a conversão de páginas Web

Antes de transferir e converter páginas, pode ser necessário verificar as opções que controlam a estrutura e a aparência das páginas Web convertidas. Para modificar essas configurações, escolha File > Create > PDF From Web Page e clique em Settings para abrir a caixa de diálogo Web Page Conversion Settings.

Clique em Settings na área Conversion Settings da caixa de diálogo para abrir a caixa de diálogo HTML Conversion Settings. Para converter páginas Web em chinês, japonês e coreano (CJK) para PDF em um sistema romano (ocidental) no Windows, é necessário que os arquivos de suporte ao idioma CJK sejam instalados durante a instalação do Acrobat. É necessário também selecionar uma opção de codificação adequada no menu Default Encoding. Clique em OK ou Cancel para fechar as caixas de diálogo.

Converta páginas Web dentro do Acrobat

Como as páginas Web são atualizadas regularmente, quando visitarmos as páginas descritas nesta lição, o conteúdo delas pode ter sido alterado, podendo ser necessário usar links diferentes dos descritos aqui. Porém, deve ser possível aplicar os passos desta lição a praticamente qualquer link ou site. Se estiver trabalhando dentro de um firewall corporativo, por exemplo, pode ser mais fácil completar este exercício substituindo um site interno pelo site da Adobe Press ou da Peachpit.

Antes de transferir e converter as páginas Web para Adobe PDF, devemos dispor de acesso à Internet. Caso precise de ajuda para configurar uma conexão de Internet, fale com seu provedor de Internet.

Agora inseriremos uma URL na caixa de diálogo Create PDF From Web Page e converteremos algumas páginas Web.

1 Se a caixa de diálogo Create PDF From Web Page não estiver aberta, escolha File > Create > PDF From Web Page.

2 Para a URL, insira o endereço do site que deseja converter. (Utilizamos o site da Adobe Press, http://www.adobepress.com.)

3 Clique no botão Capture Multiple Levels.

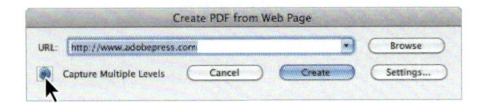

O número de páginas convertidas é controlado por meio da especificação dos níveis da hierarquia do site que será convertido, iniciando pela URL inserida. Por exemplo, o nível superior contém a página correspondente à URL especificada, o segundo nível abarca as páginas vinculadas pela página do nível superior, e assim sucessivamente. Leve em consideração o número e a complexidade das páginas que encontraremos quando transferirmos mais de um nível de um site de cada vez. Um site complexo pode demorar muito tempo para ser transferido. Portanto, não recomendamos a seleção de Get Entire Site para todos os sites. Além disso, a transferência de páginas por meio de uma conexão de modem discada geralmente leva muito mais tempo em comparação com a transferência por meio de uma conexão de alta velocidade.

4 Certifique-se de que a opção Get Only esteja selecionada e que 1 esteja selecionado como número de níveis.

5 Selecione Stay On Same Path para converter apenas as páginas subordinadas à URL inserida.

6   Selecione Stay On Same Server para transferir apenas as páginas no mesmo servidor que a URL inserida.

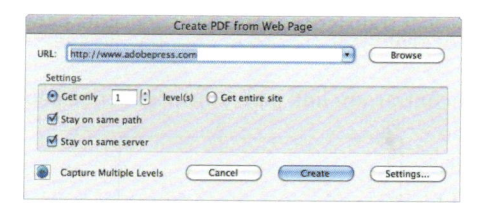

7   Clique em Create. A caixa de diálogo Download Status exibe o status da transferência em andamento. Quando a transferência e a conversão forem concluídas, o site convertido é exibido na janela do documento do Acrobat, com os indicadores no painel Bookmarks.

Se o Acrobat não puder transferir os materiais vinculados, ele apresentará uma mensagem de erro. Clique em OK para limpar as mensagens de erro.

8   Clique no botão Fit One Full Page (), na barra de ferramentas Common Tools, para que a visualização da página Web convertida se encaixe na tela.

9   Use os botões Next Page () e Previous Page () para folhear entre as páginas.

10 Escolha File > Save As > PDF, nomeie o arquivo **Web.pdf** e salve-o na pasta Lesson03.

No Windows, se estiver transferindo mais de um nível de páginas, a caixa de diálogo Download Status é movida para o segundo plano após a transferência do primeiro nível.

O site convertido é navegável e editável como qualquer outro documento PDF. O Acrobat formata as páginas para refletir as configurações de conversão do layout da página, assim como o visual do site original.

Transfira e converta páginas vinculadas

Quando clicamos em um link da Internet na versão do Adobe PDF da página que abre uma página não convertida, o Acrobat transfere e converte essa página para Adobe PDF.

1 Navegue no site convertido até encontrar um link para uma página que não tenha sido incluída na conversão original. Usamos um link abaixo da barra de título da AdobePress. (O ponteiro se transforma em um dedo indicador quando posicionado sobre o link da Internet, e uma dica de ferramenta é exibida na URL do link.)

2 Clique com o botão direito (Windows) ou segurando Control (Mac OS) no link e escolha Append To Document no menu de contexto.

A caixa de diálogo Download Status é exibida novamente. Quando a transferência e a conversão forem concluídas, o Acrobat exibirá uma página vinculada e adicionará um indicador para a página na lista Bookmarks.

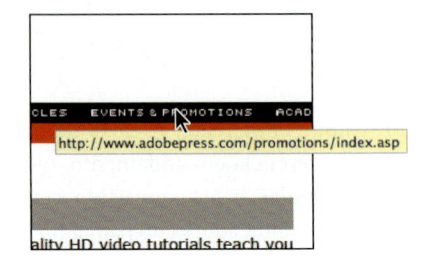

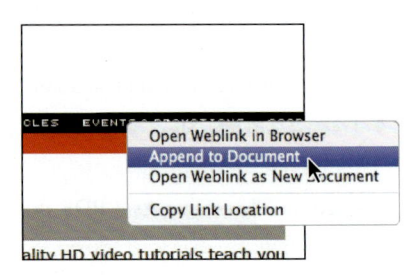

3 Escolha File > Save As > PDF, renomeie o arquivo **Web1.pdf** e salve-o na pasta Lesson03.

4 Quando tiver terminado de ver as páginas convertidas, saia do Acrobat.

Agora converteremos páginas Web diretamente no Internet Explorer ou no Firefox.

Converta páginas Web em um navegador de Internet

Se você já passou pela experiência frustrante de imprimir uma página Web em um navegador para depois perceber que partes da página não foram impressas, vai gostar do recurso do Acrobat que permite a criação e impressão de uma versão Adobe PDF da página Web sem precisar sair do navegador. O PDFMaker pode ser usado no Internet Explorer (Windows) ou no Firefox (Windows ou Mac OS) para a conversão da página Web exibida no momento em um arquivo Adobe PDF. Quando uma página Web convertida for impressa no Acrobat, ela será reformatada para um tamanho de página padrão e quebras de páginas lógicas serão adicionadas.

Primeiro, definiremos as preferências usadas para criar as páginas em Adobe PDF a partir das páginas Web; a seguir, converteremos uma página.

1 Abra o Firefox ou o Internet Explorer e acesse sua página favorita. Abrimos a página inicial da Peachpit Press, http://www.peachpit.com.

2 No Firefox ou no Internet Explorer, clique na seta ao lado do botão Convert ( ) e escolha Preferences no menu. Essas preferências são descritas em "Configure as opções para a conversão de páginas Web" nesta lição.

Caso não visualize o botão Convert no Internet Explorer, escolha Exibir > Barra de Ferramentas > Adobe PDF. No Firefox, escolha Exibir > Barra de ferramentas > Adobe Acrobat – Create PDF.

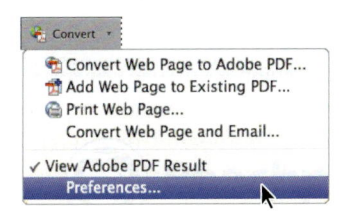

3 Clique em Cancel para sair da caixa de diálogo sem fazer alterações.

Agora converteremos a página Web em Adobe PDF.

4 Clique na seta ao lado do botão Convert na barra de ferramentas do Acrobat para que o menu seja exibido e escolha Convert Web Page To Adobe PDF.

5 Na caixa de diálogo Convert Web Page To Adobe PDF, acesse a pasta Lesson03. Insira um nome de arquivo (usamos PeachpitHome.pdf). A seguir, clique em Save.

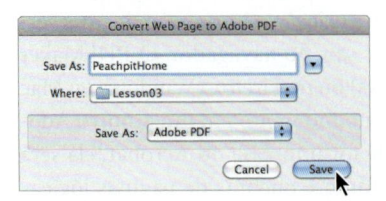

O nome de arquivo padrão usado pelo Acrobat é o texto usado na marcação HTML <TITLE>. Qualquer caractere inválido no nome de arquivo da página é convertido para um sublinhado quando o arquivo é transferido e salvo.

O texto selecionado é convertido em PDF e o arquivo é automaticamente aberto no Acrobat.

6 Quando tiver concluído, feche o navegador, o Acrobat e todos os arquivos PDF abertos.

Também é possível converter uma página Web em Adobe PDF e enviá-la por e-mail automaticamente com o comando Convert Web Page And Email no menu do botão Convert. (Para obter mais informações, consulte a ajuda do Adobe Acrobat X.)

Perguntas de revisão

1 Como descobrimos que tipos de arquivos podem ser convertidos em Adobe PDF com o comando Create PDF From File?

2 Se estivermos trabalhando com um tipo de arquivo não suportado pelos comandos Create PDF From File ou From Multiple Files, como criamos um arquivo PDF?

3 Por que utilizaríamos o PDFMaker para criar arquivos PDF?

4 Como podemos converter um arquivo de imagem em um texto pesquisável?

Respostas

1 Escolha File > Create > PDF From File. Abra o menu Files Of Type (Windows) ou Show (Mac OS) na caixa de diálogo Open para visualizar os tipos de arquivos compatíveis.

2 É possível criar um arquivo PDF em praticamente qualquer aplicativo usando o comando Print (Imprimir) no aplicativo de origem. No Windows, selecione a impressora Adobe PDF. No Mac OS, clique no botão Create PDF na caixa de diálogo Imprimir e escolha Salvar como Adobe PDF. Quando clicar no botão Imprimir, o Acrobat cria um arquivo Adobe PDF em vez de enviar o arquivo para uma impressora.

3 Quando o Acrobat é instalado, ele adiciona botões ou comandos de menu aos aplicativos compatíveis, permitindo a criação fácil de arquivos PDF nesses aplicativos com o PDFMaker. O PDFMaker inclui opções que permitem a personalização dos arquivos PDF em diferentes aplicativos. Por exemplo, podemos criar indicadores, conservar camadas, adicionar recursos de segurança ou marcar documentos usando o PDFMaker em alguns aplicativos.

4 Para converter um arquivo de imagem em um texto pesquisável, clique em In This File ou In Multiple Files no painel Recognize Text, em Tools. A seguir, selecione as opções que deseja aplicar, como se o ClearScan será utilizado ou se o documento será salvo como uma imagem pesquisável.

4 LEIA E TRABALHE COM ARQUIVOS PDF

Visão geral da lição

Nesta lição, você vai aprender a:

- Explorar um documento Adobe PDF com ferramentas, miniaturas de página e indicadores.
- Alterar o deslocamento e a exibição de um documento Adobe PDF na janela do documento.
- Pesquisar uma palavra ou frase em um documento PDF.
- Preencher um formulário PDF.
- Imprimir todo ou parte de um documento PDF.
- Explorar os recursos de acessibilidade que facilitam a utilização do Acrobat por usuários com necessidades visuais ou motoras especiais.
- Adicionar marcações e texto alternativo a um documento PDF.
- Compartilhar um documento com outras pessoas eletronicamente.

Esta lição levará aproximadamente 60 minutos para ser concluída. Copie a pasta Lesson04 para o disco rígido do seu computador, caso ainda não a tenha copiado.

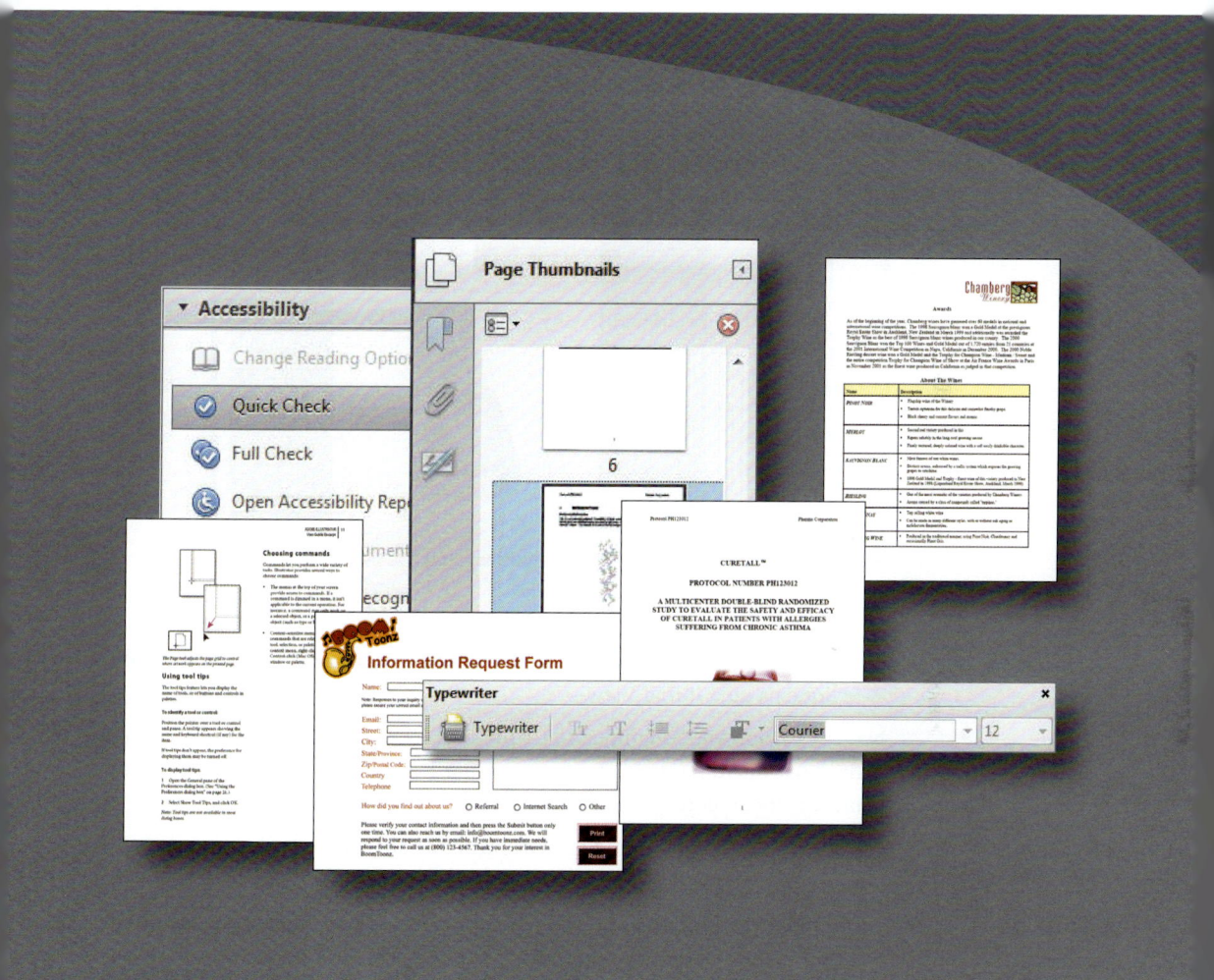

Tire máximo proveito dos documentos PDF que você cria e lê usando as ajudas de navegação, os recursos de acessibilidade, as ferramentas de pesquisa, entre outros.

Altere a exibição de abertura

Abriremos um arquivo PDF e analisaremos as configurações de exibição iniciais; a seguir, alteraremos essas configurações para refletirem nossas preferências pessoais.

1 No Acrobat, escolha File > Open, acesse a pasta Lesson04 e selecione o arquivo Protocol.pdf. Clique em Open.

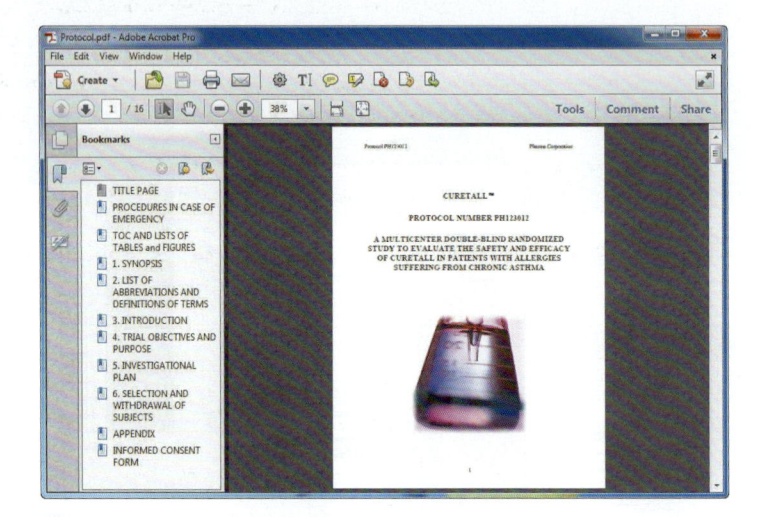

O Acrobat exibe a página inicial com o painel Bookmarks aberto.

2 Escolha File > Properties. A seguir, na caixa de diálogo Document Properties, clique na guia Initial View.

Na área Layout And Magnification, é possível ver que o criador desse documento definiu o arquivo para ser aberto na página 1, com uma página preenchendo o painel do documento e com o painel Bookmarks aberto.

Agora experimentaremos algumas exibições de abertura diferentes.

3 Escolha Page Only, no menu pop-up Navigation Tab, para ocultar o painel Bookmarks quando o documento for aberto. Altere Page Layout para Two-Up (Facing) e altere Magnification para Fit Visible. Clique em OK para sair da caixa de diálogo.

É necessário salvar, fechar e reabrir o arquivo para que as configurações sejam aplicadas.

4 Escolha File > Save As > PDF e salve o arquivo como **Protocol1.pdf** na pasta Lesson04. A seguir, escolha File > Close para fechar o documento.

5 Escolha File > Open e clique duas vezes no arquivo Protocol1.pdf para abri-lo. Agora o Acrobat exibe duas páginas e o painel Bookmarks está oculto.

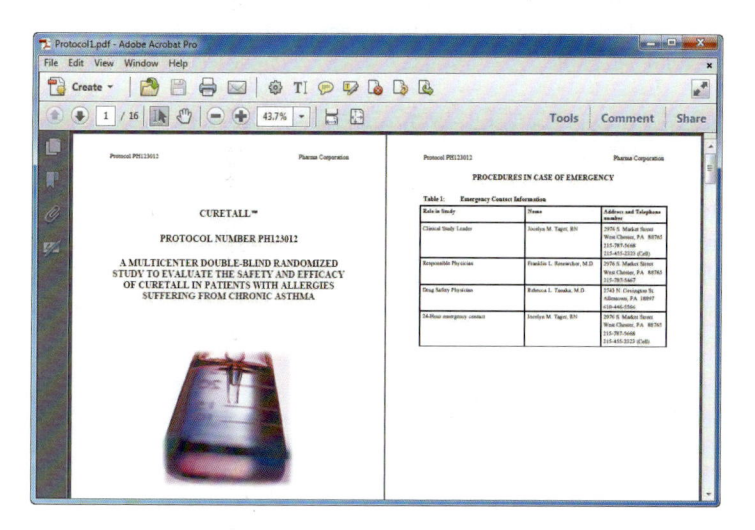

As configurações de exibição inicial podem ser usadas para definir como os usuários inicialmente veem os documentos criados e distribuídos.

6 Feche o arquivo e reabra o arquivo de trabalho original, Protocol1.pdf.

Sobre a exibição na tela

> **Dica:** Para visualizar o tamanho impresso da página, mova o ponteiro para a área inferior esquerda do painel do documento.

Observe o campo de ampliação, na barra de ferramentas Common Tools, na parte superior da janela do documento. A ampliação não diz respeito ao tamanho impresso da página, mas a como a página é exibida na tela. O Acrobat determina a exibição na tela de uma página tratando-a como uma imagem de 72 ppi (pixels por polegada). Por exemplo, se a página tem um tamanho de impressão de 2 x 2 pol., o Acrobat trata-a como se tivesse 144 pixels de largura e 144 de altura (72 x 2 = 144). Na exibição em 100%, cada pixel na página é representado por um pixel de tela no monitor.

O tamanho com que a página é exibida na tela depende do tamanho de seu monitor e da configuração de resolução. Por exemplo, quando aumentamos a resolução do monitor, aumentamos o número de pixels na tela dentro da mesma área do monitor. Assim, obtemos pixels de tela menores e uma página exibida menor, já que o número de pixels na página em si permanece constante.

Leia documentos PDF

O Acrobat oferece diversas maneiras para folhear e ajustar a ampliação na tela de um documento PDF. Por exemplo, é possível avançar no documento usando a barra de rolagem à direita da janela ou folhear as páginas como em um livro tradicional usando os botões Next Page e Previous Page, na barra de ferramentas Common Tools. É possível também pular para uma página específica.

Use o modo Read

Como vimos na Lição 1, o modo Read maximiza o espaço disponível na tela para um documento no Acrobat, para que possamos lê-lo mais confortavelmente.

1 Escolha View > Read Mode. No modo Read, todos os elementos da área de trabalho são ocultos, exceto a barra de menu e o painel do documento.

2 Use Page Up, Page Down, as teclas de seta do teclado ou a barra de rolagem para explorar o documento.

3 Mova o mouse sobre a área inferior do documento. A barra de ferramentas flutuante semitransparente é exibida, permitindo a movimentação fácil para uma página diferente ou a alteração da ampliação.

4 Quando tiver terminado de ler, escolha View > Read Mode novamente para restaurar a área de trabalho.

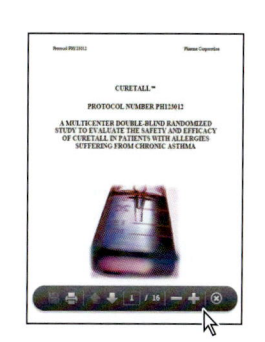

Explore o documento

Podemos acessar diferentes páginas em um documento usando vários métodos de navegação.

1 Caso não esteja na primeira página do documento, insira **1** na caixa do número da página, na barra de ferramentas Common Tools, e pressione Enter ou Return.

2 Escolha View > Zoom > Fit Width ou clique no botão Scrolling Mode ( ), na barra de ferramentas Common Tools, para redimensionar a página, a fim de que ela se encaixe na largura da tela.

3 Selecione a ferramenta Hand ( ), na barra de ferramentas Common Tools, e, a seguir, posicione o ponteiro sobre o documento. Segure o botão do mouse. Observe que o ponteiro se transforma em uma mão fechada quando seguramos o botão do mouse.

4 Arraste a mão fechada para cima e para baixo na janela para mover a página na tela. Essa ação é semelhante a mover um pedaço de papel sobre uma mesa.

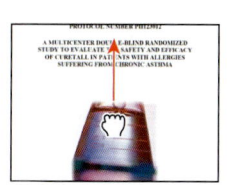

5 Pressione Enter ou Return para que a próxima parte da página seja exibida. Podemos pressionar Enter ou Return repetidamente para visualizar o documento do início ao fim em seções do tamanho da tela.

6 Escolha View > Zoom > Zoom To Page Level ou clique no botão Fit One Full Page (￼). Clique no botão Previous Page (￼) quantas vezes for necessário para retornar à página 1.

7 Posicione o ponteiro sobre a seta para baixo na barra de rolagem ou clique em uma parte vazia da barra de rolagem e clique uma vez.

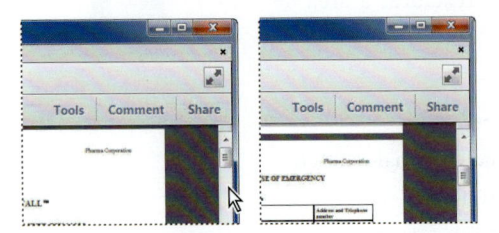

O documento avança automaticamente para exibir toda a página 2. Nos próximos passos, controlaremos como o Acrobat avança e exibe páginas PDF.

Também é possível acessar os comandos Actual Size, Zoom To Page Level, Fit Width e Fit Visible clicando na seta à direita do menu pop-up de ampliação, na barra de ferramentas Common Tools.

8 Clique no botão Scrolling Mode, na barra de ferramentas Common Tools, e use a barra de rolagem para avançar para a página 3 de 16.

A opção Scrolling Mode exibe as páginas ligadas por suas pontas, como quadros em um filme fotográfico.

9 Escolha View > Page Navigation > First Page para retornar ao início do documento.

10 Clique no botão Fit One Full Page (￼) para retornar ao layout de página original.

Podemos usar a caixa de número da página na barra de ferramentas Common Tools para acessar diretamente uma página específica.

11 Clique na caixa da página para que o ponteiro se transforme em um I e marque o número da página atual.

12 Digite **15** para substituir o número da página atual e pressione Enter ou Return.

O Acrobat exibe a página 15.

A barra de rolagem também permite o acesso a uma página específica.

13 Comece arrastando a caixa de rolagem para cima na barra de rolagem. Enquanto estiver avançando, uma caixa de visualização da página é exibida. Quando a página 3 de 16 for exibida na caixa de visualização, solte o mouse.

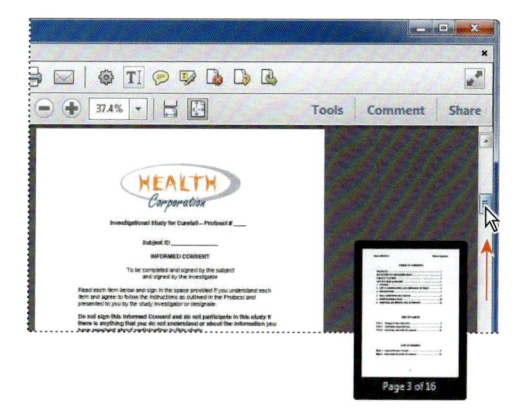

O índice é exibido.

Navegue com miniaturas de páginas

As miniaturas de páginas são visualizações em miniaturas das páginas do documento exibidas no painel Page Thumbnails do painel de navegação. As miniaturas de páginas são usadas na Lição 2 para explorar um documento PDF.

Agora, praticaremos mais com as miniaturas de páginas, utilizando-as para alterar a visualização das páginas. Na Lição 6, "Aprimore e edite documentos PDF", aprenderemos como usar as miniaturas de páginas para reordenar as páginas em um documento.

1 Escolha View > Zoom > Fit Width ou clique no botão Scrolling Mode para visualizar a largura total da página. Você ainda deve estar na página 3.

2 Clique no botão Page Thumbnails ( ), no painel de navegação, para abrir o painel Page Thumbnails.

O Acrobat exibe automaticamente as miniaturas de todas as páginas no documento no painel de navegação. As miniaturas das páginas representam o conteúdo e a orientação da página no documento. As caixas dos números das páginas são exibidas sob a miniatura de cada página.

3   Clique na miniatura da página 7 para acessar a página 7. Pode ser necessário descer a barra de rolagem de miniaturas para ver a miniatura desejada.

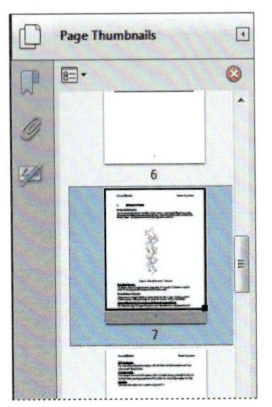

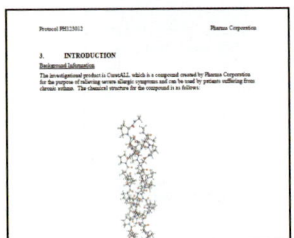

O número de página da miniatura da página é destacado e uma exibição em toda a largura da página 7 é exibida na janela do documento.

Observe a miniatura da página 7. O retângulo dentro da miniatura, chamado de caixa de exibição de páginas, representa a área mostrada na exibição de páginas atual. Podemos usar a caixa de exibição de páginas para ajustar a área e a ampliação da página que está sendo visualizada.

4   Coloque o ponteiro sobre o canto inferior direito da caixa de exibição de páginas. O ponteiro se transforma em uma seta de duas pontas.

5   Arraste para diminuir a caixa de exibição de páginas e solte o botão do mouse. Na barra de ferramentas Common Tools, o nível de ampliação foi alterado para representar uma área menor.

LIÇÃO 4 | **103**
Leia e Trabalhe com Arquivos PDF

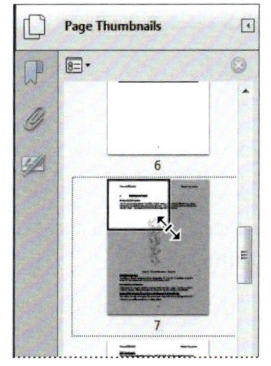

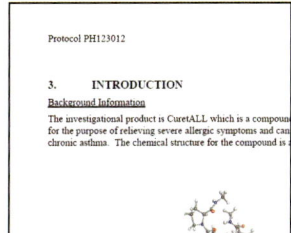

6 Coloque o ponteiro sobre a borda inferior da caixa de exibição de páginas. O ponteiro se transforma em uma mão.

7 Arraste a caixa de exibição de páginas dentro da miniatura da página e veja como a exibição é alterada na janela do documento.

8 Arraste a caixa de exibição de páginas para baixo para focalizar a exibição no gráfico no centro da página.

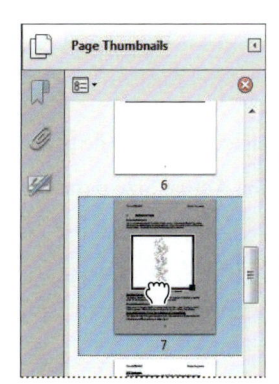

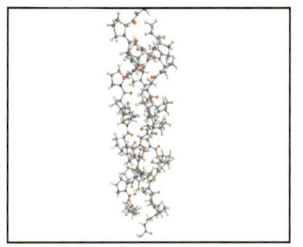

As miniaturas das páginas proporcionam uma maneira conveniente para monitorar e ajustar a exibição de páginas em um documento.

9 Clique no botão Page Thumbnails para ocultar o painel.

Altere a ampliação da exibição de páginas

É possível alterar a ampliação da exibição de páginas usando os controles na barra de ferramentas Common Tools.

1 Escolha View > Zoom > Fit Width ou clique no botão Scrolling Mode. Uma nova ampliação é exibida.

2 Clique no botão Previous Page (●) quantas vezes for necessário para acessar a página 3. Observe que a ampliação permanece a mesma.

3 Escolha View > Zoom > Actual Size para retornar a página à exibição de 100%.

4 Clique na seta à direita da caixa de texto de ampliação para que as opções predefinidas de ampliação sejam exibidas. Escolha 200%.

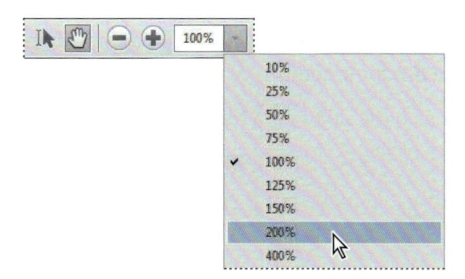

Também é possível digitar um valor específico para a ampliação na caixa de texto.

5 Clique na seta à direita da caixa de ampliação e escolha Actual Size para que a página seja exibida em 100% novamente.

A seguir, utilizaremos o botão Zoom In para ampliar a exibição.

6 Selecione o número da página, digite 7 e pressione Enter ou Return para retornar à página 7.

7 Clique no botão Zoom In (●) uma vez.

8 Clique no botão Zoom In novamente para aumentar ainda mais a ampliação.

Cada clique em um botão de zoom aumenta ou diminui a ampliação de acordo com uma quantidade definida.

9 Clique no botão Zoom Out (⊖) duas vezes para retornar à exibição de 100%.

Agora usaremos a ferramenta Marquee Zoom para ampliar a imagem. A ferramenta Marquee Zoom fica oculta por padrão, assim, será necessário adicioná-la à barra de ferramentas Common Tools.

10 Escolha View > Show/Hide > Toolbar Items > Select & Zoom > Marquee Zoom para que a ferramenta Marquee Zoom seja exibida na barra de ferramentas Common Tools.

11 Selecione a ferramenta Marquee Zoom (🔍). Aproxime o ponteiro do canto superior esquerdo da imagem e arraste-o para o canto inferior direito.

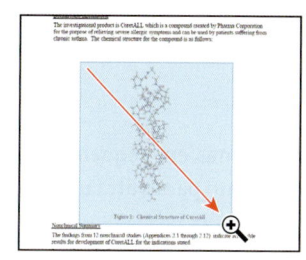

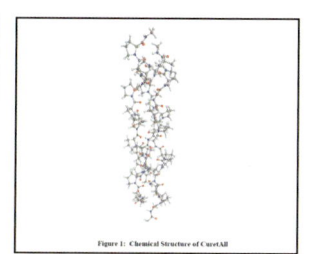

A exibição aproxima o zoom na área selecionada. Isso se chama letreiro de zoom.

12 Escolha View > Zoom > Zoom To Page Level.

Use a ferramenta Dynamic Zoom

A ferramenta Dynamic Zoom permite a aproximação e o afastamento do zoom arrastando o mouse para cima ou para baixo.

1 Escolha View > Show/Hide > Toolbar Items > Select & Zoom > Dynamic Zoom para adicionar o botão Dynamic Zoom à barra de ferramentas Common Tools, se ainda não tiver sido adicionado.

2 Selecione a ferramenta Dynamic Zoom (🔍).

3 Clique no painel do documento. Arraste para cima a fim de aumentar a exibição e para baixo a fim de reduzi-la.

▶ **Dica:** Podemos exibir ou ocultar outras ferramentas na barra de ferramentas Common Tools escolhendo View > Show/Hide > Toolbar Items, selecionando uma categoria e, a seguir, a ferramenta que desejamos exibir ou ocultar.

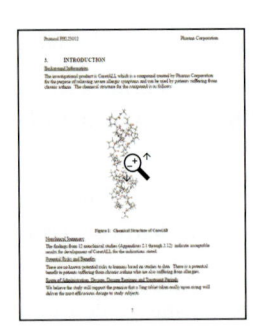

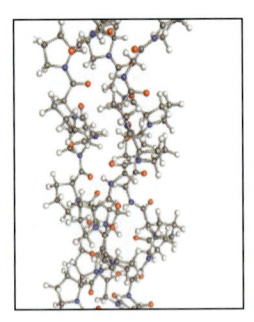

4 Quando tiver terminado, selecione a ferramenta Hand e clique no botão Fit One Full Page ( ).

Abra links

Em um documento PDF, não é necessário visualizar páginas em sequência. É possível pular imediatamente de uma seção de um documento para outra usando os auxílios de navegação personalizados, como os links.

Uma vantagem de usar documentos eletrônicos é que podemos converter referências cruzadas tradicionais em links, os quais os usuários podem usar para acessar diretamente a seção ou o arquivo citado. Por exemplo, cada item dentro da lista Contents pode ser transformado em um link que acessa a seção correspondente no documento. Também é possível usar os links para adicionar interatividade aos elementos de livros tradicionais, como glossários e índices.

Primeiro, adicionaremos algumas ferramentas de navegação à barra de ferramentas Common Tools.

1 Escolha View > Show/Hide > Toolbar Items > Page Navigation > Show All Page Navigation Tools.

Agora, utilizaremos um link existente para acessar uma área específica do documento.

2 Clique no botão First Page ( ), na barra de ferramentas Common Tools, para retornar à primeira página e, a seguir, clique no botão Next Page ( ) duas vezes para acessar a página Table of Contents (página 3).

3 Coloque o ponteiro sobre o título "3. Introduction", em Table of Contents. A ferramenta Hand se transforma em um dedo indicador, evidenciando a presença de um link. Clique para acessar o link.

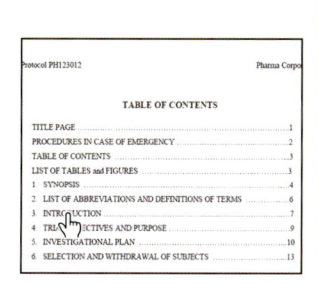

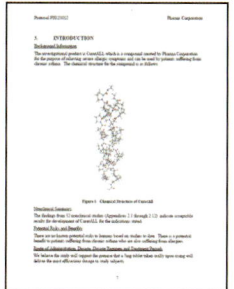

Esse item dá acesso a Introduction.

4 Clique no botão Previous View (◉) para retornar à exibição anterior de Table of Contents.

É possível clicar no botão Previous View a qualquer momento para refazer o caminho de exibição ao longo do documento. O botão Next View reserva a ação da última Previous View.

Aprendemos como folhear um documento PDF, alterar a ampliação e o modo de layout de página e a acessar links.

5 Para restaurar a configuração padrão da barra de ferramentas, escolha View > Show/Hide > Toolbar Items > Reset Toolbars. Clique em OK para confirmar que deseja restaurar os padrões.

Pesquise documentos PDF

É possível pesquisar rapidamente um documento PDF, procurando uma palavra ou frase. Se, por exemplo, não quisermos ler todo esse documento Protocol, mas simplesmente desejarmos encontrar ocorrências do termo *adverse event*, é possível usar o recurso Find ou Search para encontrar essas informações. O recurso Find aponta uma palavra ou frase no documento ativo. O recurso Search localiza uma palavra ou frase em um documento, dentro de um grupo de documentos, ou em um PDF Portfolio. Os dois recursos pesquisam textos, camadas, campos de formulários e assinaturas digitais.

Primeiro, executaremos uma operação Find simples em um documento aberto.

1 Escolha Edit > Find. Na caixa de texto, na barra de ferramentas, exibida no canto superior direito da janela do aplicativo, digite **adverse event**.

Para visualizar as opções disponíveis com o recurso Find, clique na seta à direita da caixa de texto. Essas opções podem ser usadas para a redefinição da pesquisa, procurando apenas palavras inteiras ou especificando letras maiúsculas ou minúsculas; também é possível incluir indicadores e comentários na pesquisa. Uma opção está ativada quando há um V ao lado de seu nome.

2 Pressione Enter ou Return para iniciar a operação Find.

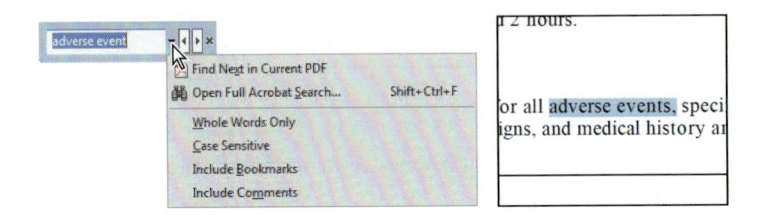

A primeira ocorrência de *adverse event* é marcada na página 5 do documento.

3 Clique no botão Find Next ( ) na barra de ferramentas para encontrar a próxima ocorrência da frase.

A seguir, executaremos uma pesquisa mais sofisticada no documento Protocol usando o recurso Search. Neste exercício, pesquisaremos apenas o documento Protocol, mas é possível usar o recurso Search para pesquisar todos os documentos em uma pasta, assim como todos os documentos em um PDF Portfolio. É possível até pesquisar arquivos não PDF em um PDF Portfolio.

4 Escolha Edit > Advanced Search.

5 Para pesquisar apenas o documento aberto, selecione In The Current Document.

Nesta pesquisa, gostaríamos de encontrar referências a eventos adversos significativos.

6 Na caixa de texto Search, insira **adverse events sign**.

7 Clique no link Show More Options na parte inferior do painel Search.

8 No menu pop-up Return Results Containing, escolha Match Any Of The Words. Assim, garantimos que a pesquisa retornará todos os resultados para "adverse", "events" e derivados de "sign".

▶ **Dica:** Também é possível salvar os resultados da pesquisa no Acrobat X. Para isso, clique no ícone Save ao lado do botão New Search, no painel Search, e escolha Save Results To PDF ou Save Results To CSV.

9 Clique em Search.

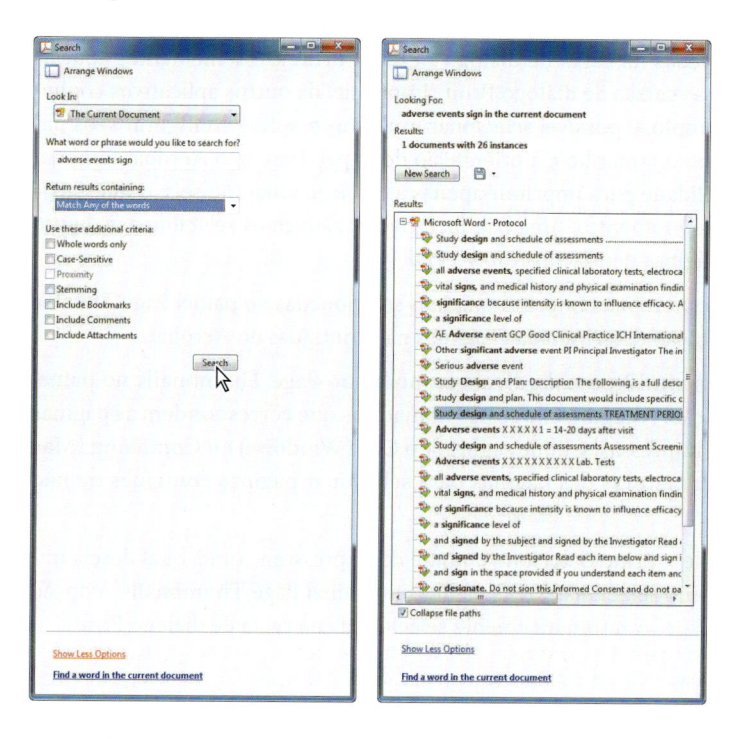

Os resultados da pesquisa são exibidos no painel Search.

10 Clique em qualquer resultado da pesquisa para acessar a página que contém essas informações.

Podemos verificar qualquer outro resultado da pesquisa no painel Search clicando nele.

11 Quando tiver concluído, feche o painel Search.

O recurso Search pesquisa dados de objetos e metadados XIF (formato de arquivo de imagem estendido) de imagem. Quando pesquisamos vários documentos PDF, o Acrobat também procura as propriedades do documento e os metadados XMP. Se um documento PDF tiver anexos, também é possível incluir esses anexos na pesquisa. Se um índice PDF for incluído na pesquisa, o Acrobat pesquisa as marcações de estrutura indexada. Para pesquisar um documento criptografado, é necessário primeiro abrir o documento.

Imprima documentos PDF

Muitas das opções na caixa de diálogo Acrobat Print são semelhantes àquelas encontradas nas caixas de diálogo Print (Imprimir) de outros aplicativos conhecidos. Por exemplo, é possível selecionar uma impressora e configurar seus parâmetros, como o tamanho e a orientação do papel. Porém, o Acrobat também oferece flexibilidade para imprimir apenas a exibição atual (ou seja, o que é exibido na tela no momento), uma página específica, páginas selecionadas ou um conjunto de páginas dentro do arquivo PDF.

Instruiremos o Acrobat a imprimir páginas selecionadas no painel Page Thumbnails, uma exibição determinada e páginas não contíguas do Acrobat.

1 No documento Protocol.pdf, clique no botão Page Thumbnails no painel de navegação. A seguir, clique nas miniaturas que correspondem às páginas que serão impressas. Clique segurando Ctrl (Windows) ou Command (Mac OS) nas miniaturas das páginas para selecionar páginas contíguas ou não contíguas.

▶ **Dica:** No Windows, também é possível acessar a caixa de diálogo Print (Imprimir) escolhendo Print no menu de contexto.

2 Escolha File > Print. Selecione o nome da impressora com a qual deseja imprimir. Como selecionamos as páginas no painel Page Thumbnails, a opção Selected Pages é automaticamente selecionada na caixa de diálogo Print.

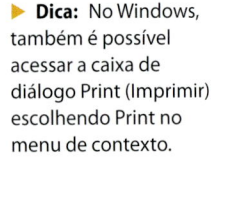

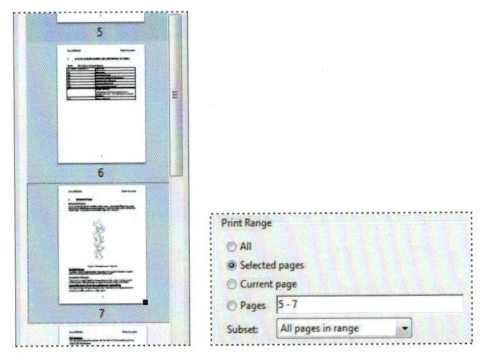

3 Clique em OK ou Print para imprimir as páginas selecionadas. Clique em Cancel se quiser cancelar a operação de impressão.

Se for necessária a solução de problemas de impressão, clique em Printing Tips na caixa de diálogo Print para acessar o site da Adobe e obter as dicas e informações mais recentes sobre impressão.

4 Após imprimir as páginas (ou a caixa de diálogo Print fechar, caso tenha escolhido não imprimir), desmarque todas as miniaturas e feche o painel Page Thumbnails.

5 Abra a página 7 do documento.

6 Aumente o zoom para 200%; a seguir, use a ferramenta Hand para alterar a página a fim de visualizar apenas o diagrama.

7 Escolha File > Print e selecione o nome da impressora com a qual deseja imprimir.

8 Selecione Current View. A visualização é alterada para representar aquilo que está visível no painel do documento. Se imprimirmos com Current View selecionada, o Acrobat imprime apenas o conteúdo do painel do documento.

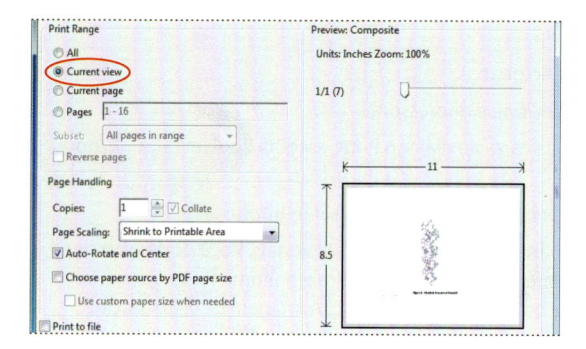

9 Selecione Pages. A visualização é alterada para exibir a primeira página do documento novamente.

10 Na caixa de texto Pages, digite **1, 3-5, 7-9**. Se clicarmos em OK ou Print agora, o Acrobat imprimirá as páginas 1, 3, 4, 5, 7, 8 e 9. É possível inserir qualquer conjunto de páginas não contíguas ou conjuntos de páginas usando vírgulas na caixa de texto.

11 Se desejar imprimir as páginas selecionadas, clique em OK. Se não, clique em Cancel.

12 Escolha File > Close para fechar o documento Protocol.

Para obter informações sobre a impressão de comentários, consulte a Lição 9, "Use o Acrobat em um ciclo de revisão".

Se o arquivo PDF contiver uma página de tamanho irregular, é possível usar as opções Page Scaling, na caixa de diálogo Print, para reduzir, ampliar ou dividir as páginas. A opção Fit To Printable Area dimensiona cada página para se encaixar no tamanho de página da impressora. As páginas no arquivo PDF são ampliadas ou reduzidas como for necessário. As opções Tiling são utilizadas para imprimir páginas muito grandes em várias páginas que podem ser reunidas para reproduzir a imagem maior.

Imprima livretos

Se a sua impressora tiver a função de impressão frente e verso, é possível imprimir, no Acrobat, um livreto dobrado e grampeado no centro. Os livretos contêm várias páginas organizadas de maneira que possam ser dobrados e apresentem a ordem correta de páginas. Em um livreto dobrado e grampeado no centro, duas páginas lado a lado, impressas nos dois lados, são dobradas uma vez e grampeadas na dobra. A primeira e a última páginas são impressas na mesma folha, da mesma forma que a segunda e a penúltima, e assim sucessivamente. Quando agrupamos, dobramos e grampeamos as páginas frente e verso, criamos um livro com a paginação correta.

Para imprimir um livreto no Acrobat:

1. Escolha File > Print e selecione a impressora.
2. Na área Page Handling da caixa de diálogo Print, escolha Booklet Printing, no menu Page Scaling.
3. Na área Print Range, especifique quais páginas serão impressas.
4. Escolha as opções de manipulação de página adicionais. Você pode girar as páginas automaticamente, especificar a primeira e a última folha que serão impressas e selecionar a borda de encadernação. A imagem de visualização é alterada quando as opções são definidas. Para obter mais informações sobre as opções, consulte "Imprima livretos" na ajuda do Adobe Acrobat X.

Preencha formulários PDF

Os formulários PDF podem ser interativos ou não interativos. Os formulários PDF interativos apresentam campos de formulários incorporados e se comportam praticamente da mesma maneira que a maioria dos formulários encontrados na Internet, ou os enviados eletronicamente. Os dados são inseridos com a ferramenta Selection ou Hand no Acrobat ou no Adobe Reader. Dependendo das configurações aplicadas por quem criou o formulário, os usuários do Adobe Reader podem ou não salvar uma cópia do formulário completo antes de devolvê-lo.

Os formulários PDF não interativos (formulários simples) são páginas que foram digitalizadas para criar uma cópia exata de um formulário. Essas páginas não contêm campos de formulário reais; elas contêm apenas as imagens dos campos de formulário. Tradicionalmente imprimiríamos esses formulários, os preencheríamos à mão ou usando uma máquina de escrever e enviaríamos a cópia física por correio ou fax. Com o Acrobat, é possível preencher esses formulários não interativos ou simples online usando a ferramenta Typewriter.

Para obter informações sobre a criação e o gerenciamento de formulários interativos, consulte a Lição 10, "Trabalhe com formulários no Acrobat".

Os campos serão preenchidos em um formulário interativo e, as informações, adicionadas onde não há campo com a ferramenta Typewriter.

1 Escolha File > Open, acesse a pasta Lesson04. Selecione o arquivo MusicForm.pdf e clique em Open.

2 Com a ferramenta Hand selecionada, clique no campo Name. Insira o seu nome. O texto é exibido com a fonte e o tamanho escolhido pelo criador do formulário.

3 Preencha outro campo.

Alguns campos, como Street e Email, exigem que digitemos texto, enquanto caixas de seleção e botões de seleção exigem que os cliquemos para selecioná-los. Os botões Print e Reset executam ações quando clicados.

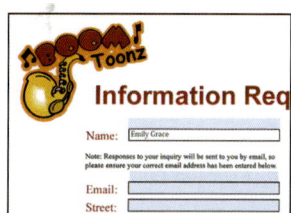

A pessoa que desenvolveu esse formulário esqueceu-se de criar um campo interativo para o número de telefone. A ferramenta Typewriter será usada para que os dados sejam inseridos.

4 No painel Tools, abra o painel Content. A seguir, clique em Add Or Edit Text Box.

O Acrobat abre a caixa de ferramentas Typewriter.

5 Mova o ponteiro sobre as ferramentas nessa barra de ferramentas e dedique um momento para ler as dicas de ferramenta. Essas ferramentas podem ser usadas para que o tamanho do texto inserido seja aumentado ou diminuído, ou para aumentar ou diminuir o espaço entre as linhas do texto inserido.

6 Selecione a ferramenta Typewriter ( ). O ícone do ponteiro se transforma em um I.

7 Coloque o ponteiro sobre o campo Telephone e clique para criar um ponto de inserção. A seguir, digite qualquer número de telefone.

A ferramenta Typewriter pode ser usada para adicionarmos texto a qualquer arquivo PDF, a menos que uma proteção tenha sido aplicada ao documento que proíba essa edição.

8 Escolha File > Save As > PDF e salve uma cópia do formulário na pasta Lesson04, usando o nome de arquivo **MusicForm_complete.pdf**.

Você pode abrir o arquivo salvo para verificar que todos os dados foram salvos.

9 Clique no botão fechar para ocultar a barra de ferramentas Typewriter.

10 Escolha File > Close para fechar o formulário de pedido.

Sobre a flexibilidade, a acessibilidade e a estrutura

A acessibilidade e a flexibilidade dos arquivos Adobe PDF determinam a facilidade com que usuários com problemas de visão e movimento e usuários de aparelhos portáteis podem acessar, redefinir e, se permitirmos, reutilizar o conteúdo dos arquivos. A acessibilidade e a flexibilidade dos arquivos Adobe PDF são controladas com a quantidade de estrutura inserida no arquivo de origem e o método utilizado para criar o arquivo Adobe PDF.

Tornar os documentos PDF mais acessíveis aos usuários pode ampliar o público e atender melhor a normas governamentais de acessibilidade. A acessibilidade no Acrobat divide-se em duas categorias:

- Os recursos de acessibilidade que auxiliam os autores a criar documentos acessíveis a partir de documentos PDF novos ou existentes. Esses recursos incluem métodos simples para a verificação da acessibilidade e a adição de marcação aos documentos PDF. Com o Acrobat Pro, também é possível corrigir problemas de acessibilidade e de ordem de leitura nos arquivos PDF editando a estrutura do arquivo PDF.

- Os recursos de acessibilidade que auxiliam os leitores com limitações de movimentos ou visão a navegar e visualizar documentos PDF com mais facilidade. Muitos desses recursos podem ser ajustados com um assistente, o Accessibility Setup Assistant.

Para que os arquivos PDF sejam flexíveis e acessíveis, eles devem possuir uma estrutura. Os arquivos Adobe PDF são compatíveis com três níveis de estrutura: marcada, estruturada e não estruturada. Os arquivos PDF marcados apresentam o maior nível de estrutura. Os arquivos PDF estruturados apresentam um certo nível de estrutura, mas não são tão flexíveis ou acessíveis quanto os arquivos PDF marcados. Os arquivos PDF não estruturados, como seu nome supõe, não possuem estrutura. (Como veremos nesta lição, podemos adicionar uma estrutura limitada a arquivos não estruturados.) Quanto mais estrutura tiver um arquivo, maior será a eficiência e a confiabilidade com que seu conteúdo poderá ser utilizado.

A estrutura é inserida em um documento quando, por exemplo, seu criador define cabeçalhos e colunas, inclui auxílios de navegação como indicadores e adiciona descrições de textos alternativos para gráficos. Em muitos casos, os documentos recebem automaticamente uma estrutura lógica e marcação quando são convertidos para Adobe PDF.

Quando os PDFs são criados a partir de arquivos do Microsoft Office ou de arquivos gerados em versões mais recentes do Adobe FrameMaker®, do InDesign ou do Adobe PageMaker®, ou quando os arquivos Adobe PDF são elaborados em sites, os arquivos PDF resultantes são automaticamente marcados.

No Acrobat Pro, se os documentos PDF não forem bem redefinidos, grande parte dos problemas pode ser corrigida com o painel Accessibility ou a ferramenta TouchUp Reading Order. Porém, isso não é tão fácil quanto criar um documento bem estruturado desde o princípio. Para ler um guia detalhado sobre a criação de documentos PDF acessíveis, acesse http://access.adobe.com.

Trabalhe com documentos acessíveis

Examinaremos um documento PDF marcado e veremos como é fácil redefinir o documento e extrair seu conteúdo.

Verifique a acessibilidade

Recomendamos a verificação da acessibilidade de todos os documentos Adobe PDF antes que sejam distribuídos aos usuários. O recurso Acrobat Quick Check informa rapidamente se o documento apresenta as informações necessárias para ser acessível. Ao mesmo tempo, ele verifica as configurações de proteção que proibiriam o acesso.

Primeiro, analisaremos a acessibilidade e a flexibilidade de um arquivo PDF marcado criado a partir de um arquivo do Microsoft Word.

1 Escolha File > Open, acesse a pasta Lesson04 e clique duas vezes no arquivo Tag_Wines.pdf.

▶ **Dica:** Por padrão, o Acrobat exibe apenas alguns painéis no painel Tools. Para selecionar os painéis mostrados na lista, clique no botão de menu na parte superior do painel Tools. A seguir, selecione ou desmarque os painéis individuais.

2 Escolha File > Save As > PDF e salve o arquivo como **Tag_Wines1.pdf** na pasta Lesson04.

3 No painel Tools, abra o painel Accessibility. Se ele não estiver listado, escolha View > Tools > Accessibility para abri-lo.

4 No painel Accessibility, selecione Quick Check.

O Acrobat verifica rapidamente o documento quanto a problemas de acessibilidade e exibe a mensagem de que não identificou problemas no documento.

5 Clique em OK para fechar a caixa de mensagem.

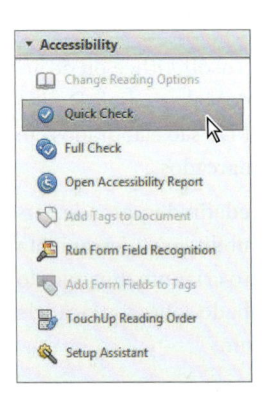

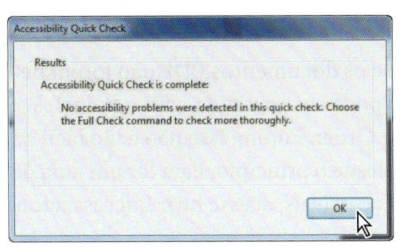

6 Feche o painel Tools.

Podemos adicionar segurança aos arquivos PDF e ainda torná-los acessíveis. A criptografia de 128 bits oferecida pelo Acrobat X impede que usuários copiem e colem texto de um arquivo PDF, ao mesmo tempo em que suporta a tecnologia auxiliar. Também é possível usar a opção Enable Text Access For Screen Reader Devices For The Visually Impaired para modificar as configurações de segurança em documentos PDF mais antigos (Acrobat 3 ou posterior) para torná-los mais acessíveis sem comprometer a segurança. Essa opção está na caixa de diálogo Password Security Settings. (Consulte a Lição 8, "Adicione assinaturas e segurança", para obter mais informações sobre a adição de segurança.)

Redefina um arquivo PDF flexível

Agora analisaremos rapidamente o nível de flexibilidade de um arquivo PDF. Redefiniremos o arquivo PDF e, depois, salvaremos o conteúdo do arquivo como texto acessível.

Primeiro, ajuste o tamanho da janela do documento para imitar uma tela menor de um aparelho portátil.

1 Escolha View > Zoom > Actual Size para que o documento seja exibido a 100%.

2 Redimensione a janela do Acrobat cerca de 50% da tela cheia. No Windows, clique no botão Maximizar/Restaurar abaixo se a janela já estiver maximizada; se a janela não estiver maximizada, arraste o canto da janela do aplicativo para reduzi-la. No Mac OS, redimensione o painel do documento arrastando um canto.

O objetivo é redimensionar a janela do Acrobat para que os finais das frases do painel do documento sejam cortados.

3 Escolha View > Zoom > Reflow.

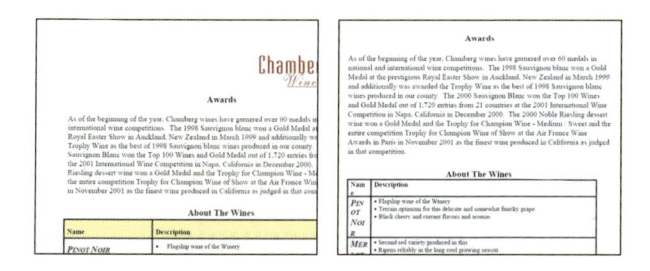

O conteúdo do documento é redefinido para acomodar a tela menor do documento, permitindo que toda a linha do texto seja lida sem a necessidade de utilizar a barra lateral horizontal.

Quando o texto é redefinido, os artefatos como números de página e cabeçalhos são eliminados, pois eles não são mais relevantes à exibição da página. O texto é redefinido uma página de cada vez, e não é possível salvar o documento no estado redefinido.

Agora examinaremos como exibir as alterações quando a ampliação é alterada.

4 Escolha 400% no menu pop-up de ampliação.

5 Desça a barra de rolagem para ver como o texto é redefinido. Novamente, como o texto foi redefinido, não é necessário usar a barra de rolagem horizontal para mover para baixo e para cima na página para ler o texto ampliado. O texto é automaticamente encaixado dentro do painel do documento.

6 Quando tiver terminado de ver o texto redefinido, restaure a janela do documento do Acrobat ao seu tamanho normal e feche o arquivo.

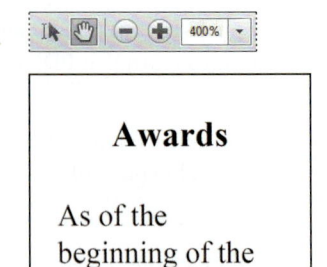

É possível salvar o conteúdo de um documento marcado em um formato de arquivo diferente para que seja utilizado em outro aplicativo. Por exemplo, se salvarmos esse arquivo como texto acessível, veremos que até mesmo o conteúdo da tabela é salvo em um formato de fácil utilização.

Com o Acrobat, é possível tornar alguns documentos não estruturados mais acessíveis a todos os tipos de usuários. As marcações podem ser adicionadas em um documento PDF com o comando Add Tags To Document em qualquer versão do Acrobat. Porém, para corrigir erros de marcação e ordem, é necessário usar o Acrobat Pro.

Torne arquivos flexíveis e acessíveis

Alguns documentos Adobe PDF marcados podem não conter todas as informações necessárias para tornar o conteúdo totalmente flexível e acessível. Por exemplo, o arquivo pode não conter textos alternativos para as figuras, propriedades de idiomas para partes do texto que usam um idioma diferente do idioma padrão para o documento ou texto estendido para abreviações. (Determinar o idioma adequado para diferentes elementos do texto garante que os caracteres corretos são usados quando o documento for reutilizado para outra finalidade, que a palavra pode ser pronunciada corretamente quando lida em voz alta e que a correção ortográfica do texto será feita com o dicionário correto.)

Se estiver usando o Acrobat Pro, é possível adicionar textos alternativos e vários idiomas por meio do painel Tags. (Se apenas um idioma for necessário, é mais fácil escolher o idioma na caixa de diálogo Document Properties.) Também é possível adicionar texto com a ferramenta TouchUp Reading Order.

Agora analisaremos a acessibilidade de uma página de um guia do usuário. Esse documento foi criado para ser impresso, por isso, nenhuma tentativa foi feita para torná-lo mais acessível.

1 Escolha File > Open e abra o arquivo AI_UGEx.pdf na pasta Lesson04.

2 Abra o painel Tools. A seguir, no painel Accessibility, selecione Quick Check. A caixa de mensagem indica que o documento não apresenta uma estrutura lógica. Clique em OK para fechar a caixa de mensagem.

Agora veremos como essa página é redefinida.

3 Escolha View > Zoom > Actual Size para que o documento seja exibido a 100%.

4 Feche o painel Tools.

5 Reduza o tamanho do painel do documento: No Windows, clique no botão Maximizar/Restaurar abaixo se a janela já estiver maximizada; se não estiver, arraste o canto da janela. No Mac OS, arraste um canto do painel do documento para redimensioná-lo. Diminua a janela do Acrobat o suficiente para que a largura de uma página inteira não possa ser exibida na tela (a 100%).

6 Escolha View > Zoom > Reflow.

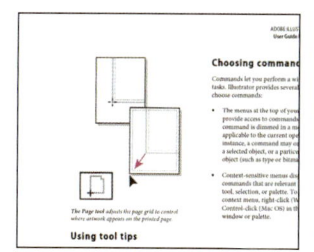

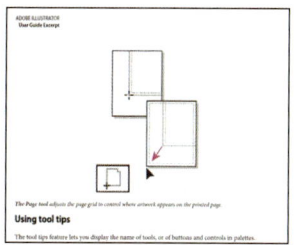

O texto é bem redefinido, apesar da falta de estrutura.

7 Escolha View > Zoom > Zoom To Page Level. Redimensione a janela do Acrobat para seu tamanho normal.

O Acrobat pode redefinir até mesmo esse documento não estruturado relativamente bem. Porém, a falta de estrutura no documento o torna inacessível. É possível, contudo, adicionar marcações para aperfeiçoar a flexibilidade e a acessibilidade da página.

Adicione marcações

Podemos inserir marcações a um documento PDF no Acrobat. Quando são adicionadas a um documento, o Acrobat acrescenta uma estrutura de árvore lógica ao documento que determina a ordem com a qual o conteúdo será redefinido e lido pelos leitores de tela e pelo recurso Read Out Loud. Em páginas relativamente simples, o comando Add Tags To Document pode funcionar bem. Em páginas mais complexas (que contêm colunas de formato irregular, listas de marcadores, textos que se estendem por colunas, etc.), o comando Add Tags To Document pode não ser suficiente.

Adicionaremos marcações a esse documento para torná-lo mais acessível.

1 Abra o painel Tools. No painel Accessibility, clique em Add Tags To Document.

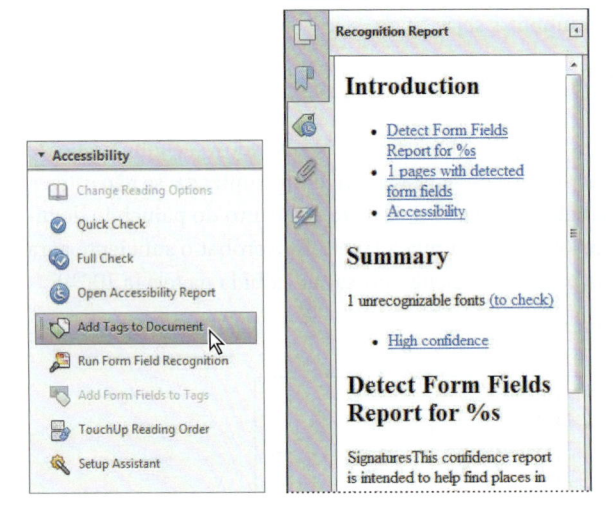

O Acrobat adiciona marcações ao documento e abre um Recognition Report no painel de navegação.

2 Use a barra de rolagem para explorar o Recognition Report. Observe que a seção Accessibility indica que o documento não inclui texto alternativo. Se estiver utilizando o Acrobat Pro, é possível empregar a ferramenta TouchUp Reading Order para adicioná-lo.

3 Clique no botão Tags para abrir o painel Tags no painel de navegação. (Se o botão Tags não estiver sendo exibido, escolha View > Show/Hide > Navigation Panes > Tags.) Clique na seta ao lado de Tags para visualizar as marcações que o Acrobat adicionou ao documento.

Embora o Acrobat possa rastrear a estrutura da maioria dos elementos da página e marcá-los adequadamente, as páginas com layouts complexos ou elementos incomuns nem sempre resultam em documentos PDF bem marcados, podendo necessitar edição. Quando um arquivo PDF é marcado com o Acrobat, o Recognition Report lista as páginas nas quais foram encontrados problemas e sugestões para corrigi-los.

É uma boa ideia verificar esses itens no documento PDF para saber quais correções, se houver alguma, precisam ser feitas. Use o relatório para acessar as áreas problemáticas do documento PDF clicando nos links de cada erro. A seguir, se estiver utilizado o Acrobat Pro, empregue a ferramenta TouchUp Reading Order para corrigir o problema.

▶ **Dica:** O Recognition Report é um arquivo temporário e não pode ser salvo. O recurso Full Check gera um relatório de acessibilidade que pode ser salvo.

4 Se estiver usando o Acrobat Standard, feche o documento e ignore o próximo exercício.

Adicione texto alternativo

Os elementos do documento que não são texto, como figuras e elementos multimídia, não serão reconhecidos pelo leitor de tela nem pelo recurso Read Out Loud, a menos que sejam acompanhados por um texto alternativo. Quando o Recognition Report foi revisado, notamos que a figura não apresentava um texto alternativo. Com o Acrobat Pro, adicionaremos um texto alternativo agora, mas primeiro feche o painel Tags.

1 Clique no botão Tags para fechar o painel.

2 No painel Accessibility, clique em TouchUp Reading Order. O Acrobat abre o painel TouchUp Reading Order.

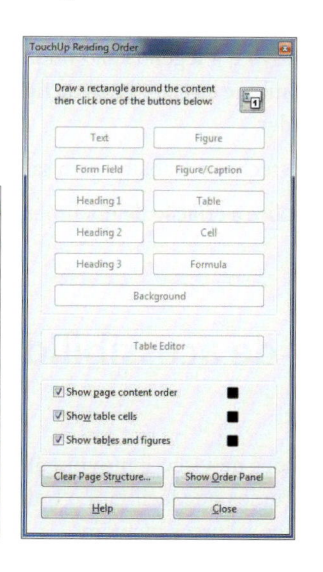

▶ **Dica:** Se a opção Show Tables And Figures for selecionada no painel TouchUp Reading Order, o texto alternativo será exibido em uma etiqueta no painel do documento.

Esse painel pode ser usado para a criação de marcações: Basta arrastar um retângulo ao redor da área do conteúdo e clicar na marcação que será aplicada. Por exemplo, arraste ao redor de um título e, depois, clique em Heading 1 para aplicar essa marcação. Porém, já adicionamos marcações a esse documento, então não é necessário lançar mão do painel TouchUp Reading Order.

3 Clique com o botão direito (Windows) ou segurando Control (Mac OS) na figura no painel do documento e escolha Edit Alternate Text no menu de contexto.

4 Na caixa de diálogo Alternate Text, digite **Figure shows Hand tool being used to drag the artboard across the Illustrator window**. A seguir, clique em OK.

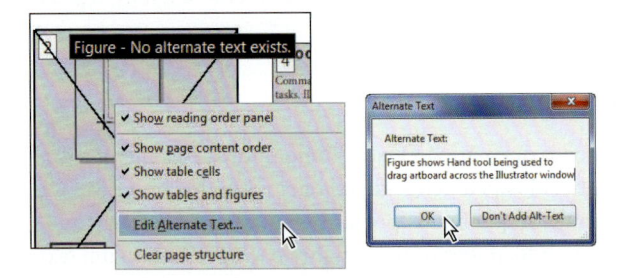

5 Clique em Close para fechar o painel TouchUp Reading Order.

6 Para verificar o texto alternativo, escolha View > Read Out Loud > Activate Read Out Loud. Depois, escolha View > Read Out Loud > Read This Page Only. Ouviremos o texto alternativo. Para interromper a leitura, pressione Ctrl+Shift+E (Windows) ou Command+Shift+E (Mac OS).

Observe que o texto alternativo e a legenda são lidos. Se desejar que apenas o texto alternativo seja lido, combine os elementos da figura e da legenda usando o painel TouchUp Reading Order.

7 Escolha File > Close para fechar o trabalho sem salvar as alterações.

Para ler um guia detalhado sobre a criação de documentos PDF acessíveis, acesse http://access.adobe.com.

Use os recursos de acessibilidade do Acrobat

Muitas pessoas com limitações de visão e movimento usam computadores. O Acrobat apresenta vários recursos que facilitam o trabalho desses usuários com documentos Adobe PDF. Esses recursos incluem:

- Avanço automático
- Teclas de atalho
- Compatibilidade com vários aplicativos leitores de tela, incluindo mecanismos de conversão de texto em fala incorporados às plataformas Windows e Mac OS
- Visualização em tela aperfeiçoada

Use o Accessibility Setup Assistant

Tanto o Acrobat X quanto o Adobe Reader incluem um Accessibility Setup Assistant (assistente de configuração de acessibilidade), que é inicializado automaticamente da primeira vez que o software detecta no sistema um leitor de tela, um ampliador de tela ou outra tecnologia auxiliar. (Também é possível inicializar o assistente manualmente a qualquer momento, selecionando o Setup Assistant no painel Accessibility do Acrobat ou escolhendo Edit > Accessibility > Setup Assistant no Reader.) O Accessibility Setup Assistant auxilia na configuração das opções que controlam como os documentos PDF são exibidos na tela. Também é possível usá-lo para definir a opção que envia as informações de impressão para uma impressora Braille.

Uma explicação completa sobre as opções que podem ser configuradas no Accessibility Setup Assistant está disponível na ajuda do Adobe Acrobat X. As opções disponíveis dependem do tipo de tecnologia auxiliar instalada no sistema. O primeiro painel do Accessibility Setup Assistant exige a identificação do tipo de tecnologia auxiliar que está sendo utilizada:

- Selecione Set Options For Screen Reader se usar um dispositivo que lê textos e envia o resultado para uma impressora Braille.
- Selecione Set Options For Screen Magnifiers se lançar mão de um dispositivo que faz com que o texto seja ampliado na tela.
- Selecione Set All Accessibility Options se empregar uma combinação de dispositivos auxiliares.
- Selecione Use Recommended Settings And Skip Setup para aplicar as configurações que a Adobe recomenda para usuários com acessibilidade limitada. (Observe que as configurações preferenciais para usuários com tecnologia auxiliar instalada não são as mesmas que as configurações padrão do Acrobat para usuários que não usam tecnologias auxiliares.)

Além das opções que podem ser definidas com o Accessibility Setup Assistant, é possível selecionar várias opções nas preferências do Acrobat e do Adobe Reader que controlam a rolagem automática, as configurações de leitura em voz alta e a ordem de leitura. É possível utilizar algumas dessas opções mesmo sem tecnologias auxiliares instaladas no sistema. Por exemplo, podemos configurar as preferências de Multimedia para exibir as descrições disponíveis para anexos de áudio e vídeo.

Se o Accessibility Setup Assistant tiver sido aberto, clique em Cancel para sair da caixa de diálogo sem fazer alterações.

Sobre a rolagem automática

Quando estiver lendo um documento longo, o recurso de rolagem automática economiza ações com o mouse e o teclado. É possível controlar a velocidade da rolagem, rolar para trás e para frente e sair da rolagem automática com apenas uma tecla.

Agora testaremos o recurso de rolagem automática.

1 Escolha File > Open e abra o arquivo Protocol.pdf. Se necessário, redimensione a janela do Acrobat para preencher a área de trabalho e selecione a ferramenta Hand ().

2 Escolha View > Page Display > Automatically Scroll.

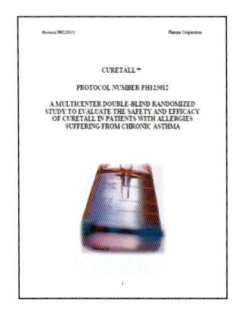

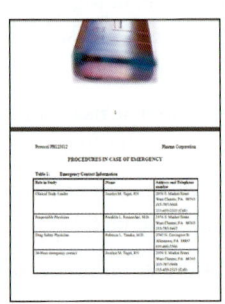

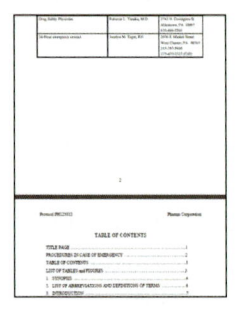

3 Podemos definir a taxa de rolagem usando as teclas de números do teclado. Quanto maior o número, mais rápida a taxa de rolagem. Tente pressionar 9, depois 1, por exemplo, para alterar a taxa de rolagem. Para sair da rolagem automática, pressione a tecla Esc.

Sobre as teclas de atalho

Antes que as teclas de atalho fiquem disponíveis, pode ser necessário alterar as preferências gerais (consulte a Lição 2, "Explore a área de trabalho").

Para alguns comandos e ferramentas mais comuns, a tecla de atalho é exibida ao lado do nome do comando ou ferramenta se as preferências estiverem definidas para usar aceleradores de uma tecla. Uma lista de teclas de atalho está disponível na ajuda do Adobe Acrobat X.

Também é possível usar o teclado para controlar o Acrobat dentro do Microsoft Internet Explorer no Windows. Se o foco está no navegador, qualquer tecla de atalho usada age de acordo com as configurações do navegador para navegação e seleção. Pressionar a tecla Tab alterna o foco do navegador para o documento e o aplicativo do Acrobat, para que as teclas de navegação e comando funcionem normalmente. Pressionar Ctrl+Tab alterna o foco do documento de volta ao navegador.

Altere a cor de fundo

Agora experimentaremos a troca da cor do fundo. Observe que estas alterações afetam apenas a exibição na tela do sistema, elas não afetam o documento impresso, nem são salvas com o documento para a exibição em sistemas diferentes.

1 Escolha Edit > Preferences (Windows) ou Acrobat > Preferences (Mac OS) e selecione Accessibility entre as categorias à esquerda.

2 Selecione a opção Replace Document Colors.

3 Selecione Custom Color.

4 Clique no quadrado de cores Page Background para abrir o seletor de cores.

5 É possível selecionar uma cor no seletor de cores ou uma cor personalizada. Escolhemos cinza-claro.

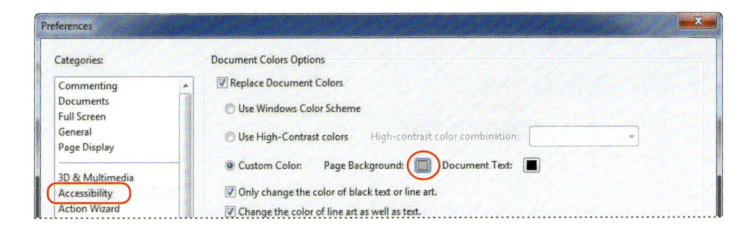

6 Clique em OK para aplicar as alterações.

7 Visualize o arquivo PDF no Acrobat. A cor de fundo da página foi alterada para a cor especificada.

8 Quando tiver terminado, deixe a cor de fundo como está, selecione uma cor diferente ou selecione o branco novamente.

Também é possível modificar a cor de fundo dos campos de formulário e as cores dos campos de formulário exibidas quando o ponteiro é focalizado neles, nas preferências de Forms. Podemos alterar a cor de fundo para apresentações em tela cheia nas preferências de Full Screen. É possível também mudar a cor subjacente usada no recurso de verificação ortográfica para identificar palavras com ortografia incorreta nas preferências de Spelling.

Suavize o texto

Podemos suavizar o texto, as ilustrações e as imagens para aperfeiçoar a legibilidade na tela, especialmente com tamanhos de textos maiores. Se estiver utilizando um notebook ou uma tela de LCD, é possível escolher a opção Smooth Text para otimizar a qualidade de exibição. Defina as opções para suavizar o texto nas preferências de Page Display.

Amplie o texto do indicador

É possível aumentar o tamanho do texto usado nas etiquetas de indicadores.

1 Clique no botão Bookmarks para que o painel Bookmarks seja exibido, caso ainda não esteja.

2 Escolha Text Size > Large no menu de opções do painel Bookmarks.

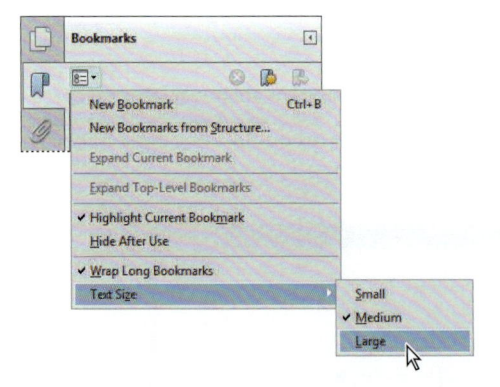

3 Restaure o tamanho do texto do indicador para o padrão médio.

Você pode preferir experimentar as opções de exibição de tela e outros controles de acessibilidade para encontrar uma combinação que melhor se ajusta a suas necessidades.

4 Quando tiver concluído, escolha File > Close. Não é necessário salvar o seu trabalho.

Defina as preferências do leitor de tela e da opção ler em voz alta

Após instalar o leitor de tela ou um aplicativo semelhante e configurá-lo para funcionar no Acrobat, é possível definir as preferências no leitor de tela no Acrobat. Essas preferências são definidas no mesmo painel no qual as preferências de Read Out Loud que controlam o volume, o tom e a velocidade da fala, a natureza da voz e as preferências da ordem de leitura são definidas.

Sistemas mais novos (tanto Windows quanto Mac OS) possuem mecanismos de conversão de texto em fala incorporados. Embora o recurso Read Out Loud possa ler o texto em um arquivo PDF em voz alta, ele não é um leitor de tela. Nem todos os sistemas são compatíveis com o recurso Read Out Loud.

Neste exercício, analisaremos as preferências que afetam como os documentos Adobe PDF são lidos em voz alta. A menos que você disponha de um software de conversão de texto em fala em seu sistema, não é necessário configurar estas preferências.

1 Escolha File > Open e abra o arquivo Tag_Wines.pdf.

2 Se o seu sistema tiver um software de conversão de texto em fala, escolha View > Read Out Loud > Activate Read Out Loud. (Pode não ser necessário ativar a função Read Out Loud, dependendo de quanto da lição tiver sido concluído.)

3 Após a ativação do recurso Read Out Loud, escolha View > Read Out Loud > Read This Page Only. O Acrobat lê a página que está sendo exibida. Para interromper a leitura, pressione Shift+Ctrl+E (Windows) ou Shift+Command+E (Mac OS).

É possível testar outras opções de leitura.

4 Escolha Edit > Preferences (Windows) ou Acrobat > Preferences (Mac OS) e selecione Reading entre as categorias à esquerda. Experimente, se quiser.

Podemos controlar o volume, o tom, a velocidade e a voz usada. Se uma voz padrão for utilizada, não será possível alterar o tom e a velocidade da leitura.

Se o sistema tiver uma memória limitada, pode ser necessário reduzir o número de páginas que o Acrobat lê antes que os dados sejam lidos página por página. O valor padrão é 50 páginas.

5 Clique em OK na caixa de diálogo Preferences para aplicar as alterações feitas. Clique em Cancel para sair da caixa de diálogo Preferences sem fazer alterações.

6 Para testar as configurações alteradas, escolha View > Read Out Loud > Read This Page Only.

7 Para interromper a leitura, pressione Ctrl+Shift+E (Windows) ou Command+Shift+E (Mac OS).

Compartilhe arquivos PDF

Um documento PDF pode ser compartilhado com outras pessoas, basta postá-lo em um site, gravá-lo em um disco ou enviá-lo como um anexo por e-mail. O Acrobat facilita a distribuição de um documento PDF a outras pessoas usando o Adobe SendNow Online ou anexando o documento em uma mensagem de e-mail.

O Adobe SendNow Online transfere um documento para o Acrobat.com, um serviço eletrônico seguro e gratuito. Ele envia o e-mail aos destinatários especificados, para que possam ler o arquivo online ou baixá-lo. É necessária uma Adobe ID gratuita para transferir os arquivos para o Acrobat.com.

1 Com o arquivo Protocol.pdf aberto, clique em Share para abrir o painel Share.

2 No painel Share, selecione Use Adobe SendNow Online. O Acrobat adiciona automaticamente o documento ativo.

Se desejar transferir um arquivo diferente, limpe o nome do arquivo, clique em Add File, selecione o arquivo que deseja compartilhar e clique em Open (Windows) ou Add (Mac OS) para adicioná-lo.

3 Insira os endereços de e-mail das pessoas que deseja avisar sobre o documento, separando os endereços por pontos e vírgulas ou novos parágrafos. Para este exercício, insira o seu próprio endereço de e-mail.

4 Insira um assunto e uma mensagem simples e clique em Send Link.

5 Insira sua Adobe ID e sua senha, se solicitado. Caso não tenha uma Adobe ID, siga as instruções na tela para criá-la.

O Acrobat transfere o documento e envia o e-mail aos destinatários com um link para o arquivo transferido.

Para enviar um arquivo PDF em anexo, selecione Attach To Email no painel Share, adicione um arquivo e clique em Attach. O Acrobat anexa o documento a uma mensagem de e-mail em branco em seu aplicativo de e-mail.

6 Feche todos os documentos abertos e saia do Acrobat.

Perguntas de revisão

1 Cite três métodos que podem ser usados para o acesso a uma página diferente.

2 Cite duas maneiras para alterar a ampliação da exibição.

3 Como determinamos se um arquivo é acessível?

4 Como imprimimos páginas não contíguas?

Respostas

1 É possível acessar uma página diferente clicando no botão Previous Page ou Next Page, na barra de ferramentas Page Navigation; arrastando a caixa de rolagem na barra de rolagem; inserindo um número de página na caixa da página, na barra de ferramentas Page Navigation; ou clicando em um indicador, uma miniatura de página ou um link que acesse uma página diferente.

2 A ampliação da exibição pode ser alterada escolhendo View > Zoom e uma exibição; arrastando a ferramenta Marquee Zoom; selecionando uma ampliação predefinida no menu pop-up de ampliação; ou inserindo um percentual específico na caixa de texto de ampliação.

3 Selecione Quick Check no painel Accessibility para definir se um arquivo PDF é acessível.

4 Para imprimir páginas não contíguas, selecione as miniaturas das páginas e escolha File > Print, ou, na caixa de diálogo Print, selecione Pages e insira os números ou grupos de páginas que deseja imprimir, separados por vírgulas.

5 USE O ACROBAT COM ARQUIVOS DO MICROSOFT OFFICE (WINDOWS)

Visão geral da lição

Nesta lição, você vai aprender a:

- Converter um arquivo do Microsoft Word para Adobe PDF.
- Converter títulos e estilos do Word para os indicadores do PDF, e os comentários do Word para notas do PDF.
- Alterar as configurações de conversão do Adobe PDF.
- Converter um arquivo do Microsoft PowerPoint para Adobe PDF.
- Converter um arquivo do Microsoft Excel para Adobe PDF e o enviar para revisão.
- Salvar arquivos PDF como documentos do Word.
- Copiar tabelas do PDF para planilhas do Excel.

Esta lição levará aproximadamente 45 minutos para ser concluída. Copie a pasta Lesson05 para o disco rígido do seu computador, caso ainda não a tenha copiado.

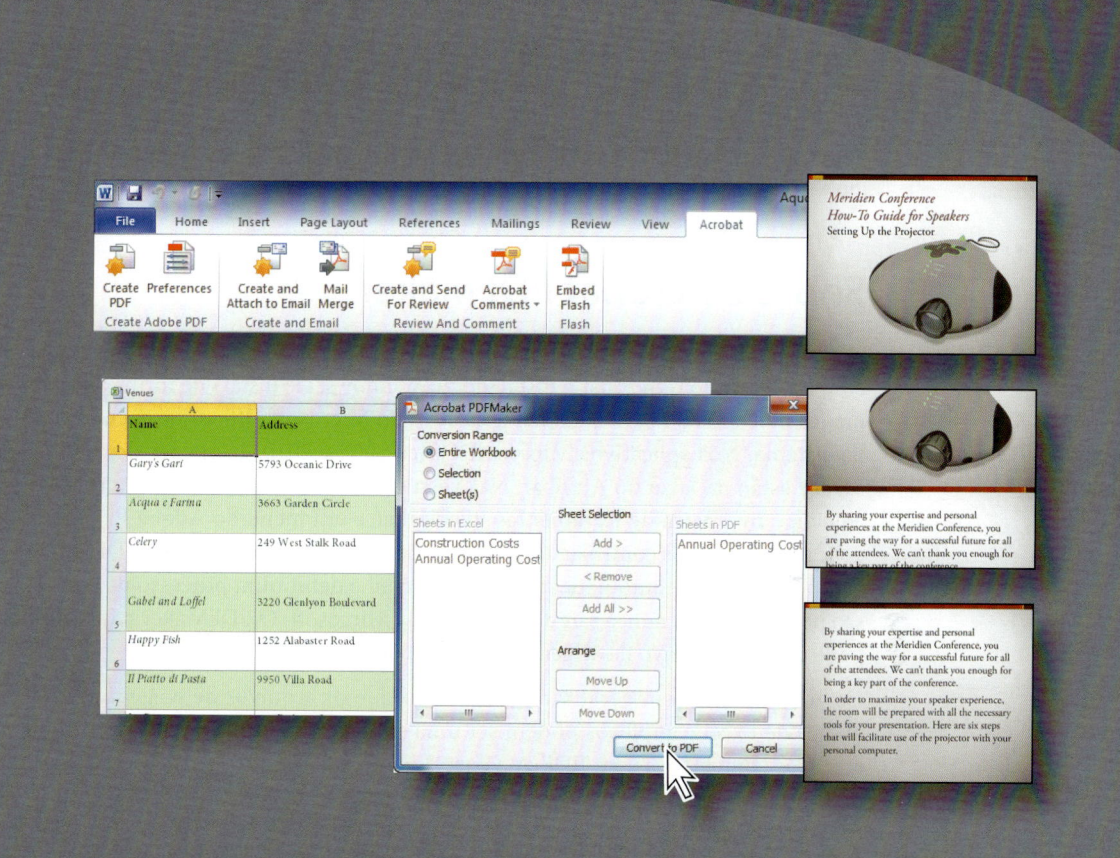

Com o Acrobat PDFMaker, é possível converter facilmente documentos do Microsoft Office em PDF. E com o Acrobat X é possível ir na direção inversa, salvar arquivos PDF como documentos do Word e extrair tabelas dos arquivos PDF para as planilhas do Excel.

Introdução

Esta lição foi desenvolvida para usuários do Windows que possuem aplicativos Microsoft Office, como o Microsoft Word, Microsoft PowerPoint e Microsoft Excel, instalados em seus computadores. É necessário que pelo menos um desses aplicativos esteja instalado no sistema para que esta lição possa ser executada. Caso não utilize os aplicativos do Microsoft Office, ignore-a. Visite o site da Adobe (www.adobe.com) para saber quais são as versões compatíveis do Microsoft Office.

Esta lição parte do pressuposto de que o Microsoft Office 2010 está sendo usado, mas os passos são os mesmos para o Office 2007.

Para obter mais informações sobre a conversão de arquivos do Microsoft Outlook em PDF, consulte a Lição 3.

Sobre o Acrobat PDFMaker

O Acrobat PDFMaker facilita a conversão de documentos do Microsoft Office em PDF. Quando o Acrobat é instalado no Windows, ele instala de forma automática o PDFMaker para qualquer aplicativo do Microsoft Office que encontrar no sistema. Nos aplicativos Microsoft Office 2007 e 2010, as opções do PDFMaker estão na faixa do Acrobat. Nas versões anteriores do Office, o Acrobat adiciona uma barra de ferramentas PDFMaker e um menu do Adobe PDF ao aplicativo. Podemos controlar as configurações usadas na conversão de PDF, enviar o arquivo PDF automaticamente por e-mail e definir um processo de revisão por e-mail sem nunca sair do aplicativo da Microsoft. O PDFMaker também pode anexar o arquivo de origem do Office ao arquivo PDF.

Os arquivos PDF em geral são menores do que os arquivos de origem. (Arquivos de Excel complexos podem ser uma exceção.) Também é possível criar arquivos compatíveis com PDF/A a partir de qualquer arquivo do Office. (Observe, porém, que o PDFMaker não oferece suporte ao padrão PDF/A para o Microsoft Publisher.)

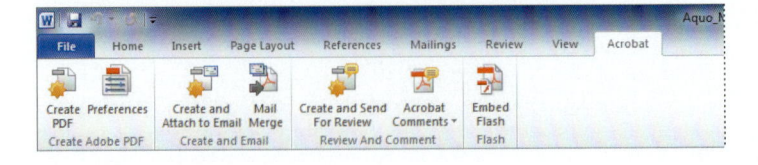

Para os aplicativos do Office 2007 e 2010, caso a faixa do Acrobat não seja exibida, escolha Suplementos na caixa de diálogo Opções e selecione Acrobat PDFMaker Office COM Addin. Para o Office 2003 e anterior, escolha Ajuda > Sobre [nome do aplicativo], clique em Desabilitar itens, selecione Adobe PDF na lista e clique em Habilitar. A seguir, feche e reinicie o aplicativo da Microsoft.

Basicamente, o Acrobat instalará os mesmos botões e comandos no Word, no PowerPoint e no Excel. Há, porém, algumas diferenças específicas de cada aplicativo.

Converta um arquivo do Microsoft Word para Adobe PDF

O Word é um programa de edição popular que facilita a criação de vários tipos de documentos. Os documentos do Word geralmente incluem estilos e hiperlinks de texto e podem conter comentários adicionados durante o processo de revisão. Quando um documento Adobe PDF é criado a partir de um documento do Word, é possível converter o texto usando estilos específicos do Word, como títulos, para indicadores do Acrobat, e os comentários podem ser convertidos em notas do Acrobat. Os hiperlinks em um documento do Word são preservados quando ele é convertido em PDF. O arquivo Adobe PDF ficará igual ao arquivo do Word e manterá a mesma funcionalidade, mas será acessível aos leitores em todas as plataformas, independentemente de terem ou não o aplicativo do Word. (Os arquivos PDF criados a partir de arquivos do Word são marcados, tornando o conteúdo fácil de reutilizar e aumentando a acessibilidade.)

Converta os títulos e os estilos do Word para indicadores de PDF

Se o documento do Word contiver títulos e estilos que devem ser convertidos em indicadores vinculados no Adobe PDF, é necessário identificar esses títulos e estilos na caixa de diálogo Acrobat PDFMaker. (Os estilos do Título 1 ao Título 9 do Word são automaticamente convertidos.) Converteremos um documento de declaração de trabalho formatado com estilos personalizados. Precisaremos nos certificar de que os estilos usados serão convertidos em indicadores vinculados quando o arquivo Adobe PDF for criado.

1 Inicie o Microsoft Word.

2 No Word, escolha Arquivo > Abrir. Acesse a pasta Lesson05, selecione o arquivo SOW draft.doc e clique em Abrir. Escolha Arquivo > Salvar como > PDF, renomeie o arquivo como **SOW draft_final.doc** e salve-o na pasta Lesson05.

Primeiro, alteraremos as configurações do PDF para criar indicadores baseados nos estilos usados no documento.

3 No Word 2007 ou no 2010, clique em Preferences na faixa do Acrobat. Nas versões anteriores do Word, escolha Adobe PDF > Change Conversion Settings.

A caixa de diálogo do Acrobat PDFMaker contém as configurações que controlam a conversão do PDF. Há guias diferentes disponíveis, dependendo do aplicativo. No Word, a caixa de diálogo inclui a guia Word e a guia Bookmarks.

4 Clique na guia Bookmarks para selecionar os estilos que serão usados para criar os indicadores.

5 Desça na lista e selecione a caixa ao lado de cada um desses estilos, de forma que uma marca de seleção apareça nela: Second Level, Third Level, Title e Top Level. Esses são os estilos que queremos usar para criar os indicadores.

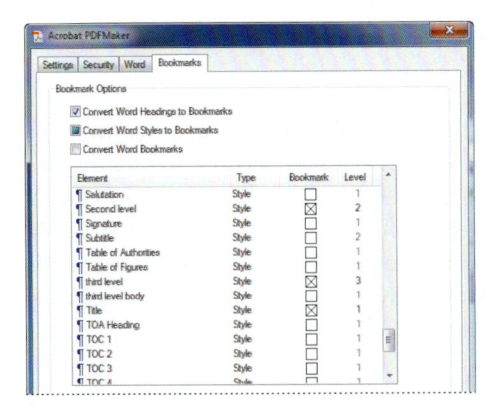

Um X é exibido ao lado de cada estilo, informando que um indicador será criado para ele. Observe que o nível para Title e Top Level é automaticamente definido como 1, Second Level como 2 e Third Level como 3. Esses são os níveis hierárquicos dos indicadores do PDF. Para alterar a configuração do nível para um estilo, clique no número de seu nível e escolha um novo nível no menu pop-up.

Todas as configurações feitas à guia Bookmarks são aplicadas apenas à conversão dos documentos do Word.

Converta os comentários do Word em notas do PDF

Os comentários adicionados ao documento do Word não são perdidos quando ele é convertido para Adobe PDF. Eles podem ser convertidos em notas do PDF. Há três comentários nesse documento que devem continuar disponíveis no PDF.

1 Clique na guia Word, na caixa de diálogo do PDFMaker, e selecione Convert Displayed Comments To Notes In Adobe PDF.

A área Comments exibe as informações sobre os comentários que serão incluídos. Certifique-se de que a caixa na coluna Include está selecionada.

2 Para alterar a cor da nota no documento do Adobe PDF, clique várias vezes no ícone na coluna Color para percorrer as opções de cores disponíveis. Escolhemos a azul.

3 Para que a nota seja aberta automaticamente no documento PDF, selecione a opção Notes Open. Podemos sempre fechar a nota no documento PDF posteriormente se desejarmos.

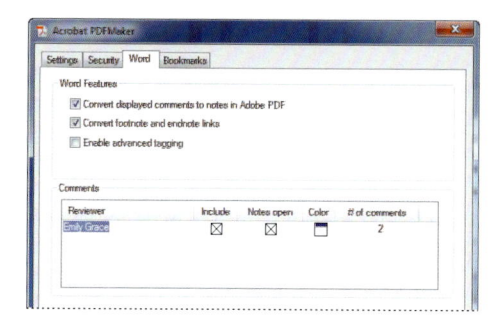

Todas as configurações feitas à guia Word são aplicadas apenas à conversão dos documentos do Word.

Especifique as configurações de conversão

Em todos os aplicativos do Office, o PDFMaker inclui a guia Settings, na qual é possível selecionar as configurações de conversão que determinam como o arquivo PDF é criado. Para grande parte das tarefas, os arquivos com configurações predefinidas (ou predefinições) funcionam bem. Porém, se for necessário personalizar as configurações de conversão, clique em Advanced Settings e faça as alterações adequadas ao arquivo.

Converteremos esse documento usando os arquivos de configurações Standard.

1 Clique na guia Settings.

2 No menu Conversion Settings, escolha Standard.

3 Verifique se View Adobe PDF Result está selecionada. Quando essa opção é selecionada, o Acrobat exibe automaticamente o arquivo Adobe PDF criado assim que a conversão for concluída.

4 Certifique-se de que Create Bookmark esteja selecionada.

5 Certifique-se também de que Enable Accessibility And Reflow With Tagged Adobe PDF esteja selecionada. Criar PDFs marcados torna os arquivos mais acessíveis.

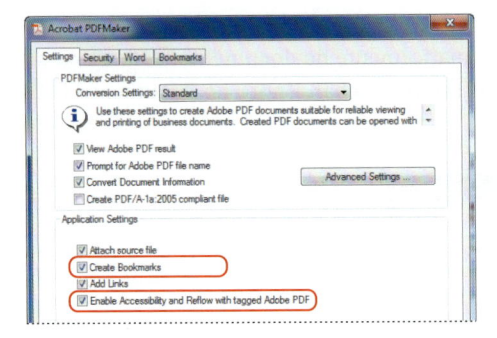

Para obter mais informações sobre como tornar os arquivos PDF mais acessíveis, consulte a Lição 4, "Leia e trabalhe com arquivos PDF".

● **Nota:** O Acrobat PDFMaker utilizará tais configurações de conversão para converter os documentos do Word até que elas sejam alteradas.

6 Selecione Attach Source File para anexar o documento do Word ao arquivo PDF. Essa opção pode ser útil se quisermos que o editor tenha acesso ao original, para finalidades de edição.

7 Clique em OK para aplicar as configurações.

8 Escolha File > Save para salvar seu trabalho.

Converta arquivos do Word

Agora que definimos as configurações que serão usadas para a conversão, estamos prontos para converter o arquivo Word em Adobe PDF.

1 No Word 2007 ou no 2010, clique no botão Create PDF ( ) na faixa do Acrobat. Em versões anteriores do Word, clique no botão Convert To Adobe PDF ( ) na barra de ferramentas do Acrobat PDFMaker.

2 Na caixa de diálogo Save Adobe PDF As, nomeie o arquivo **SOWdraft.pdf** e salve-o na pasta Lesson05.

O PDFMaker converte o documento do Word em Adobe PDF. O status da conversão é mostrado na caixa de mensagem do Acrobat PDFMaker.

Como selecionamos View Adobe PDF Result, o Acrobat exibe automaticamente o arquivo convertido. Observe que o comentário do Word foi convertido para uma nota Adobe PDF aberta.

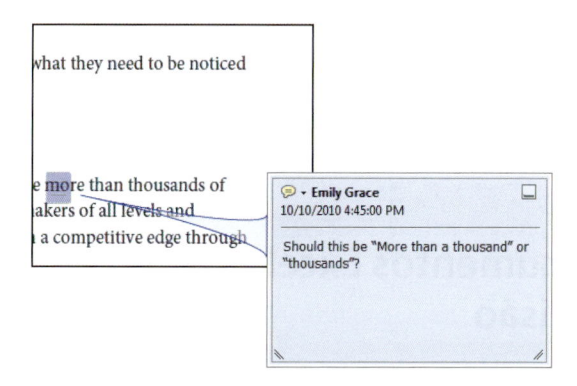

3 Use a barra de rolagem, se necessário, para visualizar a primeira nota. Após lê-la, clique na caixa para fechá-la.

4 Clique no botão Bookmarks ( ), no painel de navegação, para visualizar os indicadores que foram criados automaticamente.

No Acrobat X, quando selecionamos um indicador no painel de navegação, o link nos leva diretamente ao título, e não ao topo da página que contém o título.

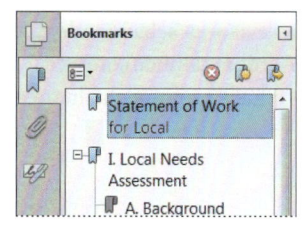

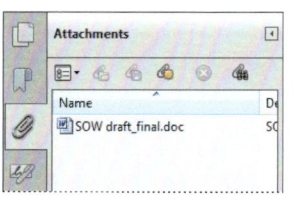

▶ **Dica:** No Acrobat X, é possível editar cabeçalhos e rodapés nos arquivos PDF criados a partir de arquivos do Office 2007 e do 2010.

> **Dica:** Se desejar simplesmente converter o arquivo do Microsoft Office em Adobe PDF usando as configurações de conversão atuais do PDFMaker, arraste o arquivo do Office para o ícone do Acrobat X na área de trabalho ou para o painel de um documento vazio na área de trabalho do Acrobat.

5 Clique no botão Attachments (📎) no painel de navegação para verificar se o arquivo Word original está anexado.

6 Quando tiver terminado de revisar o arquivo, feche-o.

7 Selecione File > Exit para sair do Acrobat.

8 Feche o Microsoft Word.

Crie Adobe PDF a partir de modelos de mala direta do Word

As malas diretas do Word geram documentos como cartas-modelo, que são personalizadas com os nomes e endereços de indivíduos aos quais elas serão enviadas. Com o Acrobat PDFMaker, é possível usar um modelo de mala direta do Word e seu arquivo de dados correspondente para criar malas diretas no formato PDF. É possível inclusive configurar o PDFMaker para anexar arquivos PDF a mensagens de e-mail geradas durante o processo de criação de PDFs. Clique no botão Mail Merge na caixa do Acrobat para iniciar o processo. Para obter mais informações, consulte a ajuda do Adobe Acrobat X.

Converta os documentos Excel e inicie uma revisão

Quando convertemos documentos do Excel para PDFs, podemos facilmente selecionar e ordenar as planilhas que serão incluídas, assim como reter todos os links e gerar indicadores.

Criaremos um arquivo Adobe PDF a partir de um documento do Excel; a seguir, iniciaremos um processo de revisão formal no qual o arquivo PDF será enviado a revisores selecionados. Além de gerenciar o processo de envio de e-mails, o Acrobat também oferece ferramentas avançadas de gerenciamento de arquivos e comentários que facilitam a revisão.

Converta uma pasta de trabalho inteira

Podemos escolher converter uma pasta de trabalho inteira, uma seleção ou folhas selecionadas em PDF. Neste exercício, converteremos uma pasta de trabalho inteira.

1 Inicie o Microsoft Excel.

2 Escolha Arquivo > Abrir, acesse a pasta Lesson05, selecione o arquivo Financial2008.xls e clique em Abrir. Escolha Arquivo > Salvar como, renomeie o arquivo como **Financial2008_final.doc** e salve-o na pasta Lesson05.

Esse arquivo de Excel inclui duas pastas de trabalho. A primeira lista custos de construção e a segunda mostra custos operacionais. Será necessário converter as duas pastas para incluí-las no PDF. Começaremos alterando as configurações de conversão de PDF.

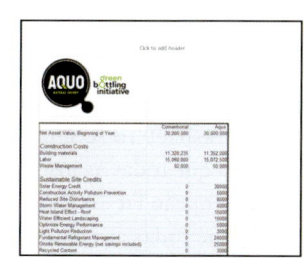

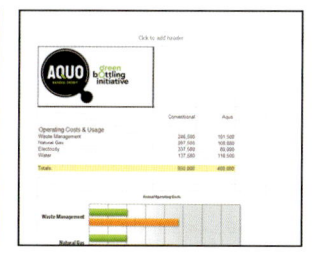

3 Clique em Peferences na faixa do Acrobat. Se estiver usando o Excel 2003 ou anterior, selecione Adobe PDF > Change Conversion Settings.

4 Na guia Settings da caixa de diálogo do Acrobat PDFMaker, escolha Smallest File Size no menu Conversion Settings, pois enviaremos o arquivo PDF por e-mail.

5 Selecione a opção Fit Worksheet To A Single Page.

6 Certifique-se de que a opção Enable Accessibility And Reflow With Tagged Adobe PDF esteja selecionada. Quando criamos o PDF marcado, podemos copiar dados tabulares mais facilmente dos arquivos PDF para os aplicativos de planilhas. Criar PDFs marcados também torna os arquivos mais acessíveis.

7 Selecione a opção Prompt For Selection Excel Sheets para abrir a caixa de diálogo no início do processo de conversão do arquivo, o que permite a especificação das pastas que serão incluídas e sua ordem.

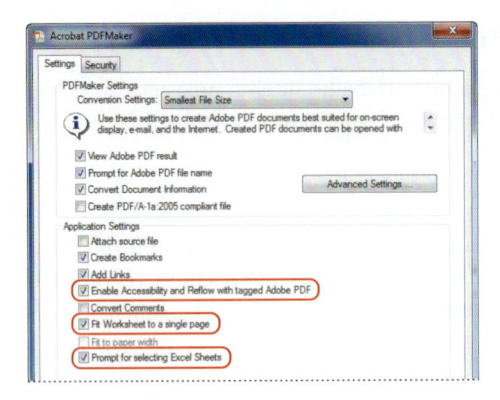

O PDFMaker utilizará essas configurações de conversão quando converter documentos do Excel para PDF até que elas sejam alteradas.

8 Clique em OK para aplicar as configurações.

No Acrobat, podemos converter uma pasta de trabalho exageradamente grande em um PDF, com uma pasta de largura e várias pastas de altura. Na guia Settings da caixa de diálogo do Acrobat PDFMaker, a opção Fit Worksheet To A Single Page ajusta o tamanho de cada pasta de trabalho de maneira que todas as inserções nessa pasta sejam exibidas na mesma página no PDF. A opção Fit To Paper Width ajusta a largura de cada pasta de trabalho a fim de que todas as colunas nessa pasta sejam exibidas em uma página no PDF.

Comece uma revisão por e-mail

Podemos enviar um arquivo para ser revisado por e-mail usando o botão Create And Send For Review na faixa do Acrobat (Excel 2007 ou 2010) ou o botão Convert To Adobe PDF And Send For Review (em versões anteriores). O destinatário receberá um e-mail com as instruções sobre como participar da revisão e enviar comentários de volta usando o Acrobat.com.

Também podemos usar o recurso Tracker no Acrobat para convidar revisores adicionais ao processo ou enviar lembretes aos revisores. Além disso, é possível convidar usuários do Adobe Reader para participar da revisão. Para obter mais informações sobre a utilização do Acrobat em processos de revisão, consulte a Lição 9, "Use o Acrobat em um ciclo de revisão".

1 No Excel 2007 ou no 2010, clique no botão Create And Send For Review () na faixa do Acrobat. No Office 2003 ou anterior, escolha Adobe PDF > Convert To Adobe PDF And Send For Review.

2 Na caixa de diálogo Acrobat PDFMaker, selecione Entire Workbook.

Essa é a caixa de diálogo em que selecionaríamos o material ou as pastas de trabalho, se desejássemos.

3 Clique em Convert To PDF.

4 Na caixa de diálogo Save Adobe PDF File As, clique em Save para salvar o arquivo como **Financial2008_final.pdf** na pasta Lesson05.

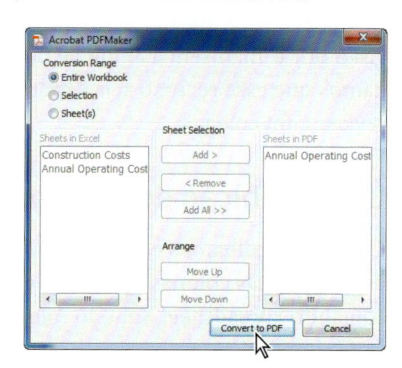

A caixa de diálogo Send For Shared Review é aberta para orientar o processo.

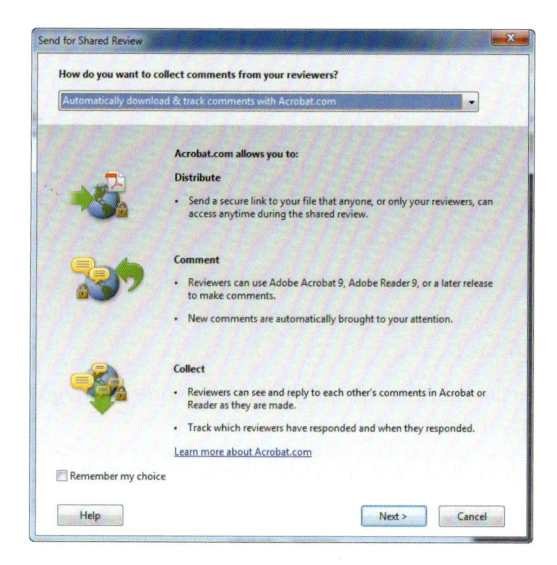

5 No menu pop-up, escolha se utilizará o Acrobat.com ou seu próprio servidor interno para o processo de revisão. Clique em Next.

Os passos variam dependendo de como escolhemos a reunião dos dados dos revisores.

6 Quando tiver concluído os passos no assistente e enviado o arquivo por e-mail, feche o arquivo PDF e o Microsoft Excel.

Embora seja possível executar os passos sozinho com vários endereços de e-mail para você mesmo, não é possível usufruir inteiramente do recurso de revisão por e-mail sem a ajuda de pelo menos um outro participante. Recomendamos que esse recurso seja experimentado quando tiver um documento para revisar com colegas.

Use a exibição de planilhas dividida

Quando trabalhamos com planilhas, muitas vezes é útil poder manter a exibição dos nomes das colunas e linhas enquanto avançamos pelas linhas ou colunas. O comando Spreadsheet Split do Acrobat permite que isso seja feito.

1 No Acrobat, escolha File > Open. Acesse a pasta Lesson05 e abra o arquivo GE_Schedule.pdf.

Essa programação é difícil de ser lida na tela, pois o tamanho da fonte é pequeno se a exibição estiver definida como Fit Page. O comando Spreadsheet Split será usado para analisarmos melhor alguns dados. Primeiro, alteraremos a exibição da página.

2 Escolha Window > Spreadsheet Split para dividir o painel do documento em quatro quadrantes.

Podemos arrastar as barras de divisão para cima, para baixo, para a esquerda ou para a direita a fim de redimensionar os painéis.

Na exibição Spreasheet Split, mudar o nível de zoom altera o nível de zoom em cada quadrante. (Na exibição Split Window, podemos ter um nível de zoom diferente para cada uma das duas janelas.)

3 Arraste a barra de divisão vertical para a esquerda, de maneira que as categorias preencham o painel esquerdo.

4 Arraste a barra de divisão horizontal para cima, de forma que fique diretamente abaixo dos títulos das colunas.

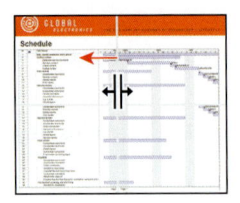

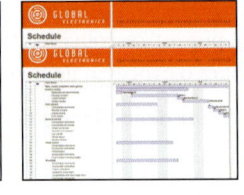

Use o Acrobat com Arquivos do Microsoft Office (Windows)

5 Use a barra de rolagem vertical para percorrer as categorias. Como os cabeçalhos das colunas permanecem visíveis, é fácil avaliar a programação para cada tarefa.

6 Quando tiver terminado de explorar a exibição Spreadsheet Split, feche o arquivo GE_Schedule.pdf sem salvar o trabalho.

Converta apresentações de PowerPoint

É possível converter apresentações do Microsoft PowerPoint para PDF da mesma maneira que os documentos do Microsoft Word. Porém, há opções adicionais disponíveis para ajudar a preservar a aparência da apresentação. Converteremos uma apresentação simples, conservando suas transições de slides.

1 Abra o PowerPoint. Escolha Arquivo > Abrir, acesse a pasta Lesson05 e selecione o arquivo Projector Setup.ppt. Clique em Abrir.

Uma transição Push foi aplicada aos slides do arquivo.

2 Clique em Preferences na faixa do Acrobat (PowerPoint 2007 ou 2010) ou escolha Adobe PDF > Change Conversion Settings (versões anteriores).

3 Selecione a guia Settings e, a seguir, Convert Multimedia e Preserve Slide Transitions. Certifique-se de que a opção View Adobe PDF Result também esteja selecionada.

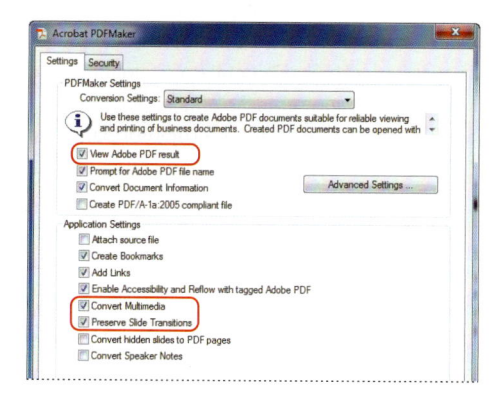

4 Clique em OK.

Podemos incluir notas de áudio e slides ocultos e especificar outras configurações.

5 Clique em Create PDF na faixa do Acrobat (PowerPoint 2007 ou 2010) ou escolha Adobe PDF > Convert to Adobe PDF (versões anteriores). Clique em Save na caixa de diálogo Save Adobe PDF. O Acrobat abre o arquivo PDF após a conversão.

6 No Acrobat, escolha View > Full Screen Mode. A seguir, pressione as teclas de seta para percorrer a apresentação. As transições de Push do slide permanecem no arquivo PDF. Feche o arquivo PDF e o PowerPoint.

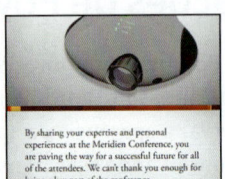

Sobre o Adobe Presenter (Acrobat Suite)

O Adobe Presenter, incluso no Acrobat Suite, é uma adição ao PowerPoint que produz arquivo rich media para apresentações, treinamentos e aulas. As apresentações de slides do Presenter podem incluir vídeos, narração em segundo plano, questionários interativos e outros tipos de conteúdo dinâmico aumentando a atratividade das apresentações. Publicar a apresentação de slides do Presenter em PDF conserva todo o conteúdo da apresentação. Reduz também o tamanho do arquivo e permite que os usuários visualizem a apresentação offline. Os usuários precisam do Adobe Reader 9 ou superior ou o Acrobat 9 ou superior para abrir os PDFs do Presenter.

Converta páginas Web do Internet Explorer

O Acrobat X adiciona um botão e um menu à barra de ferramentas do Internet Explorer 6 (ou posterior) que permite converter a página Web exibida no momento, ou parte de uma página Web, para um arquivo Adobe PDF, converter e imprimir ou converter e enviar por e-mail com uma operação simples. Quando uma página Web convertida para um arquivo Adobe PDF for impressa, ela será reformatada para um tamanho de página de impressão padrão e quebras de página lógicas serão adicionadas. Você pode ter certeza de que a cópia impressa terá todas as informações da página Web exibidas na tela do computador.

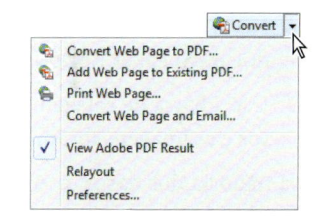

Para obter mais informações sobre a conversão de páginas Web no Internet Explorer, consulte a Lição 3, "Crie arquivos Adobe PDF".

Salve arquivos PDF como documentos do Word

Podemos salvar arquivos PDF como documentos do Word (sejam eles .docx ou .doc), não importa o aplicativo no qual o documento foi gerado. Salvaremos um formulário de registro de orador como um documento de Word.

1. No Acrobat, escolha File > Open. Acesse a pasta Lesson05 e selecione o arquivo Speaker Reg.pdf. Clique em Abrir.

2. Escolha File > Save As > Microsoft Word > Word Document. (Se estiver usando o Word 2003 ou anterior, escolha Word 97-2003 Document, que salva um arquivo .doc.)

3. Na caixa de diálogo Save As, clique em Settings.

4. Na caixa de diálogo Save As DOC Settings ou Save As DOCX Settings, selecione Retain Page Layout. Certifique-se de que as outras opções estejam todas selecionadas. Em seguida, clique em OK.

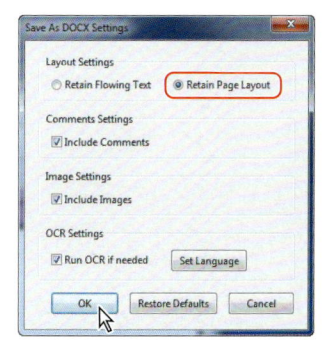

5 Clique em Save para salvar o arquivo.

O Acrobat exibe o status do processo de conversão durante seu andamento. Quando documentos PDF complexos são salvos, a conversão para Word pode levar mais tempo.

6 No Windows Explorer, acesse a pasta Lesson05 e abra o arquivo Speaker Reg.doc ou Speaker Reg.docx no Word.

7 Use a barra de rolagem para percorrer o documento e confirmar que os textos e as imagens foram salvos adequadamente.

Na maioria dos casos, o Acrobat salva os arquivos PDF como documentos do Word com uma integridade impressionante. Porém, dependendo da maneira como o documento é criado, pode ser necessário ajustar o espaçamento ou fazer pequenas correções. Sempre revise cuidadosamente um documento no Word após salvá-lo a partir do Acrobat.

8 Feche o arquivo PDF no Acrobat e o Word.

Extraia tabelas PDF como planilhas do Excel

É possível exportar tabelas de um documento PDF como pastas de trabalho do Excel. Exportaremos uma lista de restaurantes de um documento PDF para um novo arquivo Excel.

1 No Acrobat, escolha File > Open. Acesse a pasta Lesson05 e selecione o arquivo Venues.pdf. Clique em Open.

O documento PDF inclui uma tabela de restaurantes na cidade fictícia de Meridien. Exportaremos essa tabela para um arquivo do Excel.

2 Selecione a ferramenta Selection () na barra de ferramentas Common Tools.

3 Arraste o ponteiro do mouse pela tabela do canto superior esquerdo para o canto inferior direito, para que toda ela seja selecionada.

4 Clique com o botão direito na tabela selecionada e escolha Export Selection As.

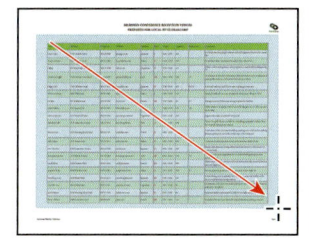

5 Na caixa de diálogo Export Selection, escolha Excel Workbook (*.xlsx) no menu Save As Type. Nomeie o arquivo **Venues.xlsx**. Depois, clique em Save.

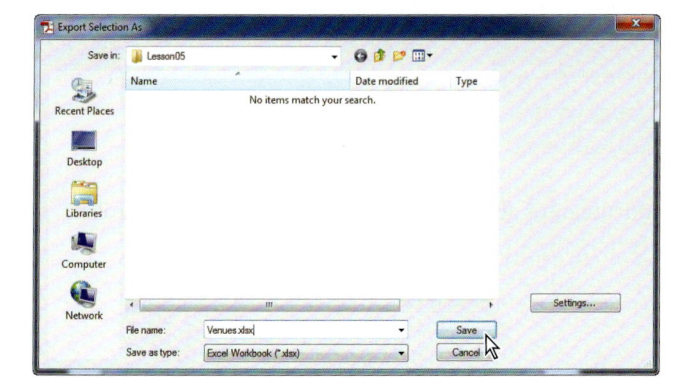

O Acrobat informa o andamento do processo.

6 Quando o Acrobat tiver concluído a exportação do documento, abra o Excel, escolha Arquivo > Abrir, acesse a pasta Lesson05 e abra o arquivo Venues.xlsx. Os arquivos da tabela foram convertidos adequadamente pelo Acrobat.

	A Name	B Address	C Telephone	D Website	E Category
1	Gary's Gari	5793 Oceanic Drive	490 65 8569	garysgari.mer	Japanese
2	Acqua e Farina	3663 Garden Circle	490 32 3880	acquaefarina.mer	Italian
3	Celery	249 West Stalk Road	490 52 4798	celery.mer	Vegeteria
4	Gabel and Loffel	3220 Glenlyon Boulevard	490 46 8997	gabeandloffel.mer	Café
5	Happy Fish	1252 Alabaster Road	490 27 9435	happyfish.mer	Japanese
6	Il Piatto di Pasta	9950 Villa Road	490 32 3880	ilpiatto.mer	Italian
7					

7 Feche todos os documentos abertos, os aplicativos do Office e o Acrobat.

Perguntas de revisão

1 Como podemos saber se os estilos e os títulos do Word serão convertidos para indicadores do Acrobat quando convertemos os documentos do Word em Adobe PDF usando o PDFMaker?

2 Como podemos converter um documento PDF em um documento Word?

3 É possível manter as transições de slides quando salvamos uma apresentação do PowerPoint em PDF?

Respostas

1 Se desejar que os títulos e os estilos do Word sejam convertidos para indicadores no Acrobat, selecione-os para a conversão na caixa de diálogo do Acrobat PDFMaker. No Microsoft Word, clique em Preferences na faixa do Acrobat (escolha Adobe PDF > Change Conversion Settings nas versões anteriores do Word) e clique na guia Bookmarks. Certifique-se de que os títulos e estilos necessários estejam selecionados.

2 Para salvar um arquivo PDF como documento do Word, escolha File > Save As > Microsoft Word > Word Document (ou Word 97-2003 Document).

3 Sim. Para manter as transições de slides, clique em Preferences na faixa do Acrobat (ou escolha Adobe PDF > Change Conversion Settings nas versões anteriores do PowerPoint) e, a seguir, assegure-se de que Preserve Slide Transitions esteja selecionada. O PDFMaker usa essas configurações até que elas sejam alteradas.

6 APERFEIÇOE E EDITE DOCUMENTOS PDF

Visão geral da lição

Nesta lição, você vai aprender a:

- Reorganizar páginas em um documento PDF.
- Girar e excluir páginas.
- Inserir páginas em um documento PDF.
- Editar links e indicadores.
- Renumerar páginas em um documento PDF.
- Inserir vídeo e outros arquivos multimídia em um PDF.
- Copiar textos e imagens de um documento PDF.
- Definir as propriedades do documento e adicionar metadados a um PDF.

Esta lição levará aproximadamente 45 minutos para ser concluída. Copie a pasta Lesson06 para o disco rígido do seu computador, caso ainda não a tenha copiado.

Podemos modificar os documentos PDF reorganizando, recortando, excluindo ou inserindo páginas; editando o texto ou as imagens; ou adicionando arquivos multimídia. O conteúdo também pode ser reutilizado copiando-o para outros usuários.

Examine o arquivo de trabalho

Trabalharemos com materiais para a conferência fictícia Meridien. A apresentação foi criada tanto em meio impresso quanto para a visualização online. Como essa apresentação está em estágio de desenvolvimento, ela contém diversos erros. Usaremos o Acrobat para corrigir os problemas do documento PDF e aperfeiçoá-lo com um arquivo de vídeo.

1 Inicie o Acrobat.

2 Selecione File > Open. Acesse a pasta Lesson06, selecione Conference Guide.pdf e clique em Open. Escolha File > Save As > PDF, renomeio o arquivo como **Conference Guide_final.pdf** e salve-o na pasta Lesson06.

3 Clique no botão Bookmarks ( ) no painel de navegação. O painel Bookmarks é aberto, mostrando vários indicadores criados anteriormente. Eles são links para pontos específicos no documento e podem ser gerados automaticamente a partir de itens dos índices de documentos criados pela maioria dos programas de editoração eletrônica, ou nos títulos formatados em aplicativos como o Microsoft Word. Também é possível criar indicadores no Acrobat. Podemos especificar a aparência dos indicadores e adicionar ações a eles.

4 Use o botão Next Page ( ) para folhear o documento.

Observe que o ícone do indicador que corresponde à página que está sendo exibida é destacado enquanto percorremos as páginas. (Há alguns erros de marcação dos indicadores que corrigiremos mais tarde.)

5 Com a ferramenta Hand ( ) ou Selection ( ), clique no ícone para que o indicador do índice retorne à primeira página da apresentação.

6 No painel do documento, posicione o ponteiro sobre os itens listados sob o conteúdo. Observe que os itens na lista já foram vinculados, ação indicada pela alteração da mão para um dedo indicador.

7 Clique no item Meridien Wi-fi, no painel do documento, para acessar seu link. (Certifique-se de clicar no item no índice, não no indicador no painel Bookmarks.)

Observe que o número da página exibida no painel do documento é 2, embora o número no índice exiba a página como sendo a 4. A página está fora de ordem.

8 Escolha View > Page Navigation > Previous View para retornar ao índice.

Mova páginas com as miniaturas de página

As miniaturas de página oferecem visualizações convenientes para as páginas. Na Lição 2, utilizamos as miniaturas de página para explorar um documento. Agora as usaremos para reorganizar rapidamente as páginas de um documento.

1 Clique no botão Page Thumbnails (🗔) no painel de navegação.

A página Meridien Wi-fi está fora do lugar. De acordo com o índice, ela deveria vir após a página intitulada "What is the City of Meridien Conference?"

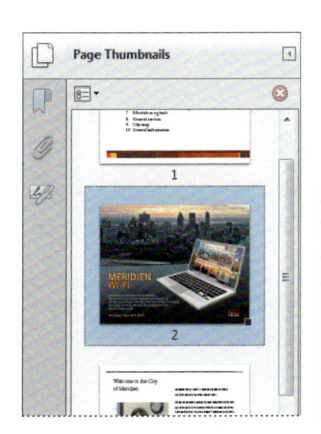

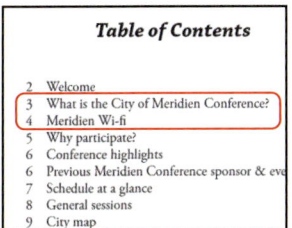

2 Clique na miniatura da página 2 para selecioná-la.

3 Arraste a imagem da miniatura selecionada para baixo até que a barra de inserção seja exibida entre as miniaturas das páginas 4 e 5.

4 Solte o botão para inserir a página em sua nova posição.

A página Meridien Wi-fi agora vem depois da página "What is the City of Meridien Conference?" e antes da página "Why participate?".

5 Para verificar a sequência de páginas, escolha View > Page Navigation > First Page para acessar a primeira página do documento e, a seguir, use o botão Next Page (●) para avançar na apresentação.

6 Quando as páginas estiverem na ordem correta, escolha o painel Page Thumbnails. Depois, escolha File > Save para salvar o trabalho.

Edite páginas do Adobe PDF

Se analisarmos a primeira página da apresentação (página 1 de 13), notaremos que a primeira página, a página Table of Contents, é bem simples. Para tornar a apresentação mais atraente, adicionaremos uma página de rosto, que será girada para corresponder às outras páginas da apresentação.

Insira uma página de outro arquivo

Começaremos inserindo uma página de rosto.

1. Abra o painel Tools e expanda o painel Pages.
2. Na área Insert Page do painel, selecione Insert From File.
3. Acesse a pasta Lesson06 e selecione o arquivo Conference Guide Cover.pdf. Clique em Select.
4. Na caixa de diálogo Insert Pages, escolha Before no menu Location e, a seguir, selecione First na área da página. Depois, clique em OK. Devemos inserir esse arquivo PDF antes das outras páginas do documento.

▶ **Dica:** Se inserirmos uma página maior que as outras páginas do documento, podemos usar a ferramenta Crop para recortar áreas desnecessárias dela. A ferramenta Crop está no painel Pages.

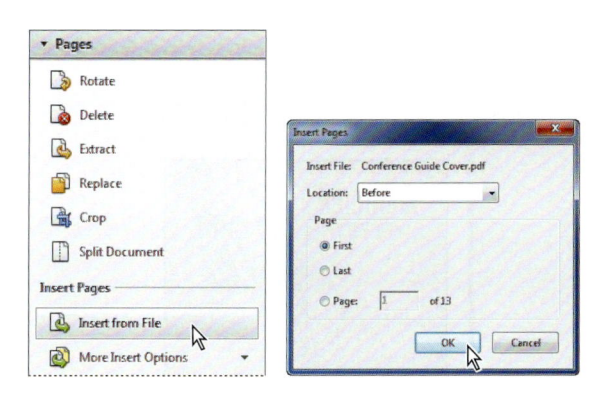

A folha de rosto é exibida como página 1 no documento Conference Guide_final.pdf.

5. Escolha File > Save para salvar o trabalho.

Gire uma página

A folha de rosto foi inserida no documento da conferência, mas com a orientação incorreta. Giraremos a nova página para que corresponda ao resto do documento.

1 No painel Pages, selecione Rotate.

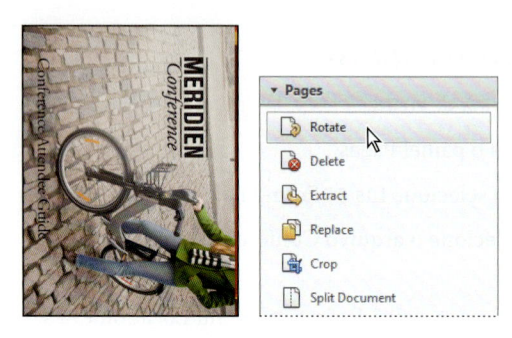

2 No menu Direction, escolha Counterclockwise 90 Degrees.

▶ **Dica:** Se quiser girar todas as páginas em um arquivo para finalidades de visualização, escolha View > Rotate View > Clockwise ou Counterclockwise. Quando o arquivo for fechado, as páginas retornarão à orientação original.

3 Selecione Pages e certifique-se de que a rotação afetará apenas a página 1 a 1. A seguir, clique em OK.

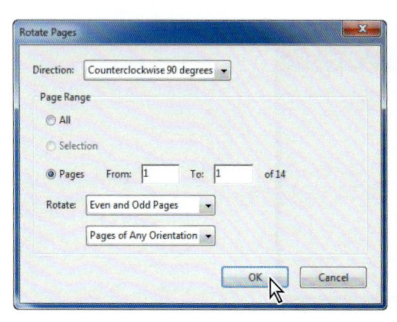

O Acrobat gira a página para que corresponda ao resto do documento. Para garantir que apenas a primeira página tenha sido girada, clique no botão Next Page, na barra de ferramentas Common Tools, para folhear o documento.

Exclua uma página

A última página desse documento não combina muito bem com as outras, por isso, o comitê da conferência decidiu distribuí-la separadamente. Excluiremos essa página do documento.

1 Acesse a última página do documento (página 14).

2 No painel Pages, selecione Delete.

3 Na caixa de diálogo Delete Pages, certifique-se de que From esteja selecionada e que apenas a página 14 seja excluída. Então, clique em OK.

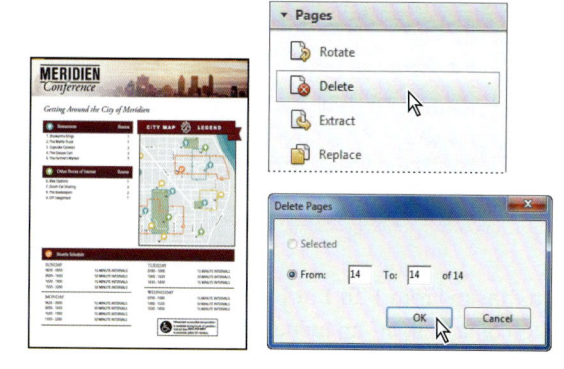

4 Clique em Yes para confirmar que deseja excluir a página 14. A página é excluída do arquivo Conference Guide_final.pdf.

5 Escolha File > Save para salvar o trabalho.

Renumere as páginas

Você deve ter percebido que os números das páginas nas páginas do documento nem sempre correspondem aos números das páginas exibidos sob as miniaturas das páginas e na barra de ferramentas. O Acrobat numera as páginas automaticamente com algarismos arábicos, iniciando com a página 1 para a primeira página no documento, e assim por diante. Porém, é possível alterar a maneira com que o Acrobat numera as páginas. Inseriremos na página de título um algarismo romano, para que a página do índice seja a página 1.

1 Clique no botão Page Thumbnails (), no painel de navegação, para abrir o painel Page Thumbnails.

2 Clique na miniatura da página 1 para acessar a folha de rosto.

Renumeraremos a primeira página do documento, a folha de rosto, usando algarismos romanos em caixa-baixa.

3 Clique no botão de opções no topo do painel Page Thumbnails e escolha Number Pages.

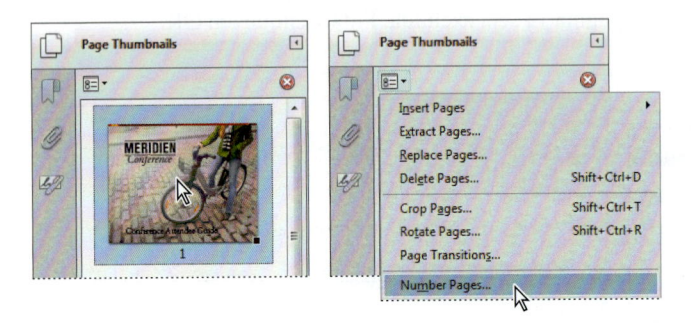

4 Para Pages, selecione From e insira From **1** To **1** of 13. Para Numbering, selecione Begin New Section, escolha "i, ii, iii" no menu Style e insira **1** na caixa de texto Start. Clique em OK.

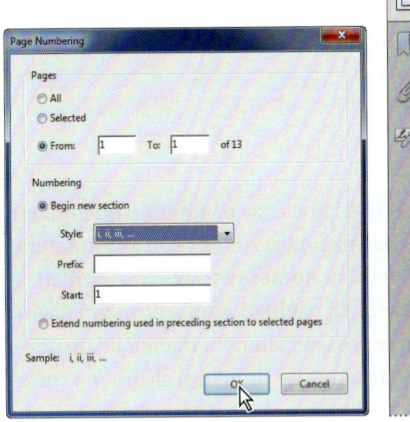

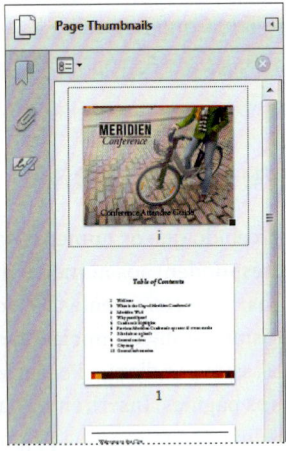

5   Escolha View > Page Navigation > Page. Insira **1** e clique em OK.

Observe que agora o número 1 na caixa de texto do número da página foi atribuído à página de índice do documento.

6   Feche o painel Page Thumbnails.

7   Escolha File > Save para salvar as alterações.

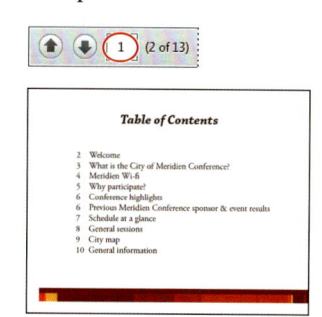

▶ **Dica:** É possível adicionar números de páginas fisicamente às páginas do documento Adobe PDF com o comando Add Headers & Footers. Também é possível adicionar a numeração de Bates.

Edite links

Agora corrigiremos os links inválidos na página de índice e adicionaremos um link ausente.

1   Acesse a página 1, a página do índice, se ainda não estiver nela.

2   Clique nos links de cada item do índice para identificar os problemas. O link para a página 3 e o segundo link para a página 6 indicam páginas incorretas. Não há link para o último item.

Primeiro, corrigiremos os links que indicam páginas incorretas.

3   Abra o painel Content no painel Tools e selecione a ferramenta Link. O Acrobat sublinha os links na página.

▶ **Dica:** Para retornar rapidamente à exibição anterior, use o botão Previous View. Ele pode ser adicionado à barra de ferramentas selecionando View > Show/Hide > Toolbar Items > Page Navigation > Previous View.

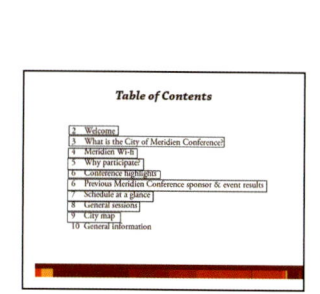

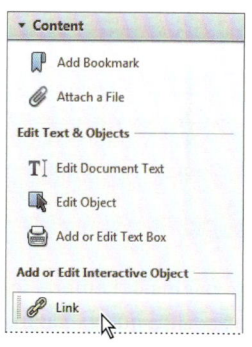

4 Clique duas vezes no link para a página 3, "What is the City of Meridien Conference?".

5 Na caixa de diálogo Link Properties, clique na guia Actions. A ação associada a esse link é acessar a página 3. Clique em Edit.

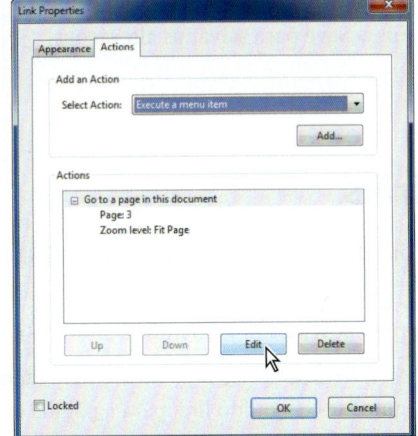

6 Na caixa de diálogo Go To A Page In This Document, selecione Use Page Number e insira **3** na caixa Page. Clique em OK.

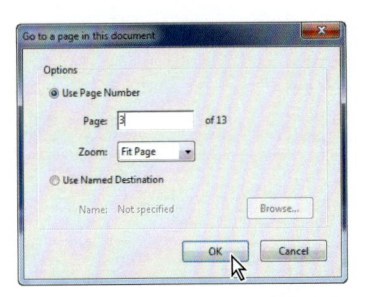

A ação listada agora acessa a página 4. Lembre-se de que renumeramos as páginas, assim, a página 3 na verdade é a quarta página no arquivo PDF.

7 Clique em OK.

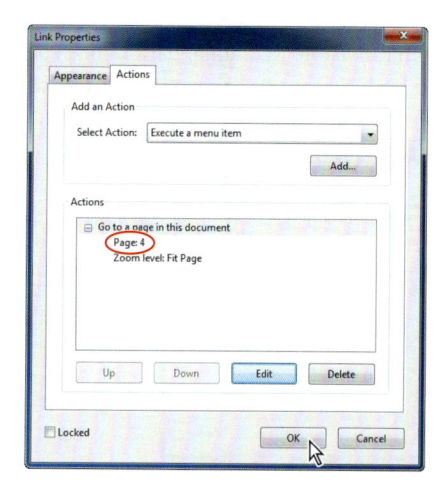

8 Com a ferramenta Selection, clique no link para a página 3. A página adequada é acessada. Retorne à página do índice.

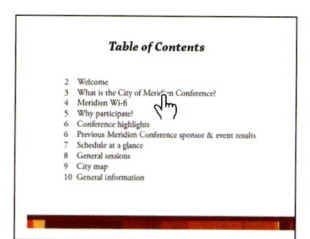

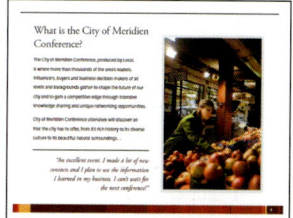

9 Siga os passos 3 a 7 para fazer a mesma alteração no link dos resultados de eventos anteriores, alterando o número da página vinculada para página 6.

Agora criaremos um link para o último item.

10 Acesse a página 1, caso ainda não esteja nela, e selecione a ferramenta Link no painel Content.

11 Arraste a caixa do link ao redor do item final do índice, "10 General information".

12 Na caixa de diálogo Create Link, escolha Invisible Rectangle para Link Type e selecione Go To A Page View na área Link Action. A seguir, clique em Next.

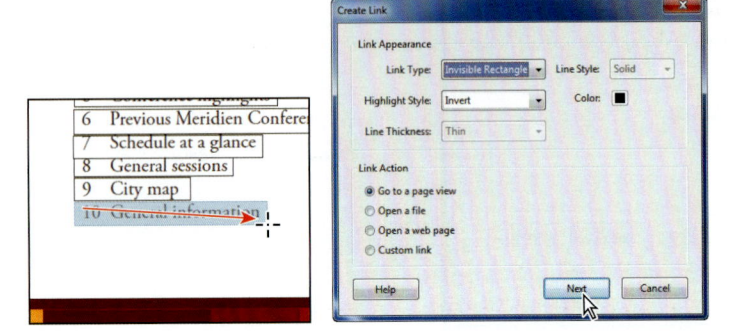

13 Com a barra de rolagem, acesse a página 10. Quando a página General Information for exibida na tela, clique em Set Link. O Acrobat retorna à página do índice.

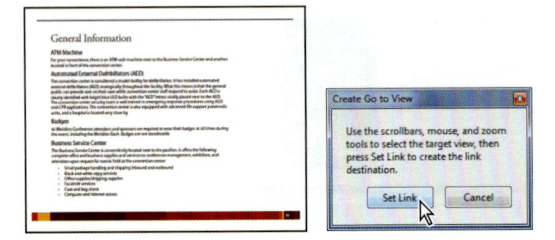

14 Com a ferramenta Selection, clique no link que acabamos de criar para testá-lo.

15 Escolha File > Save para salvar o trabalho.

Trabalhe com indicadores

Um indicador não passa de um link representado por um texto no painel Bookmarks. Embora os indicadores criados automaticamente por muitos programas de editoração em geral sejam vinculados a títulos no texto ou a legendas de figuras, também é possível adicionar nossos próprios indicadores no Acrobat para criar um esboço personalizado de um documento ou para abrir outros documentos.

Além disso, podemos usar indicadores eletrônicos como utilizaríamos marcadores de página, para marcar um lugar em um documento que desejamos destacar ou retornar mais tarde.

Adicione um indicador

Primeiro, adicionaremos um indicador para o segundo tópico na página 6, a seção intitulada "Previous Meridien Conference sponsor and event results".

1 Acesse a página 6 no documento para poder ver os resultados dos eventos.

2 Abra o painel Bookmarks e clique no indicador Conference highlights. O novo indicador será adicionado imediatamente após o indicador selecionado.

3 Clique no botão New Bookmark () no topo do painel Bookmarks. Um novo indicador sem título é criado.

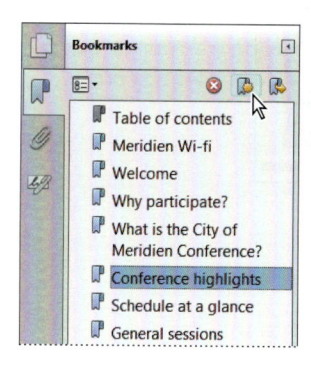

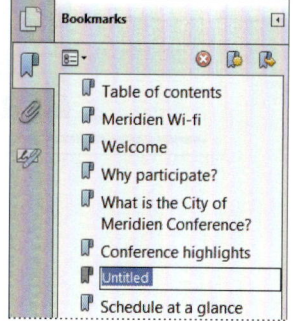

4 Na caixa de texto do novo indicador, digite **Previous conference results**. Pressione Enter ou Return para aceitar o nome.

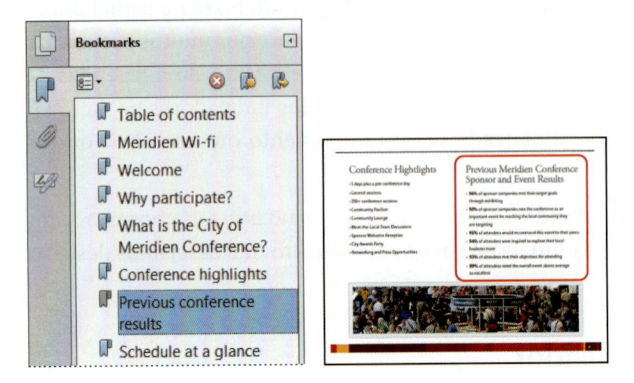

Altere o destino de um indicador

Alguns indicadores estão vinculados às páginas erradas. Alteraremos isso agora.

1 No painel Bookmarks, clique no indicador Why participate? O painel do documento exibe a página "What is the City of Meridien Conference?".

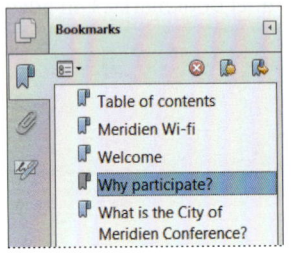

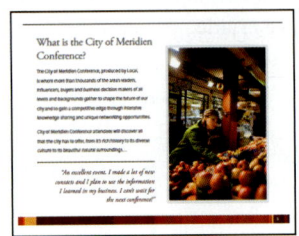

2 Clique no botão Next Page (⊙) duas vezes para acessar a página 5 (6 de 13) do documento, que é a página a que o indicador deve ser vinculado.

3 No menu de opções no topo do painel Bookmarks, escolha Set Bookmark Destination. Clique em Yes na mensagem de confirmação para atualizar o destino do indicador.

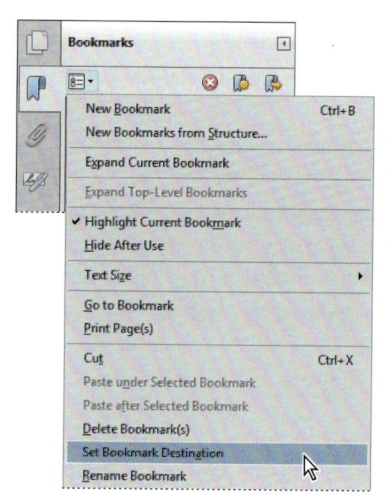

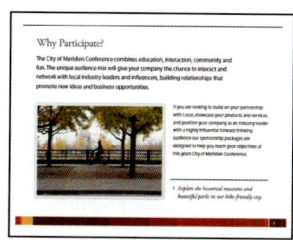

4 Repita o processo para corrigir o destino do indicador "What is the City of Meridien Conference?", que deve ser vinculado à página 3 (4 de 13).

5 Escolha File > Save para salvar o arquivo Conference Guide_final.pdf.

Nomeie indicadores automaticamente

É possível criar, nomear e vincular automaticamente um indicador selecionando o texto no painel do documento.

1 Selecione a ferramenta Selection na barra de ferramentas.

2 Arraste a barra em forma de I para marcar o texto que deseja usar como indicador.

Certifique-se de que a ampliação da página esteja no nível necessário. Qualquer ampliação usada será herdada pelo indicador.

3 Clique no botão New Bookmark no topo do painel Bookmarks. Um novo indicador é criado na lista de indicadores e o texto marcado no painel do documento é usado como o nome do indicador. Por padrão, o novo indicador é vinculado à exibição de página atual mostrada na janela do documento.

Mova os indicadores

Após criar um indicador, podemos arrastá-lo facilmente para o seu lugar adequado no painel Bookmarks. Podemos mover indicadores individuais ou grupos de indicadores para cima e para baixo na lista Bookmarks e podemos também aninhá-los.

Alguns indicadores estão fora de ordem no documento atual. Portanto, os reorganizaremos agora.

1 No painel Bookmarks, arraste o ícone para o indicador Welcome diretamente abaixo do ícone para o indicador Table of contents.

2 Arraste os outros indicadores para que sejam exibidos na mesma ordem que os itens no índice.

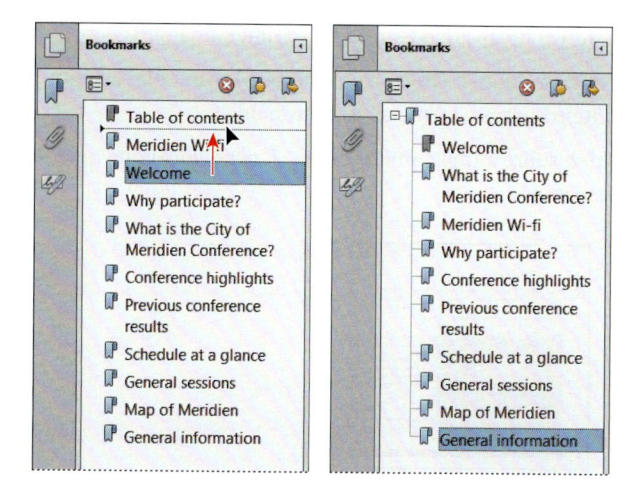

3 Escolha File > Save para salvar o trabalho.

Adicione arquivos de multimídia

Com o Acrobat, é fácil transformar os arquivos PDF em ferramentas de comunicação multidimensionais inserindo vídeo, áudio e animações Flash. Esses componentes multimídia precisam apenas do Acrobat ou do Reader X para serem executados no Windows ou no Mac OS.

Quando adicionamos um arquivo multimídia a um PDF, podemos definir comportamentos de inicialização e outras opções que determinam como o arquivo será exibido e reproduzido no documento PDF. Adicionaremos um vídeo ao documento PDF, definiremos seus comportamentos de inicialização e especificaremos como o pôster será criado.

Adicione um arquivo de vídeo a um arquivo PDF

Com a ferramenta Video no Acrobat, é possível adicionar um arquivo FLV a um PDF de maneira fácil. O arquivo será completamente incorporado ao documento PDF para que qualquer um possa vê-lo usando o Adobe Reader; não é necessário o QuickTime nem o Adobe Flash Player para visualizar vídeos no arquivo PDF.

1 Acesse a página 5 (6 de 13) no arquivo Conference Guide_final.pdf.

2 Abra o painel Content, no painel Tools, e selecione Multimedia; a seguir, escolha Video. O ponteiro se transforma em uma retícula.

3 Arraste a caixa de vídeo sobre a imagem na página. É nesse local que queremos que o vídeo seja exibido.

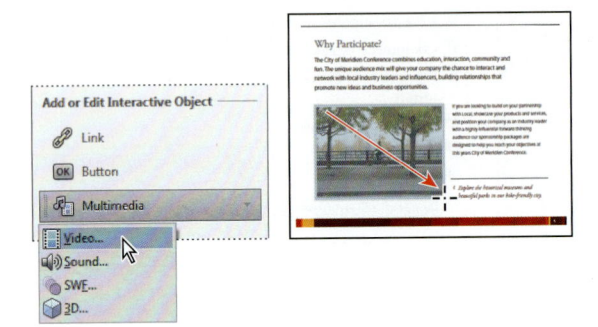

4 Na caixa de diálogo Insert Video, clique em Choose. Acesse a pasta Lesson06 e selecione o arquivo Welcome Video.flv. Clique em Abrir.

5 Selecione Show Advanced Options para expandir a caixa de diálogo Insert Video.

6 Selecione a guia Launch Settings. No menu Enable When, escolha The Content Is Clicked.

7 No menu Disable When, escolha The Page Containing The Content Is Closed. Para Playback Style, escolha Play Content On Page.

8   Na área Poster Image, selecione Retrieve Poster From Media. O pôster é a imagem exibida quando o vídeo não está sendo reproduzido e é a imagem que aparece na impressão da página.

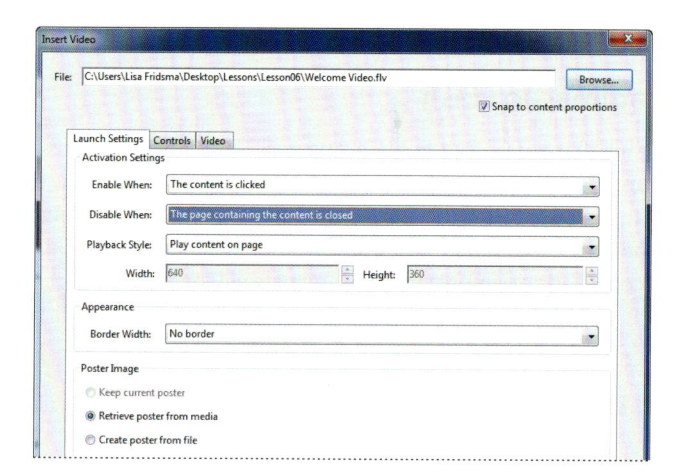

9   Selecione a guia Controls. No menu Skin, escolha Play, Stop, Seek, Mute, and Volume. A skin determina os controles que os leitores usam para interagir com o vídeo e como esses controles são exibidos na página.

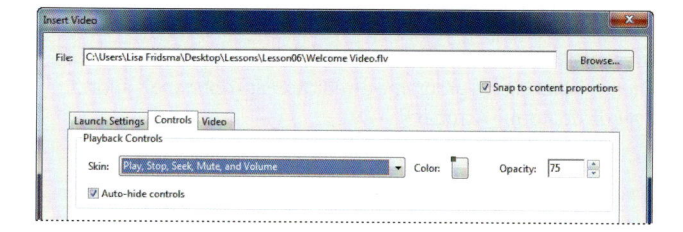

10   Quando estiver satisfeito com as opções escolhidas, clique em OK.

O vídeo é exibido na página, no local no qual a caixa foi posicionada. Se desejar alterar a posição, o tamanho ou o formato da caixa do vídeo, ou ainda as opções de vídeo, selecione a ferramenta Video novamente. Depois arraste novos limites para a caixa do vídeo ou clique duas vezes no vídeo para abrir a caixa de diálogo Edit Video.

11 Clique no botão Play para reproduzir o vídeo. Para alterar o volume ou interromper a reprodução do vídeo, posicione o ponteiro sobre o vídeo até que os controles do vídeo sejam exibidos.

12 Escolha File > Save para salvar o trabalho.

Adicione uma animação Flash

Também é possível adicionar animações Flash (arquivos SWF) aos Adobe PDFs. Para inserir um arquivo SWF, escolha Multimedia > SWF no painel Content e arraste uma caixa na página para inserir a animação. Selecione o arquivo que deseja importar e especifique as configurações de inicialização, incluindo a configuração do pôster, como faria ao importar um arquivo de vídeo.

Configure as apresentações

Geralmente, quando fazemos uma apresentação para um grupo de pessoas, esperamos que o documento ocupe toda a tela, ocultando distrações como barras de menu, barras de ferramentas e outros controles da janela.

Podemos configurar qualquer arquivo PDF para que seja exibido no modo Full Screen, sendo possível definir diversos efeitos de transição para serem reproduzidos enquanto avançamos pelas páginas. É possível, inclusive, definir a velocidade com que as páginas são "viradas". Além disso, podemos converter apresentações preparadas em outros programas, como o PowerPoint, para Adobe PDF, conservando muitos dos efeitos especiais do programa de edição. Para obter mais informações, consulte a ajuda do Adobe Acrobat X.

Edite textos

Embora obviamente não desejemos reconsiderar parágrafos inteiros, é possível fazer edições de texto simples nos documentos PDF no Acrobat. Podemos editar o próprio texto e fazer alterações aos atributos do texto, como o espaçamento, o tamanho do ponto e as cores. Podemos inserir ou substituir o texto se a fonte usada para ele estiver instalada no sistema; se a fonte estiver incorporada ou um subconjunto tiver sido incluído no PDF, é possível alterar os atributos do texto.

Você deve ter notado alguns erros de digitação ou outros erros grosseiros no guia da conferência. Faremos algumas correções ao texto.

1 Vá para a página 6 (7 de 13); o título "Conference Highlights" tem uma letra a mais.

2 Abra o painel Content no painel Tools e selecione a ferramenta Edit Document Text. O Acrobat carrega as fontes do sistema, o que pode levar algum tempo.

▶ **Dica:** Há outros erros no documento, incluindo alguns apóstrofos que não deveriam estar ali. Se desejar praticar mais a edição de texto, também é possível fazer alterações em outras páginas.

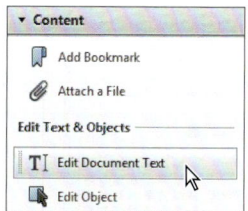

3 Selecione a palavra "Hightlights".

4 Digite **Highlights** e clique em outro lugar na página para desmarcar o texto.

5 Acesse a página 1 (2 de 13), a página de índice. Para mudarmos um pouco mais o texto, alteraremos a cor do título.

6 Selecione a ferramenta Edit Document Text novamente e, a seguir, selecione o título "Table of Contents".

7 Clique com o botão direito (Windows) ou segurando Control (Mac OS) no texto e escolha Properties.

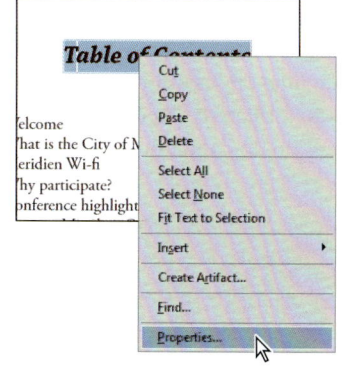

8   Na caixa de diálogo TouchUp Properties, clique na guia Text.

9   Clique na caixa Fill color e depois em Other Color.

10 Na caixa de diálogo, selecione uma cor que combina com alguma cor da barra na parte inferior da página. (Escolhemos vermelho escuro.) Clique em OK e, a seguir, em Close para efetuar a alteração.

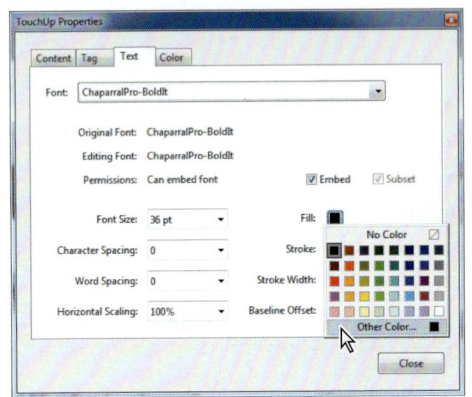

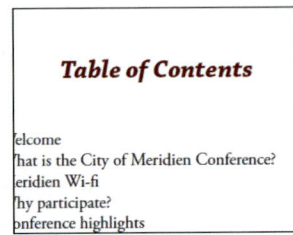

11 Escolha File > Save para salvar o trabalho.

Copie textos e imagens de um arquivo PDF

● **Nota:** É possível salvar um arquivo PDF como um documento do Microsoft Word. Para obter mais informações, consulte a Lição 5, "Use o Acrobat com arquivos do Microsoft Office (Windows)".

Mesmo que não tenhamos mais acesso ao arquivo de origem de um documento PDF, podemos reutilizar o texto e as imagens em outros aplicativos. Por exemplo, se for necessário adicionar texto ou imagens a uma página Web, podemos copiar o texto do arquivo PDF no formato rich text (RTF) ou como um texto acessível a fim de que seja possível importá-lo para um aplicativo de editoração diferente para a reutilização. Podemos salvar as imagens em um arquivo no formato JPEG, TIF ou PNG.

Se desejarmos reutilizar apenas pequenas partes do texto ou uma ou duas imagens, devemos copiá-las para a área de trabalho ou para um arquivo de formato de imagem usando a ferramenta Selection. (Se os comandos Copy, Cut e Paste não estiverem disponíveis, o criador do PDF pode ter definido restrições sobre a edição do conteúdo do documento.)

Uma diretora de marketing pediu para usar o texto do guia da conferência em uma campanha por e-mail. Copiaremos o texto para ela.

1. Vá para a página 3 (4 de 13) e selecione a ferramenta Selection (I) na barra de ferramentas Common Tools.

2. Posicione o ponteiro sobre o texto da página. Observe que o ponteiro se altera quando está no modo de seleção de texto.

3. Arraste a ferramenta Selection sobre o cabeçalho e os dois parágrafos para selecionar o texto.

4. Clique com o botão direito ou segurando Control e escolha Copy With Formatting, que conservará o layout da coluna.

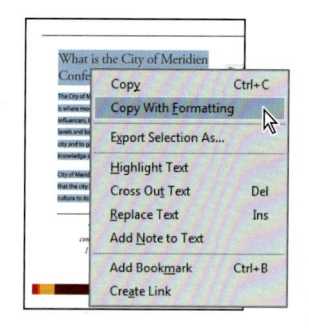

● **Nota:** Se não for possível selecionar o texto em um arquivo PDF, talvez ele faça parte da imagem. Podemos converter a imagem do texto em texto, que poderá ser selecionado no painel Recognize Text. Para obter mais informações sobre o reconhecimento de texto, consulte a Lição 3.

5. Minimize a janela do Acrobat, abra um novo documento ou um existente em um aplicativo de edição, como um editor de texto ou o Microsoft Word, e escolha Edit > Paste.

O texto é copiado para o documento no aplicativo de edição. Podemos editar e formatar o texto como quisermos. Se uma fonte copiada de um documento PDF não estiver disponível no sistema que exibe o texto copiado, o Acrobat substitui a fonte.

Podemos copiar imagens individuais para que sejam utilizadas em outro aplicativo usando a ferramenta Snapshot.

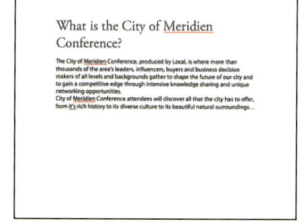

6. No painel do documento do Acrobat, clique fora de qualquer texto selecionado para desmarcá-lo.

7 Escolha Edit > Take A Snapshot.

A ferramenta Snapshot permite que textos e imagens sejam copiados. Porém, a imagem resultante fica no formato bitmap, e o texto copiado não pode ser editado.

8 Arraste para selecionar a imagem da mulher escolhendo a fruta. A imagem é copiada para a área de transferência. Clique em OK para fechar a caixa de mensagem.

Clicando em qualquer lugar na página em vez de arrastar uma marcação com a ferramenta Snapshot selecionada, toda a página é copiada para a área de transferência.

● **Nota:** É possível exportar todas as imagens em um arquivo PDF para o formato JPEG, PNG, TIFF ou JPEG2000 selecionando Export All Images no painel Document Processing. Cada imagem é salva em um arquivo separado.

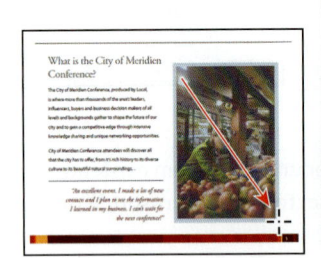

9 Escolha File > Create > PDF From Clipboard. O Acrobat cola a imagem no novo arquivo PDF.

10 Feche todos os documentos abertos em outros aplicativos e o novo arquivo PDF, que não precisará ser salvo. Deixe Conference Guide_final.pdf aberto.

Edite imagens e outros objetos

No Acrobat Pro, podemos usar a ferramenta Edit Object para fazer correções de última hora a imagens e objetos em um documento Adobe PDF. Para revisões mais abrangentes, devemos usar o aplicativo de edição original e gerar o documento PDF novamente.

Podemos usar o menu de contexto da ferramenta Edit Object para realizar algumas tarefas de edição em imagens sem iniciar um aplicativo de edição externo. Para abrir o menu de contexto, clique com o botão direito (Windows) ou segurando Control (Mac OS) no texto usando a ferramenta TouchUp Object, com a qual podemos alterar a maneira como o documento é redisposto e afeta a acessibilidade. Por exemplo, alterar o local de um objeto impacta a ordem na qual esse objeto (ou seu texto alternativo) é lido pelo leitor de tela.

Para editar uma imagem ou objeto com a ferramenta Edit Object, selecione Edit Object no painel Content. A seguir, selecione o objeto e clique com o botão direito (Windows) ou segurando Control (Mac OS) no objeto e escolha um comando.

- Delete Clip: exclui os objetos que cortam o objeto selecionado. Por exemplo, se redimensionarmos o texto e os caracteres resultantes forem cortados, selecionar essa opção mostra os caracteres completos.
- Create Artifact: remove o objeto da ordem de leitura para que não seja lido pelo leitor de tela nem pelo comando Read Out Loud.
- Edit Image: exibido quando uma imagem bitmap é selecionada, abre um programa de edição como o Adobe Photoshop.
- Edit Object: exibido quando um objeto vetorial é selecionado, abre um programa de edição como o Adobe Illustrator.
- Properties: permite a edição das propriedades para o conteúdo, marcação e texto, como adicionar o texto alternativo (Alt text) a uma imagem para torná-la acessível.

Defina os metadados e as propriedades de documentos

Estamos quase terminando o trabalho com esse guia da conferência. Para concluir, configuraremos a exibição inicial, que determina aquilo que as pessoas veem quando abrem o arquivo pela primeira vez, e adicionaremos metadados ao documento.

1 Escolha File > Properties.

2 Na caixa de diálogo Document Properties, clique na guia Initial View.

3 No menu Navigation Tab, escolha Bookmarks Panel And Page. Quando o visualizador abrir o arquivo, tanto a página quanto os indicadores ficarão visíveis.

4 Selecione a guia Description.

O autor do documento já inseriu alguns metadados para o arquivo, incluindo algumas palavras-chave. Os metadados são informações sobre o próprio documento que podem ser usadas para a pesquisa de documentos. Adicionaremos algumas palavras-chave.

5 No campo Keywords, após as palavras-chave existentes, digite: **map; vendors**. As palavras-chave devem ser separadas por "," ou ";".

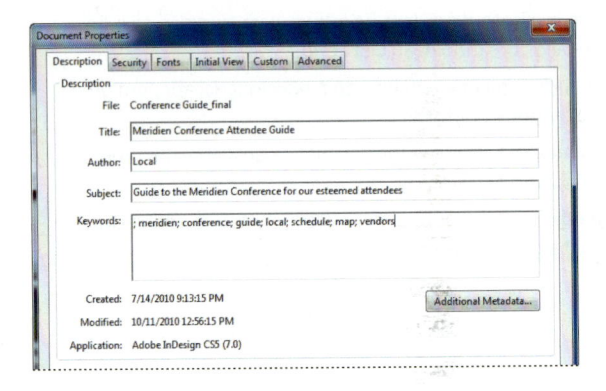

6 Clique em OK para aceitar as alterações feitas à caixa de diálogo Document Properties.

7 Escolha File > Save para salvar o trabalho e, a seguir, feche todos os arquivos abertos e saia do Acrobat.

Perguntas de revisão

1 Como podemos alterar a ordem das páginas em um documento PDF?
2 Como inserimos um arquivo PDF inteiro em outro arquivo PDF?
3 Como inserimos um arquivo de vídeo em um documento PDF?
4 Que tipos de atributos de texto podemos alterar no Acrobat?
5 Como copiamos texto de um arquivo PDF?

Respostas

1 Podemos alterar a ordem das páginas selecionando as miniaturas das páginas correspondentes às páginas que serão movidas e arrastando-as para suas novas posições no painel Page Thumbnails.
2 Para inserir todas as páginas de um arquivo PDF antes ou depois de qualquer página em outro arquivo PDF, selecione Insert From File no painel Page e, depois, o arquivo que será inserido.
3 Para inserir um arquivo de vídeo, escolha Multimedia > Video no painel Content e crie uma caixa de vídeo na página. Selecione o arquivo que será inserido e especifique suas configurações, como quando ele deve ser reproduzido e como os usuários acessarão seus controles.
4 Podemos usar a ferramenta Edit Document Text para alterar a formatação do texto (fonte, tamanho, cor, espaçamento e alinhamento) ou o texto em si.
5 Se estivermos copiando algumas palavras ou frases, devemos utilizar a ferramenta Selection para copiar e colar o texto em outro aplicativo.

7 COMBINE ARQUIVOS EM PDF PORTFOLIOS

Visão geral da lição

Nesta lição, você vai aprender a:

- Combinar rápida e facilmente arquivos de diferentes tipos em um PDF Portfolio (apenas no Acrobat Pro).
- Personalizar a aparência de um PDF Portfolio.
- Compartilhar um PDF Portfolio.
- Pesquisar um PDF Portfolio.
- Modificar um PDF Portfolio existente.
- Combinar arquivos em um único arquivo PDF sem criar um PDF Portfolio.

Esta lição levará aproximadamente 45 minutos para ser concluída. Copie a pasta Lesson07 para o disco rígido do seu computador, caso ainda não a tenha copiado.

Um PDF Portfolio une vários documentos, PDF ou outros formatos, em um documento padronizado. É possível personalizar a forma como os documentos são apresentados aos usuários.

Sobre os PDF Portfolios

No Acrobat X Pro, podemos reunir vários arquivos em um PDF Portfolio integrado. É possível combinar arquivos de diferentes formatos, criados em diferentes aplicativos, sem convertê-los em PDF. Por exemplo, podemos reunir vários documentos para um projeto específico, incluindo documentos de texto, mensagens de e-mail, planilhas, desenhos CAD e apresentações em PowerPoint. Os arquivos originais mantêm suas identidades individuais, mas ainda farão parte do arquivo do PDF Portfolio. Cada arquivo do componente pode ser aberto, lido, editado e formatado sem influenciar os outros documentos no PDF Portfolio.

Os PDF Portfolios oferecem várias vantagens em relação a arquivos fundidos em um arquivo PDF comum:

- Podemos adicionar e remover documentos componentes com facilidade.
- Podemos visualizar rapidamente arquivos componentes sem precisar pausar para utilizar as caixas de diálogo Open ou Save.
- Podemos editar os arquivos individuais dentro do PDF Portfolio sem afetar os outros arquivos. Podemos também editar arquivos que não são PDFs em seus aplicativos de origem dentro de um PDF Portfolio; todas as alterações feitas são salvas no arquivo dentro do PDF Portfolio.
- Podemos compartilhar o PDF Portfolio com outras pessoas, sabendo que elas receberão todos os componentes.
- Podemos organizar os arquivos componentes por categorias personalizáveis.
- Podemos imprimir um, todos ou uma combinação de componentes no PDF Portfolio.
- Podemos pesquisar documentos componentes individuais ou todo o PDF Portfolio, incluindo arquivos componentes que não são PDFs.
- Podemos adicionar arquivos não PDF a um PDF Portfolio sem convertê-los em PDF.
- Podemos fazer alterações aos arquivos componentes sem afetar os arquivos originais, sendo que os arquivos de origem de um PDF Portfolio não são alterados quando criamos o arquivo PDF.

Crie um PDF Portfolio

Nesta lição, criaremos um PDF Portfolio de documentos para a reunião do conselho de uma empresa de bebidas fictícia. O PDF Portfolio incluirá uma planilha do Microsoft Excel, um documento do Microsoft Word, uma apresentação em PowerPoint e vários arquivos PDF. Posteriormente, personalizaremos o PDF Portfolio com um cabeçalho e a logomarca da empresa.

1 Inicie o Acrobat Pro.

2 Na tela de boas-vindas, clique em Create PDF Portfolio.

A caixa de diálogo Create PDF Portfolio é exibida.

3 Selecione Linear como layout do Portfolio.

O Acrobat Pro exibe uma visualização e a descrição do layout selecionado. O layout Linear apresenta os documentos na ordem definida. Você pode selecionar outros layouts para ver como eles apresentam os documentos e, depois, selecionar Linear novamente.

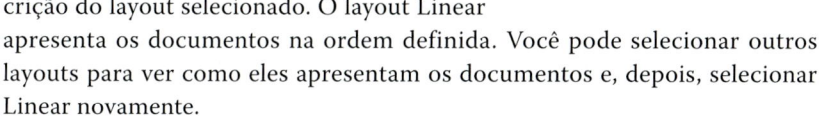

4 Clique em Add Files no fim da caixa de diálogo.

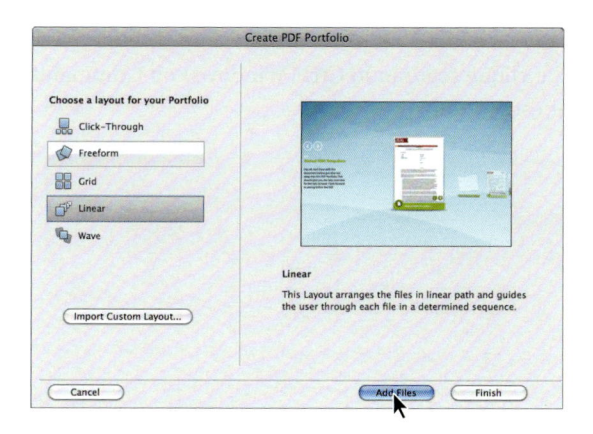

5 Acesse a pasta Lesson07.

Ela contém uma planilha de Excel, uma apresentação em PowerPoint, um documento do Word e vários arquivos PDF.

6 Selecione o arquivo Aquo_Bottle.pdf e clique em Open (Windows) ou Finish (Mac OS).

O Acrobat cria e abre o arquivo Portfolio1.pdf, com o arquivo Aquo_Bottle.pdf centralizado na janela.

A janela do Acrobat é alterada para exibir as opções específicas para a utilização de PDF Portfolios.

7 Clique em Add Files, no painel Add Content do painel Layout, à direita da janela do aplicativo.

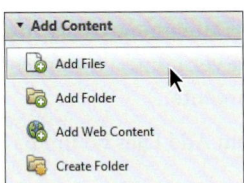

8 Acesse a pasta Lesson07 e clique segurando Ctrl (Windows) ou Command (Mac OS) para selecionar estes arquivos:

- Aquo_Building.pdf
- Aquo_Costs.pdf
- Aquo_Fin_Ana.xls
- Aquo_Fin_Data.pptx
- Aquo_Mkt_Summ.doc
- Aquo_Overview.pdf

9 Clique em Open para adicionar os arquivos selecionados ao PDF Portfolio.

Quando adicionamos um arquivo a um PDF Portfolio, uma cópia do documento original é incluída no arquivo PDF.

Alguns formatos de arquivo, como o TIFF, são suportados originalmente pelo Acrobat e pelo Reader. No entanto, para visualizar os arquivos em alguns outros formatos, é preciso ter um aplicativo que suporta o formato instalado. Os formatos que necessitam de aplicativos de suporte dependem do sistema operacional utilizado pelo usuário. Por exemplo, se incluirmos uma apresentação em PowerPoint no portfólio, um leitor usando o Windows XP deve ter o PowerPoint instalado para vê-lo, mas um leitor com o Windows Vista pode visualizar a apresentação sem precisar ter o PowerPoint instalado.

Organize os arquivos em pastas

Podemos adicionar uma pasta inteira a um PDF Portfolio ou combinar arquivos existentes em uma nova pasta. Criaremos uma pasta para os dados financeiros.

1 Selecione Create Folder no painel Add Content.

2 Dê à nova pasta o nome **Financial data** e clique em OK.

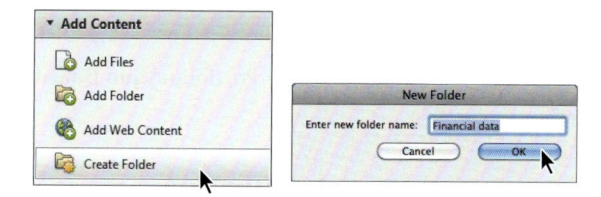

3 Clique em Details para abrir o painel Details. O Acrobat exibe os arquivos do PDF Portfolio no formato de uma tabela para que possamos visualizar cada arquivo, em ordem, com suas propriedades.

4 Arraste os arquivos Aquo_Fin_Ana.xls e Aquo_Fin_Data.pptx para a nova pasta.

▶ **Dica:** Ao visualizar um PDF Portfolio, clique duas vezes em um componente para visualizá-lo; a seguir, clique em Open File no canto superior direito para abrir o arquivo em si.

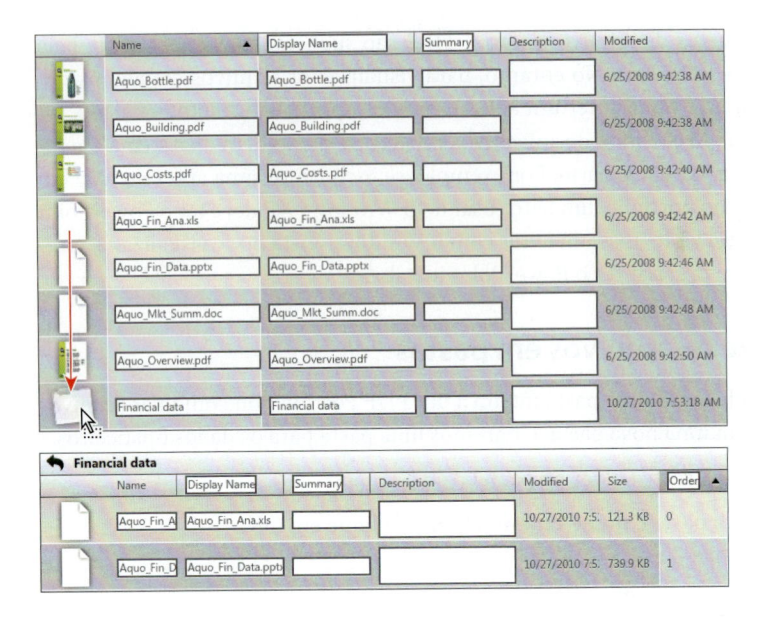

5 Escolha File > Save As > PDF Portfolio. Nomeie o PDF Portfolio **Aquo Board Meeting** e clique em Save.

Adicione descrições aos arquivos componentes

Podemos adicionar descrições aos arquivos e pastas no PDF Portfolio para ajudar os leitores a encontrar os arquivos que desejam.

1 Clique na coluna Description da pasta Financial data para criar um ponto de inserção.

2 Digite **Financial analysis spreadsheet and financial presentation** na caixa de descrição.

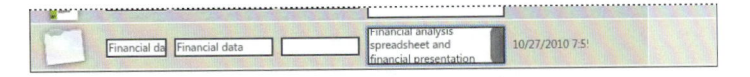

Moveremos a pasta para o topo da lista a fim de que ela seja exibida primeiro no PDF Portfolio.

3 Arraste a pasta Financial data para o topo da lista.

4 Clique em Layout para visualizar o PDF Portfolio em um layout Linear novamente.

5 Clique no botão de informações (ⓘ) ao lado do nome da pasta. O Acrobat Pro exibe as informações sobre a pasta, incluindo sua descrição.

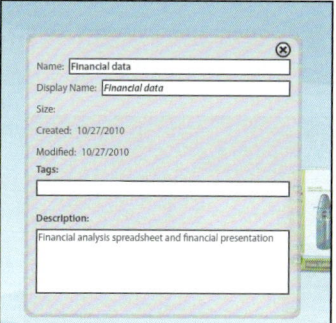

6 Feche a caixa de informações e retorne ao layout principal.

Personalize o PDF Portfolio

▶ **Dica:** Para editar um PDF Portfolio existente, abra-o e clique em Edit, na barra de ferramentas PDF Portfolio.

O Acrobat Pro oferece várias opções para a personalização da aparência do PDF Portfolio. Escolheremos um layout e selecionaremos um esquema de cores para criar um documento com aparência mais profissional. Também adicionaremos um cabeçalho com a logomarca da empresa para finalizar o visual.

Selecione um layout

O Acrobat X Pro incluiu várias opções de layout para os PDF Portfolios. Os layouts determinam como os documentos componentes são exibidos na página inicial do PDF Portfolio e como o leitor navega pelo conteúdo. Por padrão, o layout Click-Through é aplicado. Selecionamos o layout Linear quando criamos o PDF Portfolio, mas podemos mudar de ideia a qualquer momento. Visualizaremos os layouts disponíveis e escolheremos um para esse PDF Portfolio.

1 Selecione Click-Through no painel Portfolio Layouts.

No layout Click-Through, os documentos são exibidos um de cada vez, em ordem, com um mininavegador na parte inferior da tela, que permite a seleção de qualquer documento.

2 Clique em Preview no topo da janela do aplicativo para ver como o layout é exibido para alguém que estiver visualizando o PDF Portfolio. Use as setas para navegar entre os documentos.

3 Clique em Edit na barra de ferramentas PDF Portfolio, no topo da janela, para retornar ao modo de edição.

4 Selecione cada um dos outros layouts clicando em Preview para ver como eles exibem os documentos no PDF Portfolio.

5 Selecione Grid como o layout para esse projeto. No layout Grid, todos os documentos ficam visíveis em uma grade.

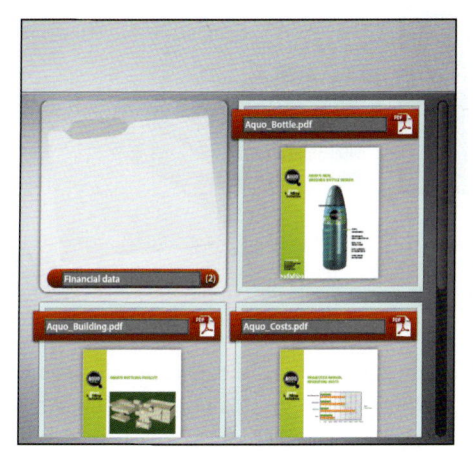

Selecione um tema visual

Podemos personalizar ainda mais um PDF Portfolio selecionando as cores que serão utilizadas para o texto, o segundo plano e os cartões que exibem os dados componentes. Selecionaremos um tema adequado ao pacote da reunião do conselho.

1 Abra o painel Visual Themes. Modern é selecionado por padrão.

2 Selecione cada tema para ver como ele altera o visual do PDF Portfolio.

3 Selecione Tech Office para esse PDF Portfolio.

4 Abra o painel Color Palettes. Clique em cada paleta para visualizá-la aplicada ao PDF Portfolio. Selecione aquela de que mais gostar. Selecionamos o primeiro.

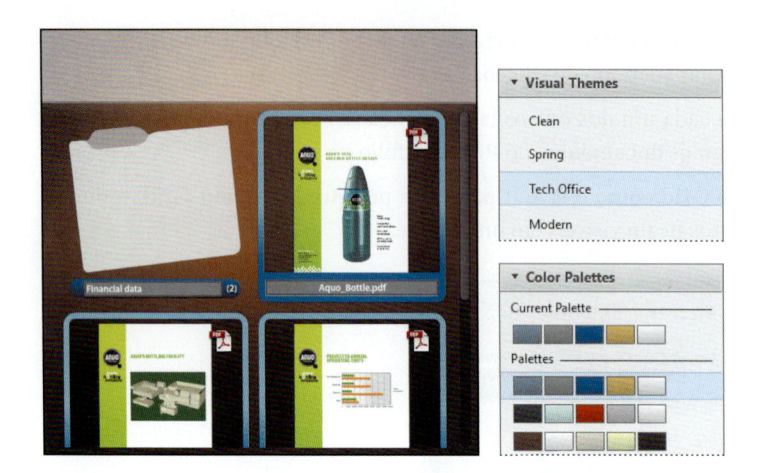

5 Escolha File > Save Portfolio.

Adicione um cabeçalho

Também é possível adicionar um cabeçalho ao PDF Portfolio. O cabeçalho é exibido no topo do layout. Podemos incluir texto e um gráfico no cabeçalho. Adicionaremos a logomarca da empresa e o tipo e a data da reunião no cabeçalho.

1 Clique na área vazia no topo do PDF Portfolio. O painel Header Properties é exibido na base do painel Layout.

2 No menu Templates, escolha Text And Image.

Há vários modelos de cabeçalho, incluindo diferentes configurações de texto e gráficos.

3 Clique em Add Image na área Header Items do painel Header Properties.

4 Acesse a pasta Lesson07, selecione o arquivo Logo.gif e clique em Open. A logomarca é inserida no canto superior esquerdo do PDF Portfolio.

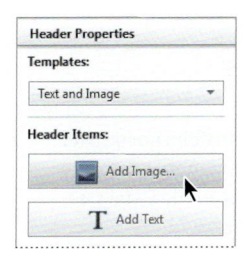

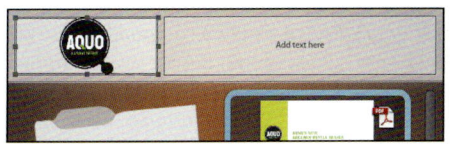

5 Clique duas vezes no painel Add Text Here à direita do cabeçalho.
6 Digite **Aquo Board of Directors**.
7 Pressione Enter ou Return e digite **July 12, 2011**.
8 Selecione "Aquo Board of Directors". No painel Textfield Properties, altere o tamanho da fonte para 22 e clique no botão Bold. A seguir, no seletor de cores, selecione branco como a cor do texto.

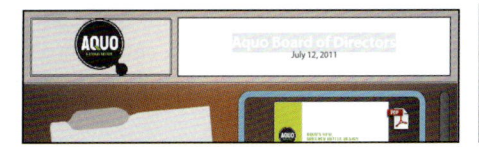

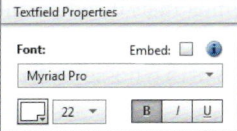

9 Selecione "July 12, 2011", aumente o tamanho da fonte para 18 pontos, clique no botão Italic e selecione branco como a cor do texto.
10 Clique em Preview para ver o cabeçalho no topo do PDF Portfolio.

11 Escolha File > Save Portfolio para salvar o arquivo.

> ### Visualize os detalhes do arquivo
>
> A exibição File Details lista os arquivos componentes do PDF Portfolio no formato de uma tabela, com colunas como descrições do arquivo, tamanho e datas de modificação. Para personalizar as colunas exibidas na visualização File Details, selecione as colunas no painel Details dentro do modo de edição.

Compartilhe o PDF Portfolio

● **Nota:** Os destinatários devem ter uma Adobe ID (disponível gratuitamente) para transferir o arquivo de Acrobat.com. Para obter detalhes sobre a transferência de um arquivo PDF Portfolio para o Acrobat.com, consulte a ajuda do Adobe Acrobat X.

Um PDF Portfolio é um arquivo PDF, sendo assim, ele pode ser compartilhado da mesma maneira que qualquer outro arquivo PDF. Podemos simplesmente salvar o arquivo e transferi-lo para um destinatário por e-mail, em uma mídia removível, como um CD ou DVD, ou carregá-lo em um servidor ou site. Porém, o Acrobat facilita ainda mais o compartilhamento de PDF Portfolios por e-mail ou no Acrobat.com, um serviço seguro baseado na Internet. Nesta lição, enviaremos o PDF Portfolio para o nosso endereço de e-mail.

1 Clique em Share para abrir o painel Share.

2 No painel Share, escolha Attach To Email.

3 Verifique se o arquivo Aquo Board Meeting.pdf está listado como o arquivo a ser enviado.

4 Clique em Attach. O aplicativo de e-mail padrão do sistema é aberto, com a nova mensagem aberta. O arquivo PDF Portfolio é inserido como um anexo.

5 Digite o seu endereço de e-mail na linha Para e adicione uma breve mensagem e uma linha de assunto.

6 Envie a mensagem.

Pesquise em um PDF Portfolio

Podemos pesquisar palavras específicas em todos os componentes de um PDF Portfolio, mesmo aqueles que não são arquivos PDF. Pesquisaremos uma citação de uma pessoa determinada.

1 Clique na caixa Search, à direita da barra de ferramentas PDF Portfolio.

2 Digite **Schneider** para encontrar uma citação feita pelo vice-presidente da empresa.

3 Clique no ícone do binóculo (🔍).

Os resultados da pesquisa são exibidos abaixo da caixa de pesquisa.

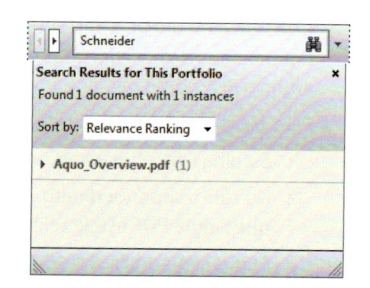

4 Clique no documento listado para expandi-lo; a seguir, clique na instância que inclui o nome "Schneider" para abrir o documento e marcar a palavra.

5 Feche o PDF Portfolio e todos os outros arquivos abertos.

● **Nota:** O Acrobat pode pesquisar qualquer documento em um PDF Portfolio, desde que ele possa acessar o documento no computador. Caso o componente do PDF Portfolio não possa ser visualizado por falta de suporte ao aplicativo instalado, o componente também não poderá ser pesquisado.

Combine arquivos em um único PDF

Algumas vezes pode ser necessário combinar arquivos em um único arquivo PDF sem criar um PDF Portfolio. Em um arquivo PDF único (Single PDF), todos os documentos são convertidos em arquivos PDF e depois fundidos em um único arquivo PDF como páginas em sequência.

Para criar um arquivo Single PDF:

1. Escolha File > Create > Combine Files Into A Single PDF.
2. No canto superior direito da caixa de diálogo Combine Files, certifique-se de que Single PDF esteja selecionada.
3. Clique em Add Files e selecione Add Files ou Add Folders.
4. Selecione os arquivos ou pastas que deseja incluir e clique em Open (Windows) ou Add Files ou Add Folders (Mac OS).
5. Organize os arquivos na ordem na qual eles devem ser exibidos no arquivo PDF fundido. Para reposicionar um arquivo, selecione-o e clique em Move Up ou Move Down ou arraste-o para a posição desejada.
6. Se for incluir apenas algumas páginas de um documento, selecione o arquivo e clique em Choose Pages. A seguir, selecione as páginas que deseja incluir.
7. Clique em Options para especificar as configurações de conversão, incluindo se indicadores serão adicionados ou se os recursos de acessibilidade serão ativados.
8. Especifique um tamanho de arquivo clicando no ícone de uma página.

A opção Small File Size usa as configurações de compressão e resolução adequadas para a exibição na tela do computador. A opção Default File Size cria arquivos PDF para a impressão comercial e a visualização na tela. A opção Larger File Size usa configurações de conversão High Quality Print.

9. Clique em Combine Files.

A caixa de diálogo de status exibe o andamento das conversões dos arquivos. Alguns aplicativos de origem podem ser abertos e fechados automaticamente durante o processo.

Perguntas de revisão

1 Cite três vantagens da criação de um PDF Portfolio.
2 É necessário converter os documentos em PDF para incluí-los em um PDF Portfolio?
3 Como podemos editar um PDF Portfolio existente?
4 Verdadeiro ou falso: podemos pesquisar todos os documentos em um PDF Portfolio, até mesmo componentes que não são PDF.

Respostas

1 Os PDF Portfolios apresentam as seguintes vantagens:
   - Podemos adicionar e remover documentos componentes com facilidade, incluindo arquivos que não são PDFs.
   - Podemos visualizar os arquivos componentes rapidamente.
   - Podemos editar arquivos individuais dentro do PDF Portfolio independentemente.
   - Os PDF Portfolios contêm todos seus componentes, para que possam ser compartilhados facilmente.
   - Podemos classificar os arquivos componentes por categoria e organizá-los na ordem que quisermos.
   - Podemos imprimir um, todos ou uma combinação de componentes no PDF Portfolio.
   - Podemos pesquisar todo o PDF Portfolio, incluindo arquivos componentes que não são PDFs.
   - Podemos fazer alterações aos arquivos componentes sem afetar os arquivos originais, sendo que os arquivos de origem de um PDF Portfolio não são alterados quando criamos o arquivo PDF.
2 Não. Podemos combinar qualquer documento em um PDF Portfolio e eles manterão seu formato original.
3 Para editar um PDF Portfolio, clique em Edit na barra de ferramentas PDF Portfolio.
4 Verdadeiro. O Acrobat pode pesquisar qualquer documento em um PDF Portfolio, desde que haja no computador um aplicativo que possa abrir o arquivo.

8 ADICIONE ASSINATURAS E SEGURANÇA

Visão geral da lição

Nesta lição, você vai aprender a:

- Usar o Adobe Reader no modo protegido (apenas no Windows).
- Aplicar proteção de senha a um arquivo para restringir sua abertura.
- Aplicar uma senha para impedir que outras pessoas imprimam ou alterem um arquivo PDF.
- Certificar um documento.
- Criar uma ID digital que inclui uma imagem.
- Assinar documentos digitalmente.

Esta lição levará aproximadamente 45 minutos para ser concluída. Copie a pasta Lesson08 para o disco rígido do seu computador, caso ainda não a tenha copiado.

Os documentos PDF podem ser protegidos com senha, certificação e assinaturas digitais.

Introdução

O Acrobat X oferece várias ferramentas para a proteção dos documentos PDF. Podemos usar senhas para impedir que usuários não autorizados abram, imprimam ou editem os arquivos PDF. É possível empregar um certificado para criptografar documentos PDF, de maneira que apenas uma lista aprovada de usuários possa abri-los. Podemos também assinar digitalmente um documento PDF para indicar nossa aprovação, ou certificar um documento PDF para aprovar seu conteúdo. Se desejarmos salvar as configurações de segurança para uso futuro, há a possibilidade de criação de uma política de segurança que armazena as configurações de segurança. No Acrobat Pro, podemos também remover permanentemente conteúdo sigiloso de documentos PDF por meio do recurso Redaction (consulte a Lição 12, "Use os recursos legais").

Primeiro, analisaremos o modo protegido do Adobe Reader para Windows, a seguir, trabalharemos com os recursos de segurança no próprio Acrobat.

Visualize documentos no modo protegido (apenas no Windows)

Por padrão, o Adobe Reader X para Windows abre arquivos PDF no modo protegido (conhecido pelos profissionais de TI como "isolamento de processos"). No modo protegido, o Reader limita todos os processos ao aplicativo em si, de maneira que arquivos PDF potencialmente maléficos não tenham acesso ao computador e a seus arquivos de sistema.

1 Abra o Adobe Reader X no Windows.

2 Escolha File > Open e acesse a pasta Lesson08.

3 Selecione Travel Guide.pdf e clique em Open.

LIÇÃO 8 | 197
Adicione Assinaturas e Segurança

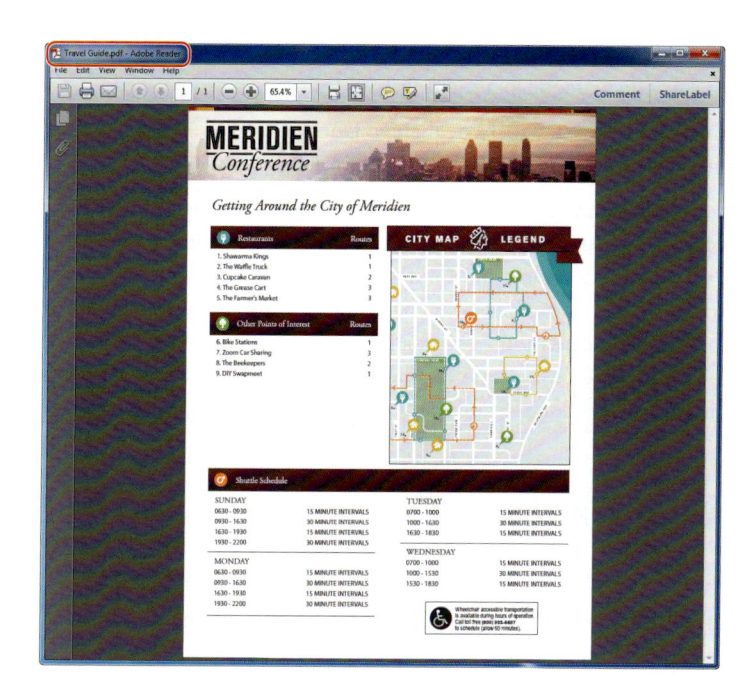

O arquivo Travel Guide.pdf é aberto no Adobe Reader. Todos os menus e ferramentas do Reader podem ser acessados. Porém, o arquivo PDF não pode fazer chamadas para o sistema fora do ambiente do Reader.

4 Escolha File > Properties.

5 Na caixa de diálogo Document Properties, clique na guia Advanced.

6 Visualize o status do modo protegido na parte inferior da caixa de diálogo. Ela exibe On, por padrão.

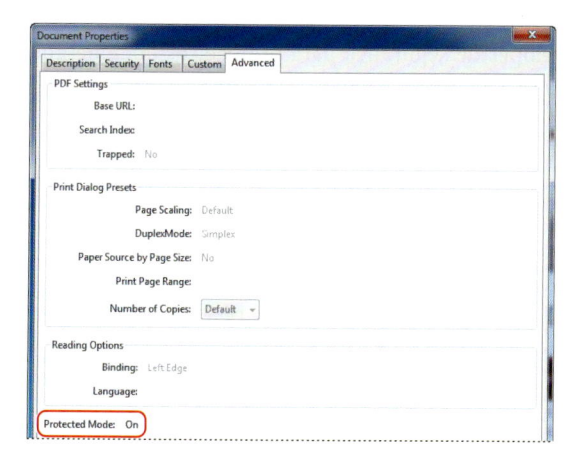

Podemos sempre confirmar se um documento está aberto no modo protegido visualizando a caixa de diálogo Document Properties.

7 Clique em OK para fechar a caixa de diálogo Document Properties. A seguir, feche o arquivo Travel Guide.pdf e saia do Reader.

A Adobe recomenda enfaticamente que o Adobe Reader seja usado no modo protegido. Porém, os recursos de acessibilidade podem não funcionar no Adobe Reader no Windows XP quando o modo protegido estiver ativado. Além disso, alguns plug-ins de outras empresas podem não funcionar no modo protegido. Se for necessário desabilitar esse modo, escolha Edit > Preferences, selecione General na lista de categorias e desmarque Enable Protected Mode At Startup. Será necessário reinicializar o Adobe Reader para que as alterações sejam aplicadas.

Sobre a segurança

Podemos proteger um PDF usando qualquer um destes métodos de segurança:

- Adicionar senhas e definir as opções de segurança para restringir a abertura, a edição e a impressão de PDFs.
- Criptografar um documento para que apenas um conjunto específico de usuários tenha acesso a ele.
- Salvar o PDF como um documento certificado. Certificar um PDF adiciona uma assinatura de certificação (visível ou invisível), que permite ao autor do documento restringir as alterações feitas ao documento.
- Aplicar políticas de segurança baseadas no servidor aos PDFs (por exemplo, usar o Adobe LiveCycle Rights Management). As políticas de segurança baseadas no servidor são especialmente úteis se quisermos que outras pessoas tenham acesso aos PDFs por um período limitado de tempo.

Podemos também usar envelopes de segurança para proteger os documentos PDF em trânsito, como descrito na seção "Explore por conta própria", no fim desta lição.

Proteja os PDFs no modo FIPS (Windows)

O Acrobat e o Reader (versão 8.1 e posteriores) oferecem um modo FIPS para restringir a proteção de dados aos algoritmos aprovados da FIPS (*Federal Information Processing Standard*, norma de processamento de informações federais) 140-2 usando o módulo de criptografia RSA BSAFE Crypto-C 2.1.

Estas opções não estão disponíveis no modo FIPS:

- Aplicar aos documentos políticas de segurança baseadas em senha. Podemos usar certificados de chave pública ou o Adobe LiveCycle Rights Management para proteger o documento, mas não é possível usar a criptografia de senha para protegê-lo.

- Criar certificados de assinatura automática. No modo FIPS, não é possível criar certificados de assinatura automática. É possível abrir e exibir documentos protegidos com algoritmos que não estejam em conformidade com a FIPS, mas não é possível salvar as alterações feitas ao documento usando proteção por senha. Para aplicar as políticas de segurança ao documento, use os certificados de chave pública ou o LiveCycle Rights Management.

Visualize as configurações de segurança

Quando um documento com acesso restrito ou algum tipo de segurança aplicada é aberto, vemos o botão Security Settings (🔒) no painel de navegação à esquerda da janela do documento.

1 Inicie o Acrobat. A seguir, escolha File > Open, acesse a pasta Lesson08 e abra o arquivo Sponsor_secure.pdf. Se a caixa de diálogo Acrobat Security Settings for exibida, clique em Cancel.

2 Abra o painel Sign & Certify no painel Tools e observe que os comandos estão apagados.

3 Abra o painel Annotations no painel Comment e observe que as ferramentas de comentários e marcação de texto também não estão disponíveis.

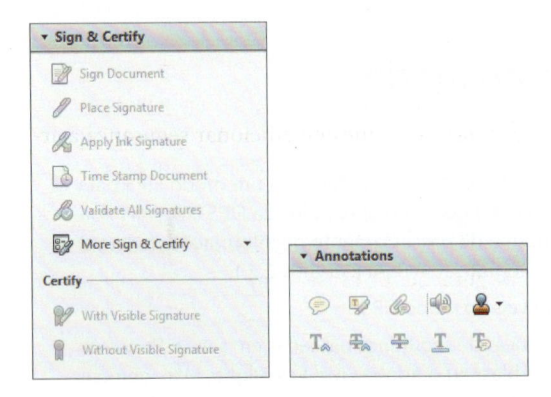

4 Clique no botão Security Settings (🔒), no painel de navegação, para visualizar as configurações de segurança. Clique no link Permission Details para ver mais detalhes.

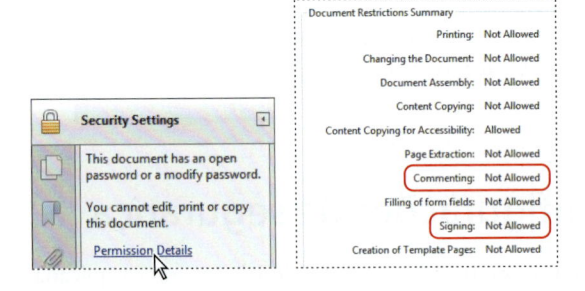

A caixa de diálogo Document Properties lista cada ação e se ela é permitida. Quando avançarmos pela lista, veremos que a assinatura e os comentários não estão permitidos, motivo pelo qual as ferramentas relacionadas estão apagadas.

5 Quando tiver terminado de revisar as informações, clique em Cancel para fechar a caixa de diálogo Document Properties.

6 Escolha File > Close para fechar o arquivo Sponsor_secure.pdf.

Adicione segurança aos arquivos PDF

Podemos adicionar segurança aos arquivos Adobe PDF quando os criamos, ou podemos adicionar mais tarde. É possível até mesmo adicionar segurança a arquivos recebidos de outra pessoa, a menos que o criador do documento tenha limitado quem pode alterar as configurações de segurança.

Agora, adicionaremos proteção por senha para limitar quem pode abrir o documento e quem pode alterar as configurações de segurança.

Adicione senhas

Podemos adicionar dois tipos de senha para proteger os documentos Adobe PDF. Uma senha Document Open permite que apenas os usuários que insiram a senha abram o documento. Uma senha Permissions permite que apenas os usuários que insiram a senha alterem as permissões para o documento, para que possam imprimir e modificar o documento ou aplicar alterações que foram restringidas.

Adicionaremos proteção ao arquivo de uma logomarca para que ninguém possa alterar seu conteúdo e para que usuários não autorizados não consigam abrir e usar o arquivo.

1 Escolha File > Open, acesse a pasta Lesson08 e abra o arquivo Local_Logo.pdf.

Não há um botão Security Settings no painel de navegação, pois nenhuma proteção foi aplicada ao documento.

2 Escolha File > Save As > PDF, nomeio o arquivo **Local_Logo1.pdf** e salve-o na pasta Lesson08.

3 Abra o painel Protection no painel Tools.

4 No painel Protection, clique em Encrypt e escolha 2 Encrypt With Password. Clique em Yes quando o Acrobat perguntar se deseja adicionar segurança ao documento.

A caixa de diálogo Password Security – Settings é aberta automaticamente.

Primeiro, definiremos o nível de compatibilidade. O nível de compatibilidade padrão é a compatibilidade com o Acrobat 7.0 ou posterior. Se tiver certeza de que todos os leitores têm o Acrobat 7.0 ou posterior, use essa configuração. Se achar que alguns visitantes podem ainda ter versões anteriores do Acrobat, selecione uma versão mais antiga. Lembre-se, porém, de que essa versão pode utilizar um nível menor de criptografia.

5 Escolha Acrobat 7.0 And Later no menu Compatibility, caso ainda não esteja selecionado.

6 Selecione a opção Require A Password To Open The Document e digite **Logo1234;^bg** como senha.

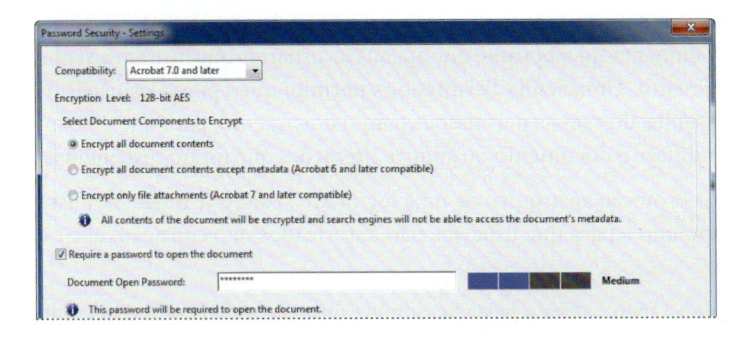

▶ **Dica:** Sempre guarde suas senhas em um local seguro. Caso a esqueça, não será possível recuperá-la no documento. Pode ser útil também armazenar uma cópia desprotegida do documento em um local seguro.

O Acrobat classifica a força da senha. Senhas mais fortes têm letras em maiúscula e minúscula, números, sinais de pontuação e símbolos. Senhas mais longas também tendem a ser mais difíceis de adivinhar. Se for essencial que um documento permaneça confidencial, use uma senha forte. Essa senha será compartilhada com todas as pessoas que desejarmos que abram o documento. Lembre-se de que senhas diferenciam maiúsculas e minúsculas.

Agora adicionaremos uma segunda senha para controlar quem pode alterar as configurações de impressão, edição e segurança do arquivo.

7 Dentro de Permissions, selecione Restrict Editing And Printing Of The Document e digite **Logo5678;^bg** como uma segunda senha. A senha de abertura e a senha de permissões não podem ser as mesmas.

8 No menu Printing Allowed, escolha Low Resolution (150 dpi). Podemos proibir a impressão, consentir apenas a impressão em baixa resolução ou permitir a impressão em alta resolução.

9 No menu Changes Allowed, escolha Commenting, Filling In Form Fields, And Signing Existing Signature Fields para permitir que os usuários comentem sobre a logomarca. Podemos proibir todas as alterações, algumas alterações ou apenas a possibilidade de os leitores extraírem páginas.

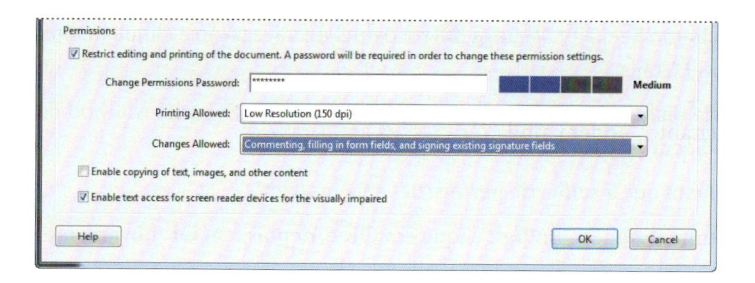

10 Clique em OK para aplicar as alterações.

11 Na primeira caixa de diálogo, reinsira a Open Password, **Logo1234;^bg**. A seguir, clique em OK e em OK novamente para limpar a caixa de alerta.

12 Na caixa de diálogo seguinte, reinsira a Permissions Password, **Logo5678;^bg**. A seguir, clique em OK e em OK novamente para limpar a caixa de alerta.

Observe que as alterações de segurança não têm efeito até que o arquivo seja salvo.

13 Escolha File > Save para salvar as alterações de segurança.

14 Clique no botão Security Settings (🔒) no painel de navegação e clique no link Permission Details. As limitações feitas são efetuadas.

15 Clique em OK para fechar a caixa de diálogo Document Properties e escolha File > Close para fechar o arquivo Local_Logo1.pdf.

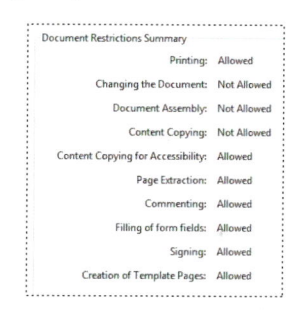

Abra arquivos protegidos por senha

Agora verificaremos a segurança adicionada ao arquivo.

1 Escolha File > Open e abra o arquivo Local_Logo1.pdf na pasta Lesson08.

O Acrobat solicita que a senha necessária para a abertura do arquivo seja inserida.

2 Insira a senha (**Logo1234;^bg**) e clique em OK.

Observe que "(SECURED)" foi adicionado ao nome do arquivo, no topo da janela do aplicativo.

Agora testaremos a senha de permissões.

3 Clique no botão Security Settings (🔒) no painel de navegação e clique no link Permission Details.

4 Na caixa de diálogo Document Properties, tente alterar Security Method de Password Security para No Security.

O Acrobat solicita que a senha de permissões seja inserida.

5 Insira a senha (**Logo5678;^bg**), clique em OK e, depois, em OK novamente.

Todas as restrições são removidas do arquivo.

6 Clique em OK para fechar a caixa de diálogo Document Properties.

7 Escolha File > Close e feche o arquivo sem salvar as alterações. Como não estamos salvando as alterações, as senhas permanecerão ativas na próxima vez em que abrirmos o arquivo.

Sobre as assinaturas digitais

Uma assinatura digital, como uma assinatura à mão convencional, identifica a pessoa que assina um documento. Diferentemente de uma assinatura manual, uma assinatura digital é difícil de ser falsificada, pois contém informações criptografadas únicas do signatário que são facilmente verificadas.

Assinar um documento eletronicamente traz várias vantagens, uma delas é a possibilidade de enviar por e-mail o documento assinado, em vez de precisar enviar por fax ou por mensageiro. Embora a assinatura digital de um documento não impeça necessariamente que pessoas alterem o documento, ela permite que todas as alterações sejam rastreadas após a assinatura ser adicionada e a reversão para a versão assinada, se necessário. (É possível evitar que usuários alterem o documento aplicando a segurança adequada ao documento.)

Para assinar um documento, é necessário obter uma ID digital de um fornecedor ou criar uma ID digital (ID digital de assinatura automática) no Acrobat. A ID digital contém uma chave privada usada para a adição da assinatura digital e um certificado que é compartilhado com aqueles que precisam validar sua assinatura.

Para obter informações sobre os parceiros de segurança da Adobe que oferecem IDs digitais e outras soluções de segurança, visite o site da Adobe: www.adobe.com.

Crie assinaturas digitais

Para esta lição, utilizaremos uma ID digital de assinatura automática, que, na maioria das vezes, é adequada para a assinatura de documentos dentro de um ambiente corporativo. Podemos definir a aparência da assinatura digital, selecionar o método de assinatura preferencial e determinar como as assinaturas digitais são verificadas nas preferências de segurança. Devemos também definir as preferências para otimizar o Acrobat na validação de assinaturas antes de abrir um documento assinado.

Adicione imagens às assinaturas digitais

Primeiro, adicionaremos a logomarca da empresa ao bloco da assinatura.

1 Escolha Edit > Preferences (Windows) ou Acrobat > Preferences (Mac OS) e selecione Security entre as categorias à esquerda.

2 Na área Digital Signatures da caixa de diálogo, clique em New para abrir a caixa de diálogo Configure Signature Appearance.

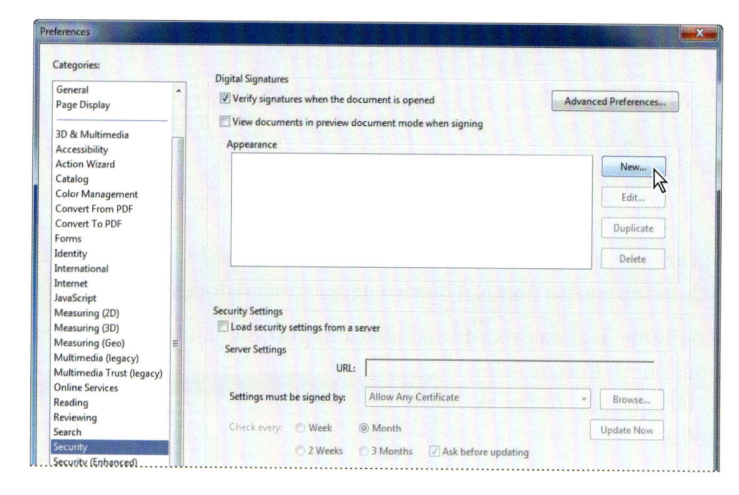

É nela que personalizamos a assinatura digital, adicionando um gráfico e especificando as informações exibidas. O painel Preview mostra a aparência padrão da assinatura digital, baseada em textos.

Primeiro, daremos um nome à aparência da assinatura e, depois, adicionaremos uma logomarca corporativa ao bloco da assinatura.

3 Na caixa de texto Title, digite **Logo**. Quando damos um nome à aparência de uma assinatura, devemos utilizar um nome que seja fácil de associar ao conteúdo da aparência. Podemos criar várias assinaturas digitais.

4 Na seção Configure Graphic da caixa de diálogo, selecione Imported Graphic e clique em File.

5 Na caixa de diálogo Select Picture, clique em Browse, acesse a pasta Lesson08 e selecione o arquivo Local_Logo.pdf. Os tipos de arquivos compatíveis são listados no menu Files Of Type (Windows) ou Show (Mac Os). Clique em Open (Windows) ou Select (Mac OS) e clique em OK para retornar à caixa de diálogo Configure Signature Appearance.

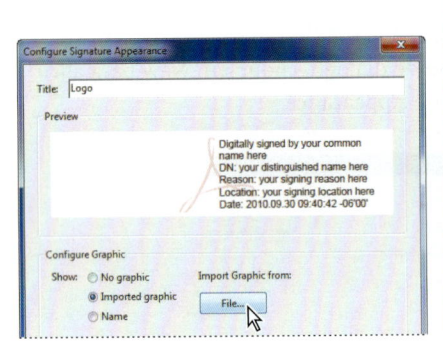

Agora especificaremos as informações que serão incluídas no bloco de texto da assinatura. Incluiremos nosso nome, o motivo para assinar o documento e a data.

6 Na área Configure Text da caixa de diálogo Configure Signature Appearance, deixe Name, Data e Reason selecionadas. Desmarque todas as outras opções.

7 Quando estiver satisfeito com a visualização do bloco da assinatura, clique em OK.

8 Na caixa de diálogo Preferences, selecione View Documents In Preview Document Mode When Signing.

9 Clique em Advanced Preferences e, a seguir, na guia Creation. Selecione a opção Show Reasons When Signing e clique em OK.

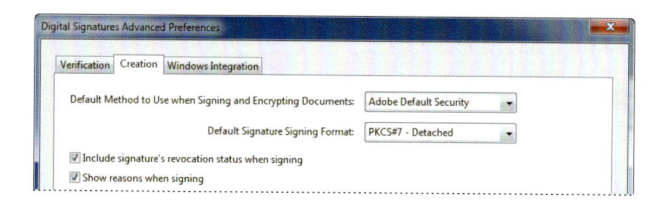

Assine no modo Preview Document

Use o modo Preview Document quando quiser analisar um documento quanto ao conteúdo que pode alterar sua aparência após a assinatura. Esse tipo de conteúdo pode incluir transparências, scripts, fontes e outro conteúdo dinâmico que pode alterar a aparência de um documento. O modo Preview Document omite o conteúdo dinâmico, permitindo que o documento seja visualizado e assinado em um estado estático e seguro.

Quando um PDF é visualizado no modo Preview Document, uma barra de mensagem de um documento permite que saibamos se o PDF está de acordo com a especificação PDF/SigQ Level A ou Level B. O Level A indica que o documento não contém conteúdo dinâmico que possa alterar sua aparência. O Level B indica que o documento contém conteúdo dinâmico que pode ser omitido durante a assinatura. Se o documento não estiver de acordo com o Level A ou B, é recomendado que o documento não seja assinado, sendo necessário entrar em contato com o autor do documento sobre o problema.

O Acrobat executa automaticamente o Document Integrity Checker, que verifica a conformidade de Qualified Signatures antes de entrar no modo Preview Document.

Optamos por usar o modo Preview Document nas preferências de segurança.

Selecione um método de assinatura

Agora especificaremos um método de assinatura padrão.

1 Clique novamente no botão Advanced Preferences na caixa de diálogo Security Preferences.

Na guia Verification da caixa de diálogo Digital Signatures Advanced Preferences, observe que a opção Require Certificate Revocation Checking To Succeed Whenever Possible During Signature Verification está selecionada. Isso garante que os certificados sejam sempre verificados em comparação a uma lista de certificados excluídos durante a validação.

2 Certifique-se de que Use The Document-Specified Method. Prompt If It is Not Available. (a primeira opção) esteja selecionada. Essa mensagem será exibida se não tivermos o software necessário quando tentarmos abrir o documento.

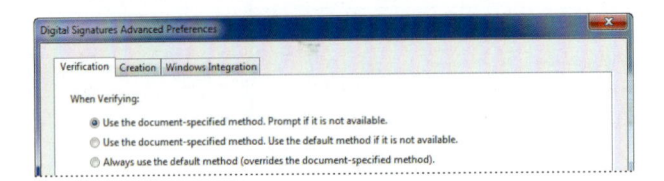

Também na guia Verification há um menu pop-up que permite a escolha do método padrão para a verificação das assinaturas. Esse menu fica apagado, a menos que o método usado para a verificação seja alterado selecionando um botão de opção diferente. O método padrão que será usado é definido quando assinamos e criptografamos documentos na guia Creation.

3 Clique na guia Creation e assegure-se de que Adobe Default Security está selecionado no menu Default Method To Use When Signing And Encrypting Documents.

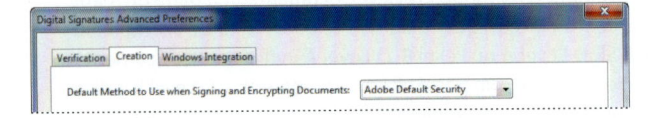

No Windows, a guia Windows Integration contém as opções para especificar se identidades dos Windows Certificates podem ser importados e se todos os certificados-raiz nos Windows Certificates são confiáveis. Recomendamos que as configurações padrão sejam mantidas nessa guia.

4 Clique em OK e OK novamente para fechar a caixa de diálogo Preferences.

Crie IDs digitais

Uma ID digital é semelhante a uma carteira de motorista ou um passaporte. Ela comprova sua identidade às pessoas com as quais você se comunica eletronicamente. Uma ID digital em geral contém seu nome e o endereço de e-mail, o nome da empresa que emitiu a ID digital, um número de série e uma data de validade.

Uma ID digital permite criar uma assinatura digital ou descriptografar um documento PDF que tenha sido criptografado. Podemos criar mais de uma ID digital para refletir nossas diferentes funções. Para este exercício, criaremos uma ID digital para T. Simpson, um funcionário da revista fictícia *Local Magazine*.

Primeiro, abriremos o rascunho do documento do guia de viagem que assinaremos.

1 Selecione File > Open. Acesse a pasta Lesson08, selecione Travel Guide.pdf e clique em Open. Escolha File > Save As > PDF, renomeie o arquivo como **Travel Guide1.pdf** e salve-o na pasta Lesson08.

2 Abra o painel Protection no painel Tools.

3 Clique em More Protection e escolha Security Settings.

4 Na caixa de diálogo Security Settings, selecione Digital IDs no painel esquerdo. A seguir, clique no botão Add ID ( ).

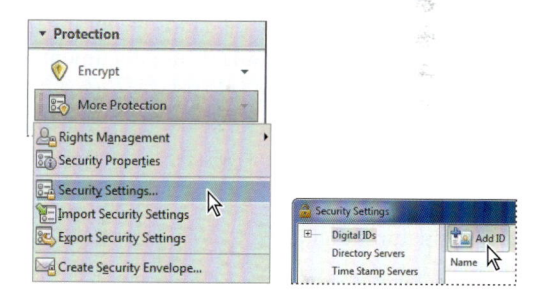

Criaremos uma ID digital de assinatura automática. Com a ID de assinatura automática, compartilharemos as informações da assinatura com outros usuários de um certificado público. (Um certificado é uma confirmação da ID digital que contém informações usadas para proteger os dados.) Embora esse método seja adequado para a maioria das trocas não oficiais, uma abordagem mais segura é obter uma ID digital de outro provedor.

5 Na caixa de diálogo Add Digital ID, selecione A New Digital ID I Want To Create Now. A seguir, clique em Next.

Se estiver usando o Mac OS, ignore o passo 7. Se estiver usando o Windows, você escolherá o local no qual armazenar a ID digital. A opção PKCS#12 Digital ID armazena as informações em um arquivo que pode ser compartilhado com outras pessoas. Uma Windows Default Certificate Digital ID é armazenada em Windows Certificate Store. Como queremos compartilhar facilmente a ID digital com nossos colegas, utilizaremos a opção PKCS#12.

6 Certifique-se de que New PKCS#12 Digital File ID esteja selecionada e clique em Next.

Agora inseriremos nossas informações pessoais.

7 Insira o nome que deseja que seja exibido na guia Signatures e em todos os campos de assinatura preenchidos, um nome corporativo ou comercial (se necessário) e um endereço de e-mail. Inserimos **T. Simpson** para o nome, **Local Magazine** como nome da empresa e **local@xyz.net** como endereço de e-mail. Assegure-se de que Country/Region (país/região) sejam selecionados. Utilizamos o padrão US – United States.

8 Escolha 1024-bit RSA no menu Key Algorithm para definir o nível de segurança. Embora 2048-bit RSA ofereça maior proteção de segurança, ela não é universalmente compatível como a 1024-bit RSA.

Agora especificaremos a que a criptografia é aplicada. A ID digital pode ser usada para o controle das assinaturas digitais, a criptografia de dados (segurança) ou ambos. Quando uma ID digital é usada para a criptografia de um documento PDF, uma lista de destinatários é especificada em Trusted Identities e o nível de acesso do destinatário ao arquivo é definido, por exemplo, se os destinatários podem editar, copiar ou imprimir os arquivos. Também é possível criptografar os documentos usando as políticas de segurança.

Para este exercício, escolheremos as assinaturas digitais.

9 No menu Use Digital ID For, escolha Digital Signatures e clique em Next.

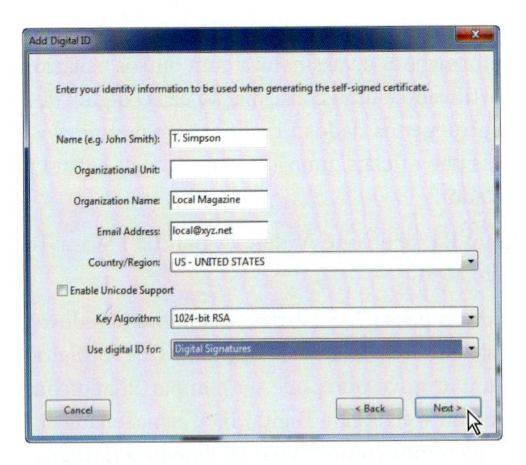

Agora salvaremos e protegeremos as informações.

10 Aceite o local padrão para o arquivo da ID digital. Insira **Local1234;^bg** como senha. Reinsira a senha para confirmá-la. Lembre-se de que as senhas diferenciam maiúsculas e minúsculas. Certifique-se de anotar a senha e guardá-la em um local seguro. Não é possível usar nem acessar a ID digital sem essa senha.

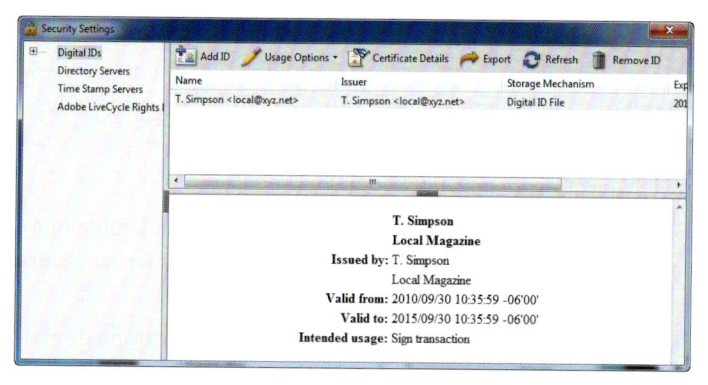

11 Clique em Finish para salvar o arquivo da ID digital na pasta Security.

A nova ID digital é exibida na caixa de diálogo Security Settings. No Windows, selecione a ID digital para ver seus detalhes. No Mac OS, clique duas vezes para visualizar os detalhes do certificado. Quando tiver terminado de verificar a ID digital, feche a caixa de diálogo.

Compartilhe certificados com outras pessoas

A ID digital inclui um certificado que outras pessoas precisam para validar sua assinatura digital e para criptografar os documentos para você. Caso saiba que outras pessoas precisarão do seu certificado, é possível enviá-lo com antecedência para evitar atrasos durante a troca de documentos seguros. As empresas que usam certificados para identificar participantes de fluxos de trabalho seguros com frequência armazenam os certificados em um servidor de diretórios no qual os participantes podem pesquisar para expandir suas listas de identidades confiáveis.

Se um método de segurança de outra empresa for usado, geralmente não é necessário o compartilhamento do certificado com outras pessoas. Os fornecedores terceirizados podem validar as identidades usando outros métodos, ou esses métodos de validação podem ser integrados ao Acrobat. Consulte a documentação fornecida pelo fornecedor terceirizado.

Quando um certificado for recebido de uma pessoa, seu nome é adicionado à lista de identidades confiáveis como um contato. Os contatos costumam ser associados a um ou mais certificados e podem ser editados, removidos ou associados a outros certificados. Se confiamos em um contato, podemos definir as configurações de confiança para confiar todas as assinaturas digitais e documentos certificados criados com seu certificado.

Também podemos importar certificados de um inventário de certificados, como o Windows Certificate Store. Um inventário de certificados pode conter vários certificados emitidos por diferentes autoridades de certificação.

Assine um documento digitalmente

Como queremos que os designers gráficos saibam que as alterações a esse documento foram aprovadas e que eles tenham certeza de que nenhuma alteração adicional foi feita desde o momento em que o documento foi aprovado, criaremos um campo de assinatura visível e assinaremos o documento.

1 Abra o painel Sign & Certify no painel Tools.

2 Selecione Sign Document no painel Sign & Certify. O Acrobat lembra que é necessário criar um campo de assinatura. Clique em OK para fechar a caixa de alerta.

3 Arraste para criar um campo de assinatura. Arrastamos um campo de assinatura na área acima do mapa.

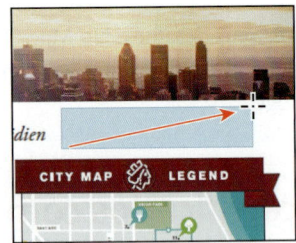

O Acrobat aciona automaticamente o modo Preview, que analisa o documento procurando conteúdo que pode alterar a aparência do documento e, a seguir, omite o conteúdo, permitindo que o documento seja visualizado e assinado em um estado estático e seguro.

4 Na barra de ferramentas de visualização sobre a parte superior da janela do documento, clique em Sign Document.

5 Na caixa de diálogo Sign Document, insira a senha associada à ID na caixa de texto Sign As, **Local1234;^bg**.

6 Escolha Logo no menu Appearance.

7 Escolha I Am Approving This Document no menu pop-up Reason.

8 Clique em Sign para aplicar a assinatura e, depois, em Save para salvar o arquivo assinado. Clique em Yes ou Replace quando solicitado a substituir o arquivo original.

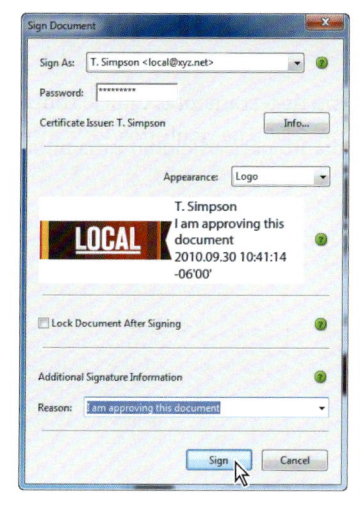

O destinatário do documento assinado precisará do seu certificado de signatário para validar a assinatura digital.

Modifique documentos assinados

Agora adicionaremos um comentário ao documento assinado para ver como as informações da assinatura digital se alteram. Mas, primeiro, analise o painel de assinaturas para saber como é uma assinatura válida.

1 Clique no botão Signatures, no painel de navegação, para que ele seja exibido. Se necessário, arraste a margem direita do painel Signatures para que seja possível visualizar todas as informações das assinaturas. Expanda a linha da assinatura e o item Signature Details.

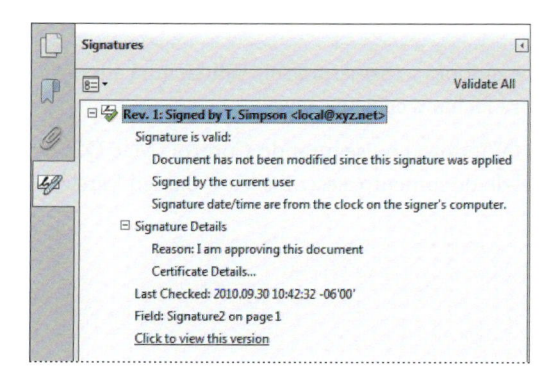

Agora adicionaremos uma nota ao documento e veremos como a adição altera a assinatura digital.

2 Selecione a ferramenta Sticky Note (💬) na barra de ferramentas Quick Tools.

3 Clique em qualquer lugar na página do documento para adicionar uma nota. Na nota, digite **Good work**.

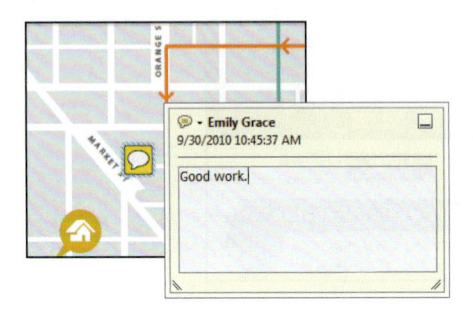

▶ **Dica:** Use o painel Signature para revisar o histórico de alterações de um documento ou para acompanhar as alterações quando um documento é assinado usando várias IDs de assinatura digital.

Expanda a assinatura novamente no painel Signatures. O status da assinatura foi alterado com a adição de uma nota.

Agora validaremos a assinatura.

4 Clique com o botão direito (Windows) ou segurando Control (Mac OS) no texto da assinatura no painel do documento e escolha Validate Signature.

▶ **Dica:** Clique com o botão direito (Windows) ou segurando Control (Mac OS) no texto da assinatura no painel do documento e escolha Show Signature Properties para resolver os problemas com a assinatura.

5 A caixa de alerta explica que, embora a assinatura seja válida, uma alteração foi feita. Clique em Close para fechar a caixa de aviso.

6 Clique com o botão direito (Windows) ou segurando Control (Mac OS) no texto da assinatura no painel do documento e escolha View Signed Version.

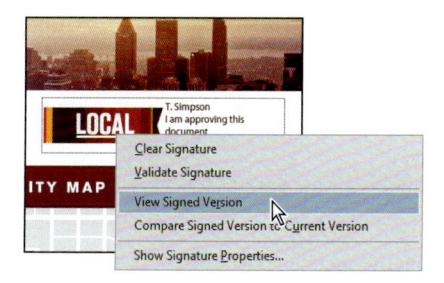

A opção View Signed Version recupera o arquivo não modificado. Se um documento tiver assinaturas em várias de suas versões, por exemplo, é possível visualizar qualquer versão assinada anteriormente selecionando a assinatura no painel Signatures e, a seguir, escolhendo View Signed Versions no menu de opções.

7 Feche os dois arquivos PDF abertos. Não é necessário salvar o trabalho.

Certifique os arquivos PDF

Também é possível certificar o conteúdo de um documento PDF. Certificar um documento em vez de assiná-lo é útil se quisermos que o usuário possa fazer alterações aprovadas a um documento. Quando certificamos um documento e um usuário faz alterações aprovadas, a certificação permanece válida. Podemos certificar formulários, por exemplo, para garantir que o conteúdo seja válido quando o usuário receber o formulário. Como criador do formulário, podemos especificar quais tarefas o usuário pode executar. Por exemplo, podemos especificar que os leitores podem preencher os campos dos formulários sem invalidar o documento. Porém, se um usuário tentar adicionar ou remover um campo de formulário ou uma página, a certificação será invalidada.

▶ **Dica:** Antes de distribuir um documento que pretendemos que outras pessoas assinem ou preencham, é necessário garantir direitos de utilização aos usuários do Adobe Reader (escolha File > Save As > Reader Extended PDF > Enable Additional Features).

Agora certificaremos um formulário que será enviado a patrocinadores de uma conferência. Ao certificar o formulário, garantimos que os patrocinadores preencherão o formulário da maneira que foi criado, sem adições ou exclusões aos campos.

1 Escolha File > Open, acesse a pasta Lesson08 e abra o arquivo Sponsor.pdf.

Para obter mais informações sobre a barra de mensagens Forms, consulte a Lição 10, "Trabalhe com formulários no Acrobat".

2 Escolha File > Properties e clique na guia Security.

As informações na caixa de diálogo Document Properties mostram que nenhuma opção de segurança e nenhuma restrição foi aplicada ao documento.

3 Clique em Cancel para fechar a caixa de diálogo Document Properties sem fazer alterações.

4 Abra o painel Sign & Certify no painel Tools e selecione With Visible Signature na área Certify do painel.

5 Clique em Drag New Signature Rectangle. Clique em OK na caixa de diálogo Save As Certified Document e em OK na caixa de diálogo informativa.

Utilizaremos a ID digital criada anteriormente na lição para certificar o arquivo.

6 Arraste em qualquer lugar no documento para criar um campo de assinatura. Criamos um campo de assinatura no canto superior esquerdo, abaixo da logomarca da Local.

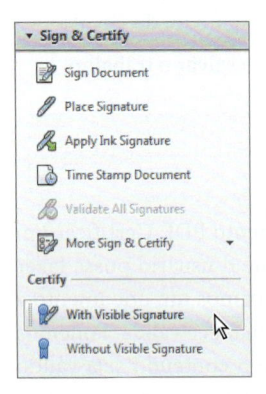

7 Clique no botão Sign Document na barra de mensagem do documento.

8 Na caixa de diálogo Certify Document, se tiver criado mais de uma ID digital, selecione a ID digital que será usada. Selecionamos T. Simpson.

9 Insira a senha, **Local1234;^bg**.

10 Escolha Logo no menu pop-up Apperance.

11 No menu Reason, escolha I Attest To The Accuracy And Integrity Of This Document.

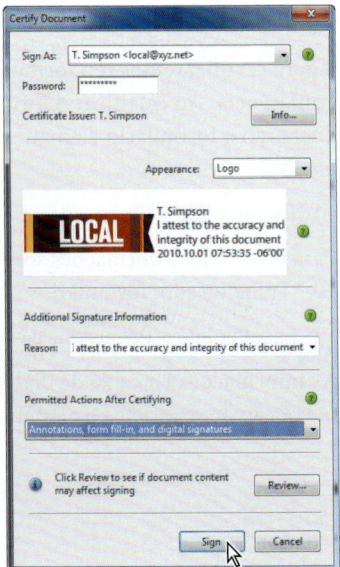

12 No menu Permitted Actions After Certifying, escolha Annotations, Form Fill-In, And Digital Signatures.

13 Clique em Sign para concluir o processo de certificação.

14 Salve o arquivo como **Sponsor_Cert.pdf**.

15 Clique no botão Signatures (📝) no painel de navegação para abrir o painel Signatures e revise as ações que a certificação permite. Pode ser necessário expandir o item da certificação.

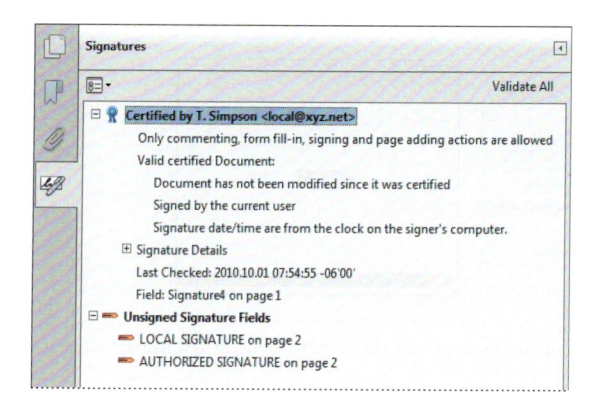

16 Quando tiver terminado de revisar as informações de certificação, feche o painel Signatures.

▶ **Dica:** Sempre que um documento certificado for aberto, veremos um ícone de certificação à esquerda da barra de mensagem. Podemos clicar nesse ícone a qualquer momento para ver as informações de certificação para o documento.

Assine documentos certificados

Agora assinaremos o documento recém-certificado para verificar se o preenchimento de um campo de assinatura não invalida a certificação.

1 Abra a página 2 do documento.

2 Com a ferramenta Hand selecionada, clique na caixa Local Signature na parte inferior do documento. A seguir, clique no botão Sign Document na barra de mensagem do documento.

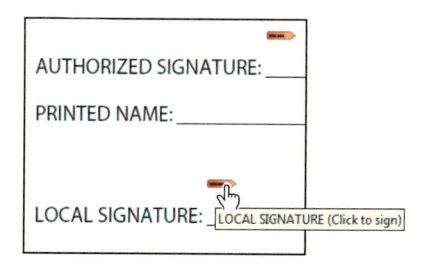

3 Na caixa de diálogo, se houver mais de uma ID digital definida, selecione a ID digital criada. Selecionamos T. Simpson.

4 Insira a senha, **Local1234;^bg**

5 Ignore os outros valores, clique em Sign e salve o arquivo na pasta Lesson08 usando o mesmo nome de arquivo. Clique em Yes ou Replace para substituir o arquivo original.

6 Clique no botão Signatures no painel de navegação e expanda o item da certificação marcado com o ícone da faixa azul.

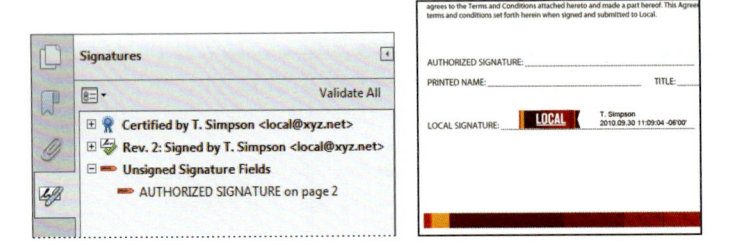

Observe que a certificação permanece válida, embora uma assinatura tenha sido adicionada.

7 Escolha File > Close.

Explore por conta própria: use envelopes de segurança

No Acrobat, podemos anexar arquivos a um documento PDF e criptografar apenas os anexos do arquivo. Nesse caso, o documento PDF no qual os anexos do arquivo são incorporados funciona como um envelope de segurança. Qualquer pessoa pode abrir o envelope de segurança e visualizar a folha de rosto e até mesmo um índice, mas os anexos podem ser abertos apenas de acordo com a segurança aplicada. Quando os anexos são abertos e salvos, eles são idênticos ao original. Nenhuma criptografia é aplicada.

Digamos que desejamos enviar uma cópia do rascunho do guia de viagem a uma filial. O rascunho, nesse momento, é confidencial, por isso, precisamos ter certeza de que nenhuma pessoa não autorizada intercepte e abra o documento. Para garantir isso, criaremos um envelope de segurança, anexaremos o documento a ele e aplicaremos segurança. Utilizaremos o assistente para realizar o passo a passo do processo; porém, também é possível criar envelopes de segurança manualmente.

1. No Acrobat, abra o arquivo Travel Guide.pdf.
2. Abra o painel Protection no painel Tools.
3. No painel Protection, clique em More Protection e, depois, em Create Security Envelope.
4. Na caixa de diálogo Create Security Envelope, o arquivo Travel Guide.pdf é listado. Selecione-o e clique em Next.

Se quisermos adicionar arquivos, podemos clicar no botão Add File To Send. Na caixa de diálogo Files To Enclose, acesse para selecionar o arquivo ou os arquivos que serão adicionados. Observe que os arquivos que não são PDFs podem ser adicionados e que mais de um arquivo pode ser adicionado. Se quiser experimentar a adição de arquivos que não são PDFs, tente adicionar algum dos arquivos da pasta Lesson03.

5. Selecione o modelo eEnvelope With Date Stamp na lista de modelos disponíveis. A seguir, clique em Next.
6. Para o método de entrega, selecione Send The Envelope Now. Clique em Next e, então, em Yes para fechar a caixa de mensagem.
7. Na caixa de diálogo Security Policy, primeiro selecione Show All Policies. As políticas disponíveis são listadas. Selecione Encrypt With Password. Clique em Next.
8. Complete o painel Identity e clique em Next, caso ainda não tenha estabelecido uma identidade.
9. Clique em Finish.

Agora escolheremos as configurações de segurança.

10 Na caixa de diálogo Password Security – Settings, use as configurações padrão para o nível de compatibilidade e o conteúdo do documento que será criptografado e envie um requisito de senha para a abertura dos documentos.

11 Clique em OK e insira a senha novamente quando solicitado.

Após concluir esse processo, o Acrobat inicializa o programa de e-mail padrão e cria uma mensagem de e-mail com o envelope de segurança anexado. Envie o e-mail para você mesmo a fim de ver como fica o produto final. (No Mac OS é preciso salvar, fechar e abrir o arquivo novamente antes que o Acrobat inicialize o programa de e-mail).

12 Quando tiver terminado, feche todos os arquivos abertos e saia do Acrobat.

Perguntas de revisão

1 Onde alteramos a aparência da assinatura digital?
2 Podemos criar várias assinaturas digitais?
3 Por que desejaríamos aplicar uma proteção de senha a um arquivo PDF?
4 Por que aplicaríamos proteção de permissão?

Respostas

1 Podemos alterar a aparência da assinatura digital na caixa de diálogo Configure Signature Appearance. Essa caixa de diálogo pode ser acessada na caixa de diálogo Security Preferences. Podemos alterar a aparência da assinatura digital na caixa de diálogo Sign Document durante o processo de assinatura.

2 Podemos ter várias assinaturas digitais e criar diversas assinaturas digitais para as diferentes funções realizadas. É possível dispor de assinaturas distintas para a utilização em documentos corporativos, documentos pessoais, documentos relacionados a atividades de voluntariado e assim por diante.

3 Se tivermos um documento confidencial que não desejamos que outras pessoas leiam, podemos aplicar a proteção por senha. Apenas os usuários com os quais compartilhamos a senha poderão abrir o documento.

4 A proteção de permissões limita a maneira como um usuário pode usar e reutilizar o conteúdo do arquivo Adobe PDF. Por exemplo, podemos especificar que os usuários não podem imprimir o conteúdo do arquivo, ou copiar e colar o conteúdo do arquivo. A proteção de permissões possibilita que o conteúdo do arquivo seja compartilhado sem a perda de controle sobre como ele é usado.

9 USE O ACROBAT EM UM CICLO DE REVISÃO

Visão geral da lição

Nesta lição, você vai aprender a:

- Descobrir diversas maneiras de usar o Acrobat em um processo de revisão de documentos.
- Adicionar comentários a um arquivo PDF com as ferramentas de comentários e marcação do Acrobat.
- Visualizar, responder, pesquisar e indexar comentários de documentos.
- Iniciar uma revisão compartilhada.
- Iniciar uma colaboração ao vivo.

Esta lição levará aproximadamente 60 minutos para ser concluída. Copie a pasta Lesson09 para o disco rígido do seu computador, caso ainda não a tenha copiado.

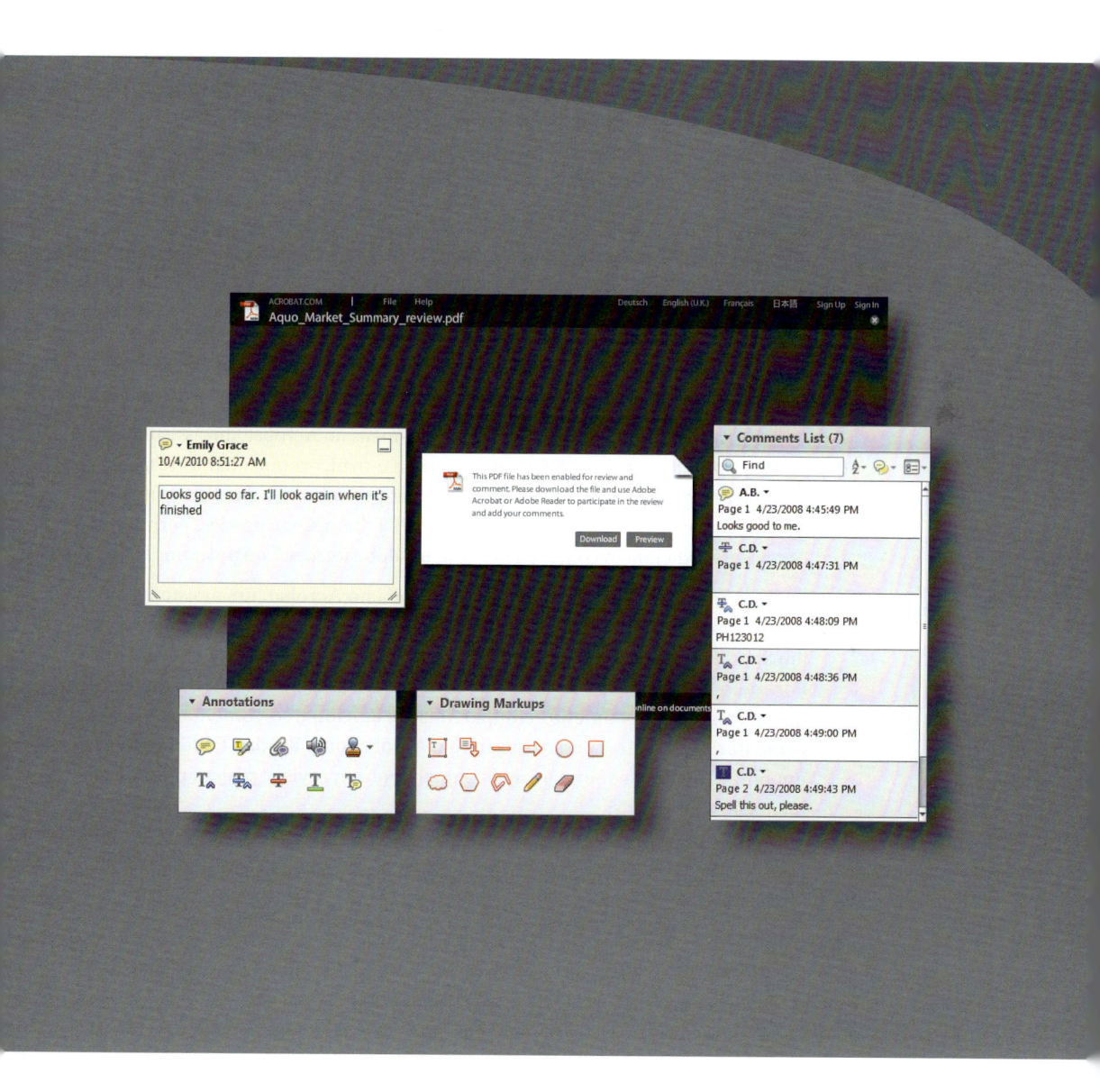

As ferramentas de comentários e os recursos de colaboração avançados do Acrobat proporcionam eficiência aos ciclos de revisão e facilidade para que os participantes ofereçam *feedback*.

Sobre o processo de revisão

Há diversas maneiras de usar o Acrobat em um processo de revisão de documentos. Independentemente do método empregado, o fluxo de trabalho contém alguns elementos básicos: o iniciador da revisão convida os participantes e disponibiliza o documento a eles, os revisores comentam e o iniciador reúne e trabalha com esses comentários.

Podemos compartilhar qualquer documento PDF por e-mail, em um servidor de rede ou em um site, e solicitar que pessoas comentem sobre o documento usando o Adobe Reader, o Acrobat Standard ou o Acrobat Pro. Se um documento ou e-mail for postado manualmente, será necessário acompanhar os comentários feitos e fundi-los aos seus comentários. Caso esteja solicitando *feedback* de apenas uma ou duas pessoas, essa pode ser a maneira mais eficiente de trabalhar. Para a maior parte das revisões, porém, podemos reunir comentários com mais eficiência com um processo de revisão gerenciado. Além disso, em uma revisão compartilhada ou de colaboração ao vivo, os revisores podem ver e responder os comentários mutuamente.

Quando iniciamos uma revisão baseada em e-mails no Acrobat, um assistente ajuda a enviar o documento PDF como anexo de e-mail, acompanhar as respostas e gerenciar os comentários recebidos. Qualquer pessoa com o Acrobat 6 ou posterior pode adicionar comentários ao arquivo PDF. Também é possível permitir que os revisores adicionem comentários, com o Adobe Reader 7 ou posterior.

Quando uma revisão compartilhada é iniciada no Acrobat, um assistente ajuda a postar o arquivo PDF em uma pasta de rede, pasta WebDAV, espaço de trabalho SharePoint ou Acrobat.com, um serviço gratuito e seguro baseado na Web. Por meio do assistente, convites podem ser enviados por e-mail a revisores, que acessarão o documento compartilhado, adicionarão comentários e lerão comentários de outras pessoas usando o Acrobat ou o Reader. Podemos definir um prazo final para a revisão, após o qual nenhum revisor poderá publicar comentários adicionais.

Com o Acrobat, também podemos iniciar uma colaboração ao vivo, por meio da qual uma reunião virtual especificamente conectada a um único documento é realizada. Você ou outros participantes podem mover simultaneamente o documento na tela de todos os participantes ao mesmo tempo, proporcionando uma troca em tempo real.

Introdução

Nesta lição, adicionaremos comentários a um documento PDF, visualizaremos e gerenciaremos comentários e iniciaremos uma revisão compartilhada. Por definição, a colaboração exige o trabalho com outras pessoas. Portanto, muitos dos exercícios desta lição serão mais interessantes se trabalharmos com um ou mais colegas ou amigos. Porém, se estiver trabalhando independentemente, os exercícios podem ser realizados com endereços de e-mail alternativos, disponíveis gratuitamente em sites como o Gmail.com e o Yahoo.com (consulte os acordos legais nos sites de e-mail para saber como seus endereços de e-mail podem ser usados).

Primeiro, abra o documento com o qual trabalhará.

1 No Acrobat, escolha File > Open.

2 Acesse a pasta Lesson09 e clique duas vezes no arquivo Curetall_Protocol.pdf.

Adicione comentários a um documento PDF

Podemos adicionar comentários a qualquer arquivo PDF, a menos que o documento tenha sido definido com configurações de segurança que proíbam os comentários. Na maioria dos casos, utilizaremos os recursos de comentários para dar *feedback* ao autor de um documento, mas eles também podem ser úteis para a composição de notas pessoais durante a leitura de documentos. O Acrobat inclui várias ferramentas de comentários, algumas delas se baseiam no mundo físico. Por exemplo, as ferramentas Sticky Note e Highlight Text são versões eletrônicas das ferramentas físicas que temos em nossos escritórios, respectivamente, notas adesivas e canetas marca-texto.

Neste exercício, utilizaremos algumas das ferramentas de comentários para oferecer *feedback* sobre um documento de protocolo de um teste clínico.

Sobre as ferramentas de comentários

O Acrobat oferece várias ferramentas de comentários e marcação, desenvolvidas para diferentes tarefas de comentários. A maioria dos comentários inclui duas partes: a marcação ou ícone exibido na página e uma mensagem de texto exibida em uma nota pop-up quando o comentário é selecionado.

As ferramentas de comentários e marcação estão nos painéis Annotations e Drawing Markups, no painel Comment. Para obter informações detalhadas sobre a utilização de cada ferramenta, consulte a ajuda do Adobe Acrobat X.

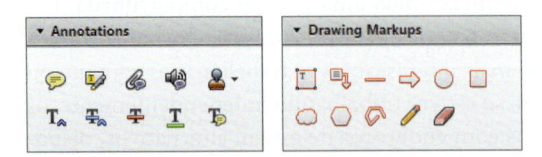

- **Ferramenta Sticky Note** (): crie notas adesivas, como no mundo físico. Clique no local em que a nota será inserida. As notas adesivas são úteis quando quisermos fazer comentários gerais sobre um documento ou uma seção de um documento, em vez de comentar sobre uma sentença ou frase específica.

- **Ferramenta Highlight Text** (): marque o texto sobre o qual deseja comentar e digite o comentário.

- **Ferramenta Attach File** (): anexe um arquivo, em qualquer formato, a um documento PDF.

- **Ferramenta Record Audio** (): esclareça o seu *feedback* em uma gravação de áudio. Para gravar um áudio, é necessário um microfone embutido ou removível instalado no sistema.

- **Ferramenta Stamp** (): use um carimbo virtual para aprovar um documento, marcá-lo como confidencial ou executar várias outras tarefas de carimbagem comuns. Também é possível criar carimbos personalizados para finalidades pessoais.

- **Ferramenta Insert Text** (): adicione texto em um ponto de inserção. Da mesma forma que as outras ferramentas de comentários de texto, os comentários não afetam o texto do documento PDF, mas tornam sua intenção mais clara.

- **Ferramenta Replace Text** (): indique qual texto deve ser removido e digite o texto que deve substituí-lo.

- **Ferramenta Strikethrough** (): indique qual texto deve ser excluído.

- **Ferramenta Underline** (): indique o texto que deve ser sublinhado.

- **Ferramenta Add Note To Text** (): marque o texto e adicione uma nota relativa ao conteúdo marcado.

- **Ferramenta Text Box** (): crie uma caixa que contém texto posicionada em qualquer lugar na página e de qualquer tamanho. Ela permanece visível na página em vez de fechar como uma nota pop-up.

- **Ferramenta Callout** (): especifique a área na qual está comentando sem ocultá-la. As marcações de chamada possuem três partes: uma caixa de texto, uma linha de inclinação e uma linha de ponto final. Arraste as alças para redimensionar cada parte e posicioná-la exatamente onde deseja.

- **Ferramentas Line** (), **Arrow** (), **Oval** (), **Rectangle** (), **Cloud** (), **Polygon** (), **Connected Lines** (), **Pencil** () e **Eraser** (): use as ferramentas de desenho para dar ênfase a áreas na página ou para comunicar seus pensamentos artisticamente, em especial quando estiver revisando documentos gráficos.

▶ **Dica:** Para criar um carimbo personalizado, clique na ferramenta Stamp e escolha Custom Stamps > Create Custom Stamp. A seguir, selecione o arquivo de imagem que será utilizado.

Comente no Adobe Reader

O Adobe Reader X inclui as ferramentas Sticky Note e Highlight Text para todos os documentos PDF. Porém, todas as ferramentas de comentários e marcação podem ser disponibilizadas aos usuários do Reader para um documento específico; para isso, salve-o como um documento habilitado no Acrobat. Para oferecer ferramentas de comentários completas aos usuários do Reader, escolha File > Save As > Reader Extended PDF > Enable Commenting & Measuring.

Adicione notas adesivas

É possível anexar uma nota adesiva em qualquer parte do documento. Como as notas podem ser facilmente movidas, elas são mais adequadas para comentários sobre o conteúdo geral ou o layout de um documento, em vez de sobre uma sentença específica. Adicionaremos uma nota adesiva na primeira página desse documento.

1 Clique em Comment para abrir o painel Comment.

2 Clique em Annotations se o painel Annotations ainda não estiver aberto, a seguir, selecione a ferramenta Sticky Note.

3 Clique em qualquer lugar na página.

Uma nota adesiva é aberta. O nome no painel Identity da caixa de diálogo Acrobat Preferences é exibido automaticamente na nota, assim como a data e a hora.

4 Digite **Looks good so far. I'll look again when it's finished.**

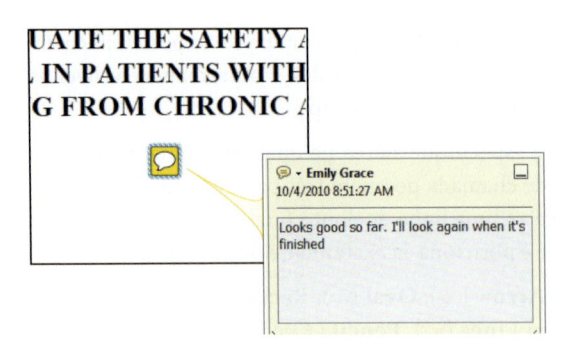

5 Clique na seta antes do nome na caixa de diálogo Sticky Note e escolha Properties no menu pop-up.

6 Clique na guia Appearance e, a seguir, no seletor de cores.

7 Selecione uma amostra azul. A nota adesiva altera sua cor automaticamente.

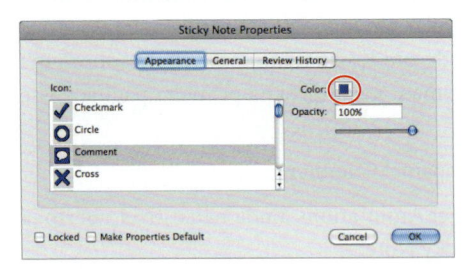

8 Clique na guia General.

9 Na caixa Author, digite **Reviewer A**.

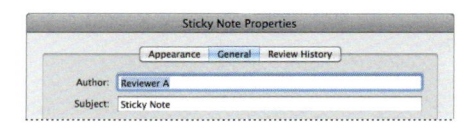

Podemos alterar o nome anexado a um comentário. Isso pode ser necessário, por exemplo, se o computador de outra pessoa estiver sendo usado.

10 Clique em OK.

A nota adesiva azul é fechada na página. Para reabri-la, basta clicar duas vezes no ícone da nota.

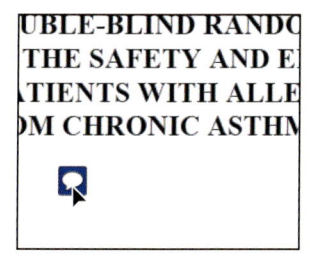

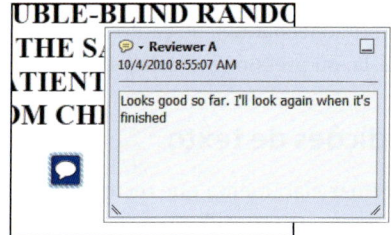

Dê ênfase ao texto

Use a ferramenta Highlight Text para dar ênfase a um texto específico em um documento. Após marcar o texto, também podemos adicionar uma mensagem. Faremos um comentário usando a ferramenta Highlight Text nesse documento.

1 Avance para a página 2 do documento.

2 Selecione a ferramenta Highlight Text ( ) na barra de ferramentas Quick Tools.

Podemos selecionar a ferramenta Sticky Note e a ferramenta Highlight Text no painel Annotations, dentro de Comment, ou na barra de ferramentas Quick Tools. Podemos também adicionar outras ferramentas de comentários e marcação à barra de ferramentas Quick Tools, clicando no botão Customize Quick Tools, na barra de ferramentas.

3 Arraste o ponteiro marcando o texto "Jocelyn M. Taget, RN" na primeira linha da tabela. O texto fica marcado em amarelo.

4 Clique duas vezes no texto marcado. Uma caixa de mensagem de comentário é aberta.

5 Digite **Double-check contact info.**

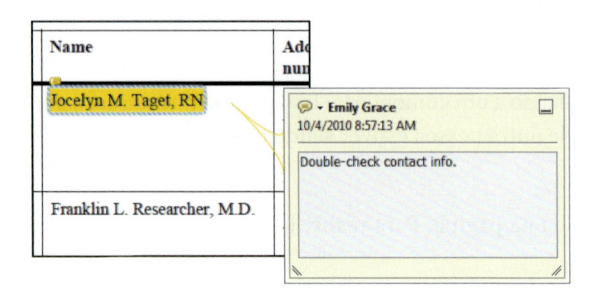

6 Clique no botão fechar (□), no canto superior direito da caixa de comentário, para fechá-la, ou pressione a tecla Esc para fechá-la.

Marque edições de texto

Podemos informar claramente que texto deve ser excluído, inserido ou substituído com as ferramentas de edição de texto. Sugeriremos algumas alterações ao texto do documento de protocolo.

1 Avance para a página 3 do documento de protocolo.

2 Clique na ferramenta Replace Text (🔧) no painel Annotations, dentro do painel Comment.

3 Selecione a palavra "Patients" no título do estudo (na quarta célula da tabela).

4 Digite **patients** para substituí-la.

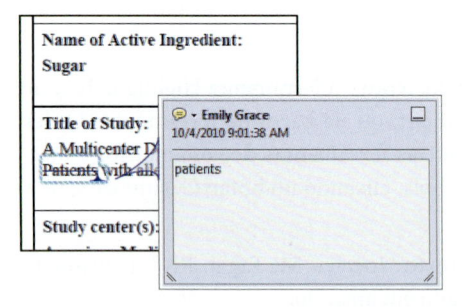

Uma caixa de comentário é exibida com o texto "patients", e o texto original é riscado. Um ponto de inserção é exibido no texto original.

5 Clique no botão fechar na caixa de comentário.

6 Selecione a ferramenta Insert Text, no painel Annotations. A seguir, clique em um ponto de inserção após "Evaluation of tolerability and evaluation of long-term", na seção Objectives da tabela.

7 Digite **efficacy** para inserir o texto.

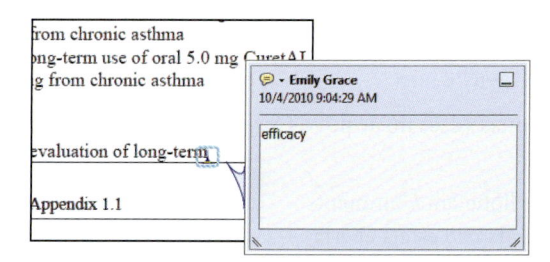

A caixa de comentário é aberta com a palavra "efficacy". O ícone de um ponto de inserção é exibido no texto original.

8 Clique no botão fechar na caixa de comentário.

9 Abra a página 10 do documento.

10 Selecione a ferramenta Strikethrough (⟁), no painel Annotations.

11 Em "Potential Risks and Benefits", próximo da parte inferior da página, selecione as palavras "based on studies to date".

Uma linha vermelha é criada cruzando o texto, indicando a exclusão.

12 Feche o documento. Podemos salvar as alterações ou fechar sem salvá-las.

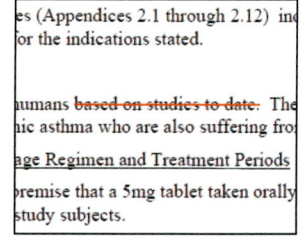

▶ **Dica:** Para verificar a ortografia nos comentários, escolha Edit > Check Spelling > In Comments, Fields, & Editable Text.

Trabalhe com comentários

Os comentários podem ser exibidos na página em uma lista ou em um índice. Eles também podem ser importados, exportados, pesquisados e impressos. Além disso, podemos responder os comentários se estivermos participando de uma revisão compartilhada ou precisarmos devolver o arquivo PDF para um revisor, em uma revisão por e-mail. Neste exercício, importaremos os comentários dos revisores, classificaremos, exibiremos, ocultaremos e pesquisaremos comentários e alteraremos seu status.

Importe comentários

Se um processo de revisão compartilhada gerenciada for utilizado, os comentários são importados automaticamente. Porém, se um processo de revisão por e-mail for usado ou se estivermos reunindo os comentários de maneira informal, podemos importar os comentários de forma manual. Importaremos os comentários de três revisores para um rascunho a fim de criarmos um formulário de consentimento informado.

1 No Acrobat, escolha File > Open.

2 Na pasta Lesson09, clique duas vezes no arquivo Curetall_Informed_Consent.pdf.

3 Abra o painel Comment e clique em Comments List para expandi-la, caso ainda não esteja aberta. Ainda não há comentários no documento.

4 No menu de opções, no painel Comments List, escolha Import Data File.

5 Acesse a pasta Lesson09/Comments.

▶ **Dica:** Como revisor, você pode exportar comentários para um arquivo de dados (com uma extensão .fdf em seu nome) para reduzir o tamanho do arquivo, especialmente se estiver enviando os comentários por e-mail. Para exportar comentários, escolha Export All To Data File ou Export Selected To Data File no menu de opções, no painel Comments List.

6 Clique segurando Shift para selecionar estes arquivos:

- Curetall Informed Consent_ab.pdf
- Curetall Informed Consent_cd.pdf
- Curetall Informed Consent_ef.fdf

7 Clique em OK (Windows) ou em Select (Mac).

Dois dos documentos são arquivos PDF com comentários incluídos; o arquivo FDF é um arquivo de dados que contém comentários exportados por um revisor.

O Acrobat importa os comentários e os exibe na lista de comentários.

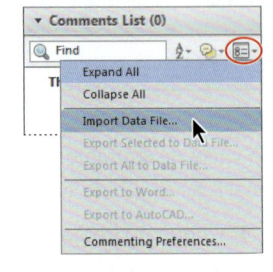

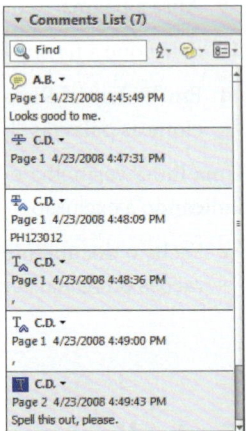

Visualize os comentários

A lista de comentários é exibida no painel Comment quando os comentários são importados. A lista de comentários inclui todos os comentários do documento, com o nome do autor do comentário, o tipo de comentário e o comentário propriamente dito.

1 Use a barra de rolagem para avançar na lista de comentários. Por padrão, os comentários são listados na ordem em que são exibidos no documento.

2 Na barra de ferramentas Comments List, clique no botão Sort Comments (↓) e escolha Type.

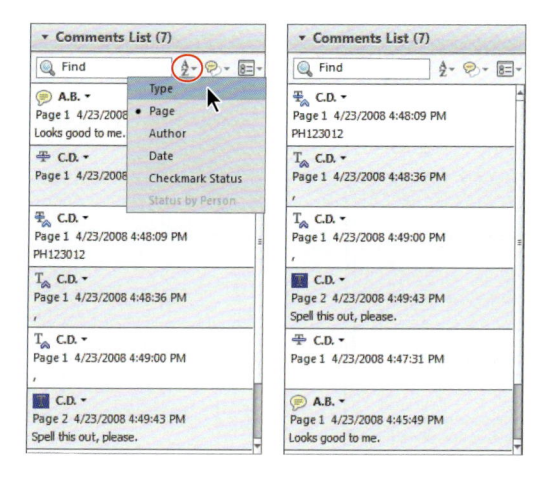

O Acrobat reorganiza os comentários para que sejam categorizados por tipo de comentário, como inserções de texto, marcações ou notas, em vez do número da página.

3 Clique no quarto comentário, uma marcação. Quando clicamos no comentário, o Acrobat move a página para o local do comentário, para que o vejamos no contexto.

4 Clique na caixa de seleção ao lado do comentário para adicionar uma marca de seleção a ele.

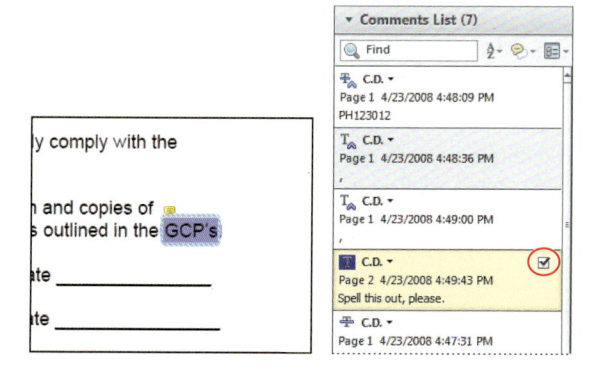

As marcas de seleção podem ser adicionadas para indicar que um comentário foi lido, respondido, discutido com alguém ou qualquer outra função significativa.

5 Clique no botão Filter Comments ( ), na barra de ferramentas Comments List, e escolha Checked > Unchecked.

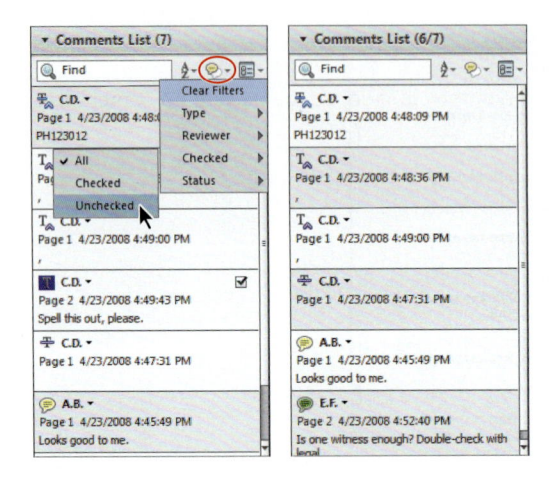

O comentário marcado não está mais listado, mas ele permanece no documento. As opções de filtro podem ser usadas para estruturar a lista de comentários e focar os comentários que serão utilizados, seja para visualizar apenas as edições de texto, comentários de um revisor específico ou comentário que atendem a outros critérios.

6 Clique no botão Filter Comments mais uma vez e escolha Show All Comments.

Todos os comentários são listados novamente.

7 Na barra de ferramentas Comments List, digite **witness** na caixa Find.

Um comentário é exibido na lista, o único comentário que inclui a palavra "witness". A caixa Find pode ser usada para a pesquisa de qualquer texto nos comentários.

8 Selecione o comentário e clique na seta no comentário. A seguir, escolha Reply. A caixa de resposta é aberta na lista de comentários com o seu nome ao lado.

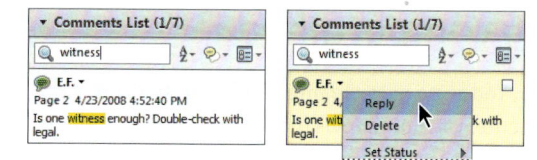

9 Digite **Legal says one witness is fine, per Janet**.

10 Com o último comentário ainda selecionado, clique na seta no comentário novamente e escolha Set Status > Completed.

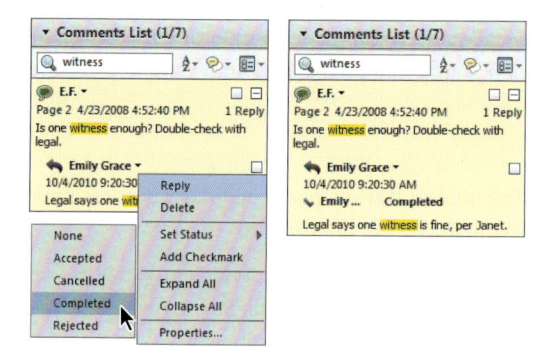

● **Nota:** O revisor verá a nossa resposta apenas se estivermos usando um processo de revisão compartilhada ou se uma cópia salva do arquivo PDF tiver sido enviada por e-mail ao revisor.

Podemos definir o status de cada comentário para nossos registros pessoais e para mostrar aos revisores como seus comentários foram abordados.

11 Feche o documento sem salvar as alterações.

Indexe os comentários

Um índice de comentários pode ser criado, seja como uma lista contendo apenas os comentários ou como um documento com os comentários citados. No menu do painel Comments List, escolha Create Comment Summary. Na caixa de diálogo Create Comment Summary, selecione o layout e outras opções para o índice. A seguir, clique em Create Comment Summary. O Acrobat cria e abre um arquivo PDF separado com o layout do índice de comentários selecionado. O índice pode ser exibido na tela ou impresso, caso prefira trabalhar com papel.

Inicie uma revisão compartilhada

Em uma revisão compartilhada, todos os participantes podem visualizar e responder os comentários mutuamente. Usar uma revisão compartilhada é uma maneira eficiente de permitir que os revisores resolvam opiniões conflitantes, identifiquem áreas para pesquisa e desenvolvam soluções criativas durante o processo de revisão. É possível administrar uma revisão compartilhada em uma pasta de rede, pasta WebDAV, espaço de trabalho SharePoint ou Acrobat.com, um serviço Web gratuito. Para este exercício, utilizaremos o Acrobat.com para administrar uma revisão compartilhada. Será necessário convidar pelo menos uma outra pessoa para participar. Se estiver trabalhando sozinho, crie um endereço de e-mail alternativo usando um serviço Web gratuito como o Gmail ou o Yahoo.

Convide revisores

Utilizaremos o assistente Send For Shared Review para convidar revisores para participar de uma revisão compartilhada de um documento.

1. Decida quem você convidará para participar de uma revisão compartilhada e certifique-se de que dispõe de seus endereços de e-mail. Se estiver trabalhando sozinho nesta lição, crie um endereço de e-mail alternativo para o qual um convite possa ser enviado.

2. Selecione File > Open.

3. Acesse a pasta Lesson09 e clique duas vezes no arquivo Aquo_Market_Summary.pdf.

4. No painel Comment, abra o painel Review. A seguir, selecione Send For Shared Review.

5. Selecione Automatically Download & Track Comments With Acrobat.com no menu pop-up, no topo da caixa de diálogo Send For Shared Review.

6. Clique em Next.

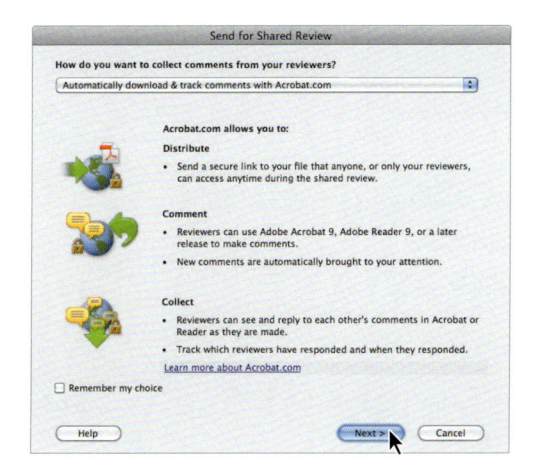

7 Se a Adobe ID e a senha forem solicitadas, digite-as, clique em Sign In e execute o passo 8. Caso não tenha uma Adobe ID, faça o seguinte: Clique em Create Adobe ID e preencha o formulário online. Leia o acordo de serviços e selecione I Have Read And Agreed To the Following (Li e concordo com o seguinte). Então, clique em Next. Clique em Agree (concordo) se a caixa de diálogo Acrobat.com Services Agreement for exibida.

O Acrobat.com autentica a Adobe ID se estiver conectado ou tiver conectado anteriormente, ou cria a Adobe ID se uma nova tiver sido solicitada.

● **Nota:**
Quando uma Adobe ID for criada, uma confirmação será enviada por e-mail. Responda o e-mail dentro de três dias para verificar sua Adobe ID. Não é necessário interromper o fluxo de trabalho da revisão compartilhada para confirmar a Adobe ID.

8 Insira o endereço de e-mail das pessoas que deseja convidar.

9 Personalize a mensagem que será enviada aos participantes ou aceite a mensagem padrão.

10 Selecione Open Access no menu Access Level para que todos que possuem a URL possam participar.

A opção Limit Access restringe o acesso aos participantes convidados.

11 Clique em Send.

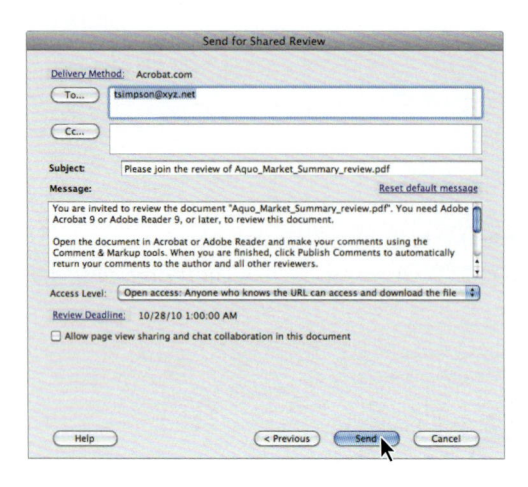

O servidor do Acrobat.com envia as mensagens de convite por e-mail com um link para o documento no Acrobat.com. O Acrobat salva o documento no Acrobat.com e no disco rígido local. Dependendo do aplicativo de e-mail usado e das configurações de segurança, o aplicativo de e-mail pode ser aberto.

12 Feche o documento.

Sobre o Acrobat.com

O Acrobat.com é um serviço baseado na Web, gratuito com vários recursos gratuitos. Embora se chame Acrobat.com, ele não faz parte do aplicativo Acrobat. Na verdade, é possível compartilhar arquivos de qualquer formato nesse site, não apenas arquivos PDF. Para acessar o Acrobat.com, insira www.acrobat.com em seu navegador. Para acessar os recursos gratuitos, é necessário apenas uma Adobe ID gratuita. Para obter mais informações sobre o Acrobat.com, visite www.acrobat.com.

Participe de uma revisão compartilhada

Você e seu colega participarão de uma revisão compartilhada, adicionando comentários para que outras pessoas visualizem.

1 Se estiver trabalhando sozinho, abra o convite enviado por e-mail para um endereço de e-mail alternativo. Se estiver trabalhando com um colega ou um amigo, peça para que ele abra o convite enviado por e-mail e siga os passos abaixo.

2 Clique no link do arquivo PDF no convite para acessar o Acrobat.com.

3 Se solicitado, conecte-se ao Acrobat.com com uma Adobe ID.

4 Clique em Download. Se solicitado, clique em Pick A Location e selecione um local para o arquivo em seu computador.

5 Abra ou clique duas vezes no arquivo transferido para abrir o arquivo PDF no Acrobat.

6 Se uma caixa de diálogo Shared Review for exibida, clique em Connect e insira a Adobe ID, se necessário.

7 Na caixa de diálogo Welcome To Shared Review, clique em OK.

8 Adicione vários comentários ao arquivo PDF usando as ferramentas de comentários.

9 Clique em Publish Comments na barra de mensagem do documento para salvar os comentários no servidor.

10 Feche o documento. Não é necessário salvar as alterações.

Acompanhe os comentários da revisão

Podemos acompanhar os comentários dos revisores e responder os comentários dentro do Acrobat. Abriremos o arquivo PDF de revisão e verificaremos se há novos comentários.

1 No Acrobat, escolha File > Open.

2 Acesse a pasta Lesson09 e clique duas vezes no arquivo Aquo_Market_Summary_review.pdf.

3 Clique em Connect, na caixa de diálogo Shared Review, e em OK, na janela Welcome Back To Shared Review, se ela for exibida.

O Acrobat salva uma versão de revisão do documento quando ele é enviado para a revisão compartilhada e transfere automaticamente quaisquer novos comentários que tenham sido adicionados.

4 Na barra de mensagens do documento, clique em Check For New Comments.

O Acrobat informa e exibe os novos comentários adicionais.

5 Selecione o comentário e clique na seta no comentário. A seguir, escolha Reply.

6 Digite uma resposta ao revisor.

7 Clique em Publish Comments na barra de mensagens do documento.

O Acrobat publica sua resposta no servidor.

8 No painel Review, selecione Track Reviews.

O rastreador é aberto.

▶ **Dica:** No Acrobat Pro, podemos visualizar o que mudou entre duas versões de um documento. Escolha View > Compare Documents, especifique o documento e selecione o tipo de documento. O Acrobat marca as alterações.

9 Selecione o arquivo Aquo_market_summary_review.pdf à esquerda. O rastreador exibe a lista de revisores convidados a participar e quantos comentários cada um deles fez. Ele também exibe o prazo final para a revisão e permite que lembretes sejam enviados por e-mail para os revisores, ou que mais participantes sejam adicionados. Também é possível alterar o prazo final.

10 Feche o Tracker e o documento.

Comece uma revisão baseada em e-mail

Em uma revisão baseada em e-mail, enviaremos uma cópia rastreada do documento PDF para que os comentários recebidos possam ser facilmente fundidos. Para iniciar uma revisão baseada em e-mail, selecione Send For Email Review no painel Review, dentro do painel Comment.

Insira as informações na caixa de diálogo Identity Setup, se elas ainda não estiverem disponíveis no Acrobat. Especifique o PDF que será incluído na revisão e clique em Next. O arquivo PDF especificado torna-se o arquivo mestre; os comentários recebidos de revisores serão fundidos nesse arquivo. Digite os endereços de e-mail dos revisores ou escolha-os no catálogo de endereços de seu aplicativo de e-mail e clique em Next. Personalize o convite enviado por e-mail e clique em Send Invitation. Os revisores recebem o arquivo PDF como um anexo. Quando eles abrirem o anexo, o Acrobat apresentará as ferramentas de comentários e um arquivo PDF com as instruções para revisão.

Após receber os comentários dos revisores, abra os arquivos anexos no e-mail.

Explore por conta própria: inicie uma colaboração ao vivo

É possível convidar outras pessoas para revisar um PDF com você ao vivo em uma sessão online. Na sessão Collaborate Live, é possível compartilhar páginas, incluindo os níveis de ampliação, para que todos vejam a mesma parte do documento. É possível usar a janela de chat ao vivo para exprimir seus pensamentos sobre o documento. Embora o Acrobat seja necessário para iniciar uma sessão Collaborate Live, os participantes podem usar o Acrobat X ou o Adobe Reader X.

Neste exercício, discutiremos o documento de resumo de mercado com um colega. Se estiver trabalhando sozinho, use um endereço de e-mail alternativo.

1 No Acrobat, escolha File > Open. Abra o arquivo Aquo_Market_Summary.pdf novamente.
2 Selecione Collaborate Live no painel Review, em Comment.
3 Clique em Next na tela de introdução.

4 Se solicitado, insira a Adobe ID e a senha e clique em Sign In. Se não tiver uma Adobe ID, crie uma e clique em Next para continuar.

O Acrobat.com autentica a Adobe ID.

5 Insira os endereços de e-mail das pessoas que deseja convidar para participar na colaboração ao vivo. Insira um ";" ou uma nova linha entre cada endereço de e-mail.

6 Personalize o assunto e a mensagem do e-mail, se quiser.

7 Certifique-se de que a opção Store File On Acrobat.com And Send A Link To Recipients esteja desmarcada para este exercício.

Quando essa opção está desmarcada, o Acrobat envia o arquivo como um anexo aos destinatários.

8 Clique em Send.

O Acrobat envia os convites por e-mail. Dependendo das configurações de segurança do aplicativo de e-mail, pode ser necessário enviar as mensagens no aplicativo de e-mail. Quando o Acrobat tiver enviado os convites, o painel de navegação Collaborate Live é aberto no documento.

9 Peça para que seu colega abra o PDF anexado no convite enviado por e-mail. Se estiver trabalhando sozinho, verifique seu e-mail e abra o PDF anexado.

Quando um participante abre o PDF anexado, o painel de navegação Collaborate Live é aberto.

10 Peça para que os participantes se conectem como convidados. Se estiver trabalhando sozinho, conecte-se como um convidado na segunda cópia do documento.

11 Clique no botão Start Page Sharing para iniciar o compartilhamento das páginas. Clique em OK em qualquer caixa de mensagem exibida que alerta que todos verão a mesma página e que uma exibição de página do documento pode ser compartilhada.

12 Digite as mensagens de bate-papo na caixa, na parte inferior do painel. Clique na caixa de cores se quiser usar cores diferentes para seu texto de bate-papo.

13 Para compartilhar sua tela em uma reunião Adobe ConnectNow (que permite o compartilhamento da tela em vez de simplesmente um documento PDF, escolha Share My Screen no menu de opções, no painel Collaborate Live).

14 Quando tiver concluído a sessão Collaborate Live, escolha Disable Chat & Page Sharing In My Copy ou Disable Chat & Page Sharing In All Copies no menu de opções, no painel Collaborate Live. Clique em OK se uma mensagem de aviso for exibida.

15 Feche o documento e saia do Acrobat.

Perguntas de revisão

1 Como adicionamos comentários a um documento PDF?
2 Como consolidamos os comentários feitos por vários revisores?
3 Qual é a diferença entre um processo de revisão baseado em e-mail e um processo de revisão compartilhado?

Respostas

1 Podemos adicionar comentários a um PDF usando qualquer ferramenta de comentário e marcação do Acrobat. Abra o painel Comment para ver todas as ferramentas disponíveis nos painéis Annotations e Drawing Markups. Para utilizar uma ferramenta, selecione-a, clique na página e selecione o texto que será editado ou desenhe a marcação.

2 Abra o arquivo PDF original enviado para revisão e escolha Import Data File no menu do painel Comments List. Selecione os arquivos PDF ou FDF que os revisores devolveram e clique em Select. O Acrobat importa todos os comentários para o documento original.

3 Em um processo de revisão baseado em e-mail, cada revisor recebe o documento PDF por e-mail, faz comentários e devolve o documento PDF por e-mail; os revisores não veem os comentários dos outros.

Em um processo de revisão compartilhada, o documento PDF é postado em uma pasta ou servidor central e os revisores são convidados a fazer seus comentários. Quando os revisores publicam os comentários, eles podem ser vistos por todos os outros revisores, para que todos respondam. Também podemos aplicar um prazo final mais facilmente com um processo de revisão compartilhada, já que as ferramentas de comentários não ficarão mais disponíveis aos revisores após o prazo.

10 TRABALHE COM FORMULÁRIOS NO ACROBAT

Visão geral da lição

Nesta lição, você vai aprender a:

- Criar um formulário PDF interativo.
- Adicionar campos de formulário, incluindo caixas de texto, botões de opção e botões de ação.
- Distribuir um formulário.
- Rastrear um formulário para determinar seu status.
- Aprender como reunir e compilar dados de formulários.
- Validar e calcular dados de formulários.

Esta lição levará aproximadamente 45 minutos para ser concluída. Copie a pasta Lesson10 para o disco rígido do seu computador, caso ainda não a tenha copiado.

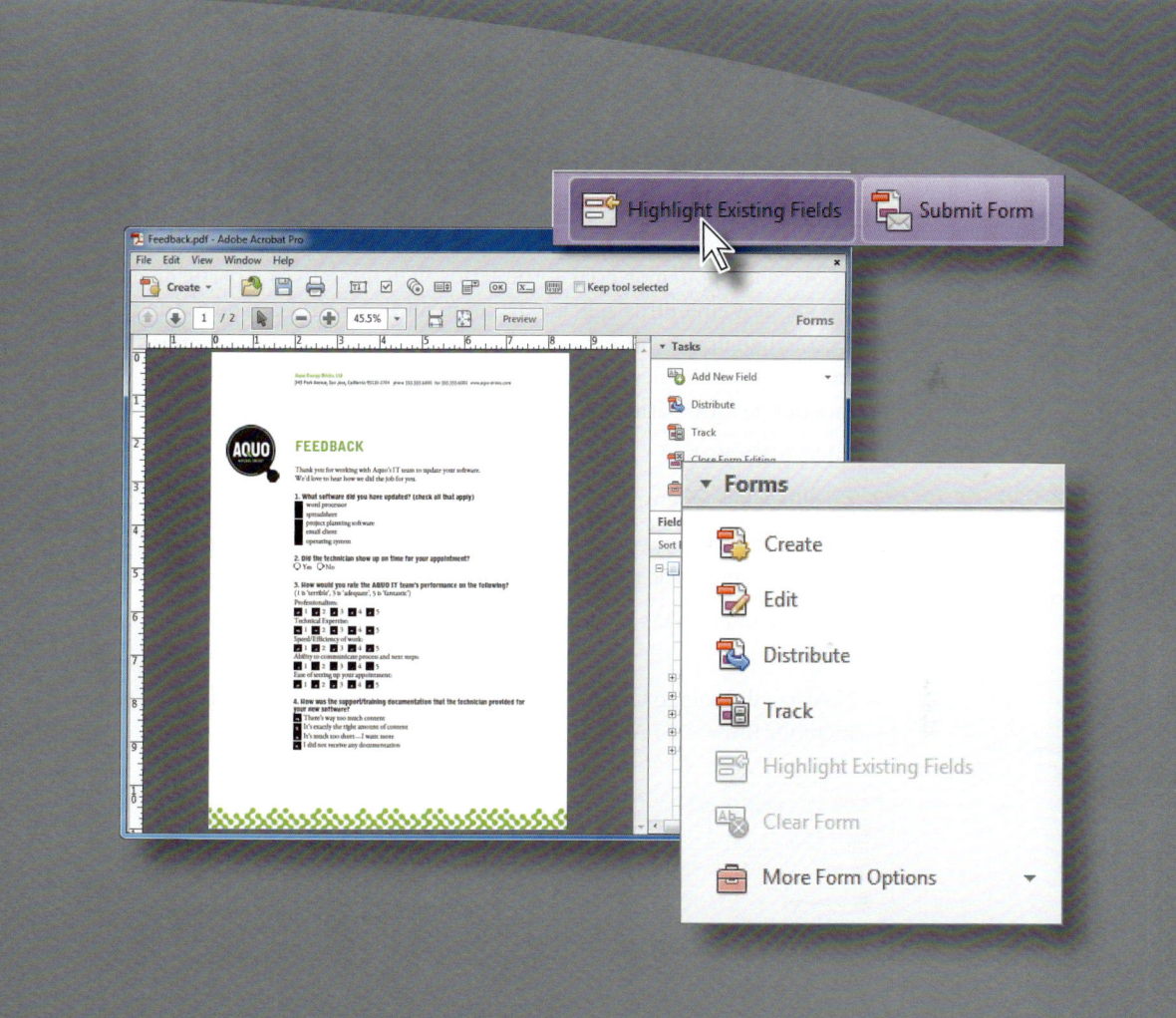

Qualquer documento do Acrobat pode ser convertido, inclusive um documento em papel digitalizado, para um formulário interativo, para distribuição, rastreamento e coleta online.

Introdução

Nesta lição, prepararemos um formulário de *feedback* para o departamento de TI de uma empresa fabricante de bebidas fictícia. Converteremos um documento PDF existente em um formulário interativo e utilizaremos as ferramentas de formulário do Acrobat para adicionar campos de formulário que os usuários poderão preencher. Depois distribuiremos o formulário, o rastrearemos e coletaremos e analisaremos os dados usando as ferramentas do Acrobat.

Converta arquivos PDF em formulários PDF interativos

Com o Acrobat, podemos criar formulários PDF interativos a partir de documentos gerados em outros aplicativos, como o Microsoft Word ou o Adobe InDesign, ou digitalizados de formulários existentes em papel. Começamos abrindo um formulário simples que já tenha sido convertido em PDF. Utilizaremos as ferramentas de formulário para convertê-lo em um formulário interativo.

1. Inicie o Acrobat.
2. Escolha File > Open e acesse a pasta Lesson10. Abra o arquivo Feedback.pdf.

O documento PDF contém o texto para o formulário, mas o Acrobat ainda não reconhece os campos de formulários do documento.

3. Abra o painel Forms no painel Tools. A seguir, clique em Create no painel Forms.
4. Na caixa de diálogo Create Or Edit Form, selecione Use The Current Document Or Browse To A File, e, a seguir, clique em Next.

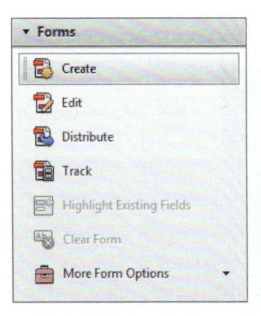

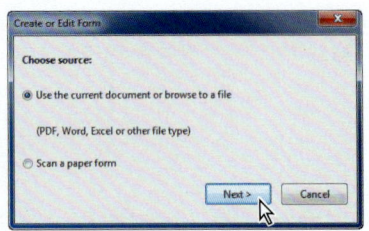

5 Selecione Use The Current Document e clique em Next.

O Acrobat analisa o documento e adiciona os campos de formulário interativos. Quando ele tiver concluído, a caixa de diálogo Form Editing avisa que o modo Form Editing está ativo. No modo Form Editing, é possível inspecionar o documento para garantir que o Acrobat adicionou os campos de formulário adequadamente, e os campos podem ser adicionados de forma manual onde necessário.

6 Clique em OK para fechar a caixa de diálogo Form Editing.

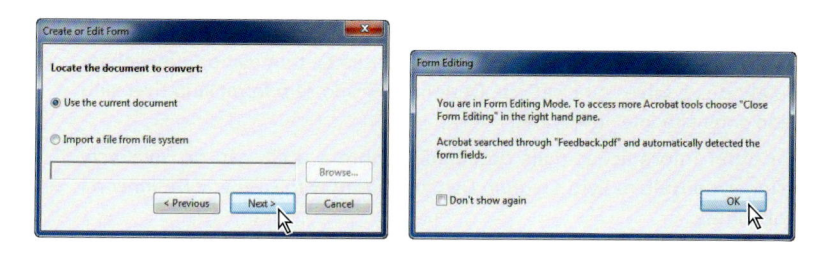

O Acrobat lista os campos de formulário adicionados no painel Fields, à direita. O painel Tasks relaciona as ferramentas disponíveis para o trabalho com os formulários no modo Form Editing.

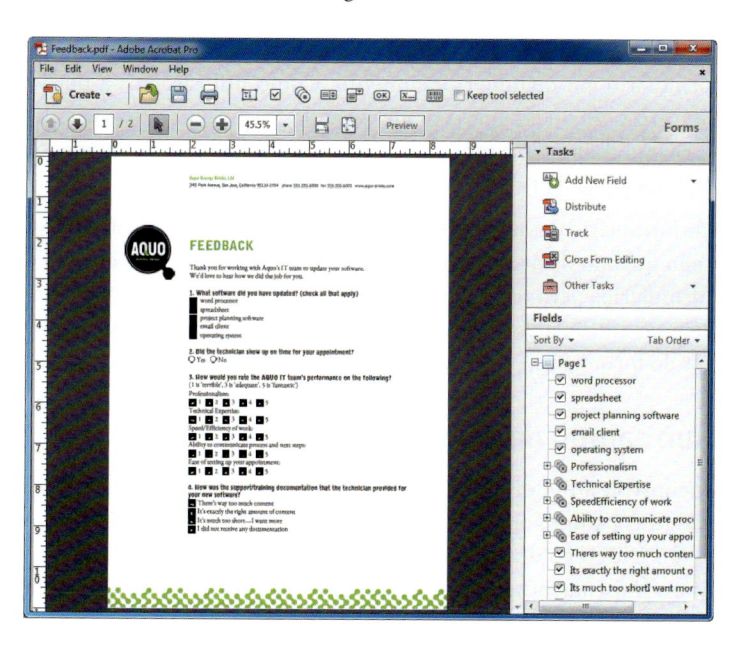

> ## LiveCycle Designer
>
> O Adobe LiveCycle Designer ES é um aplicativo autônomo incluso com o Adobe Acrobat Pro para o Windows. Use o LiveCycle Designer ES quando quiser estender as capacidades básicas dos formulários no Acrobat. Por exemplo, um formulário do LiveCycle Designer ES pode incluir campos que permitem a fácil adição de gráficos em um formulário, possibilitando a criação de formulários dinâmicos que se adaptam de forma a receber quantidades diferentes de dados ou interação como o usuário.
>
> O LiveCycle Designer deve ser usado para a edição de formulários que tenham sido abertos e salvos no LiveCycle Designer, mesmo se o formulário tiver sido criado originalmente no Acrobat.
>
> Para obter informações mais detalhadas sobre a utilização do LiveCycle Designer, consulte o livro *Creating Dynamic Forms with LiveCycle Designer* da Adobe Press.

Adicione campos de formulário

As ferramentas de formulário do Acrobat podem ser usadas para a adição de campos de formulário em qualquer documento. Como utilizaremos a opção Create para converter um documento em um formulário PDF interativo, já estamos no modo Form Editing. Esse modo pode ser acessado a qualquer momento clicando em Edit no painel Forms.

● **Nota:** Se um documento tiver sido protegido com senha para impedir a edição, é necessário saber a senha para adicionar ou editar os campos. Após um formulário ter sido habilitado para o Adobe Reader, para que os usuários do Reader possam salvar o formulário preenchido, ninguém pode editá-lo.

Cada campo de formulário possui um nome, que deve ser único e descritivo; esse nome será usado quando os dados forem coletados e analisados, mas ele não é exibido nos formulários para que os usuários o vejam. Dicas de ferramentas e etiquetas podem ser adicionadas para ajudar os usuários a entender como preencher os campos do formulário.

Adicione um campo de texto

O Acrobat encontrou a maioria dos campos de formulário no documento, mas ignorou alguns campos na segunda página. Adicionaremos um campo de texto para um endereço de e-mail. Os campos de texto permitem que os usuários insiram informações, como nome ou número de telefone, em um formulário.

1 Caso não esteja no modo Form Editing, clique em Edit no painel Forms.
2 Avance para a segunda página do formulário PDF.
3 No painel Tasks, escolha Text Field no menu Add New Field. O ponteiro se transforma em uma retícula, anexada a uma caixa de texto.
4 Clique à direita de "Email address (optional):" para inserir o campo de texto.
5 Digite **email address** na caixa Field Name. Não selecione Required Field, pois esse é um campo opcional.

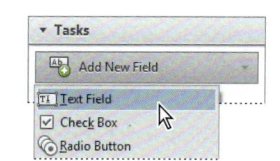

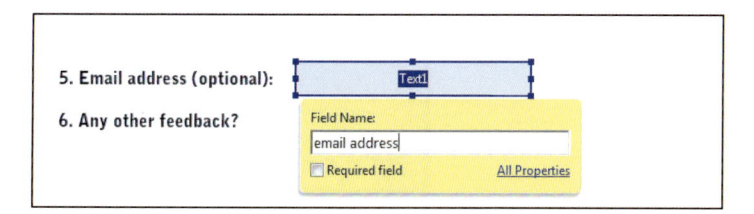

6 Arraste a borda direita do campo de texto para aumentá-lo.

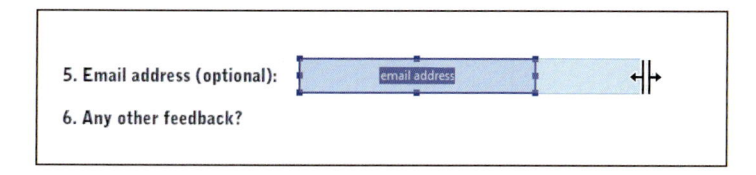

Adicione um campo de texto multilinha

O próximo campo destina-se a *feedback* adicional. Alguém que preencherá o formulário poderia digitar algumas palavras ou um parágrafo inteiro. Criaremos um campo de texto que permite várias linhas.

1 Escolha Text Field no menu Add New Field.
2 Clique abaixo de "6. Any other feedback?" para adicionar um campo de texto.
3 Digite **other feedback** na caixa Field Name. Esse é outro campo opcional, por isso, não selecione Required Field.
4 Arraste a alça inferior direita de cor azul para aumentar o tamanho da caixa, a fim de que ela possa conter várias linhas de texto.

5 Clique duas vezes no campo de texto para editar suas propriedades.

6 Na caixa de diálogo Text Field Properties, clique na guia Options.

7 Selecione Multi-line e Scroll Long Text.

8 Selecione Limit Of _ Characters e digite **750** para o limite.

9 Clique em Close.

10 Clique em Preview na barra de ferramentas Common Tools. Se ela já estiver selecionada, clique em Highlight Existing Fields para ver como os campos serão exibidos aos usuários.

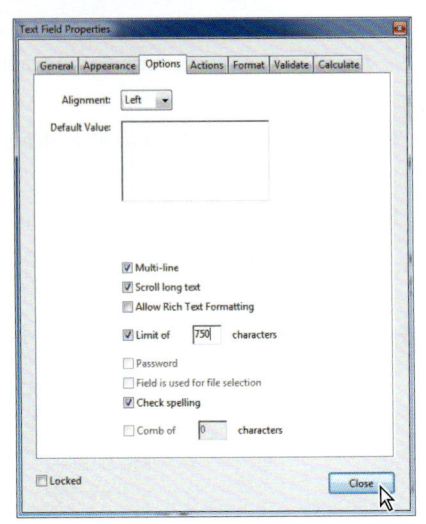

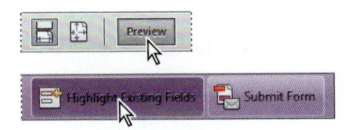

Especifique um formato de resposta

Formatações especiais podem ser usadas para restringir o tipo de dado inserido em um campo de texto ou para converter automaticamente os dados para um formato específico. Por exemplo, podemos definir um campo de código postal para aceitar apenas números ou um campo de data para aceitar apenas um formato de data específico. Podemos também restringir as inserções numéricas a números dentro de um certo limite.

Para restringir o formato de um campo de texto, abra suas propriedades. Clique na guia Format, selecione a categoria de formatação e, a seguir, a opção adequada para o campo.

Adicione botões de opção

A segunda pergunta no formulário de *feedback* exige uma resposta sim ou não. Criaremos botões de opção para essa pergunta. Os botões de opção permitem que o usuário selecione uma, e apenas uma, opção entre um conjunto de opções.

1 Se o modo Preview estiver ativado, clique em Edit, na barra Common Tools, para retornar ao modo Form Editing.

2 Abra a página 1 do formulário.

3 Escolha Radio Button no menu Add New Field.

4 Clique no círculo ao lado da palavra "Yes" depois da pergunta 2.

5 Selecione Required Field.

6 Digite **Yes** na caixa Radio Button Choice.

7 Digite **on time** na caixa Group Name.

8 Clique em Add Another Button no fim da caixa de diálogo. O ponteiro se transforma em uma caixa novamente.

9 Clique no círculo ao lado de "No".

10 Digite **No** na caixa Radio Button Choice e confirme que o nome do grupo é "on time".

● **Nota:** Todos os botões de opção de um conjunto precisam ter o mesmo nome de grupo.

11 Clique em Preview na barra de ferramentas Custom Tools. Para a segunda pergunta clique em Yes e, depois, em No. Observe que é possível selecionar apenas um botão de opção por vez.

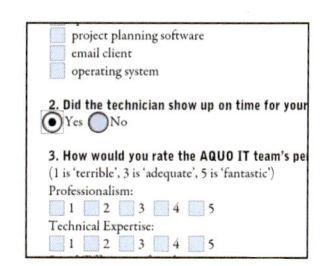

Adicione um botão de ação

Os botões permitem que os usuários executem uma ação, como reproduzir um arquivo de filme, acessar uma página diferente ou enviar um formulário. Criaremos um botão de redefinição que limpará os campos do formulário, para que o usuário possa começar novamente.

1 Clique em Edit, na barra de ferramentas Custom Tools, para retornar ao modo Form Editing.

2 Escolha Button no menu Add New Field.

3 Clique no canto superior esquerdo do formulário para criar o botão.

4 Digite **Rest** na caixa Field Name e clique em All Properties.

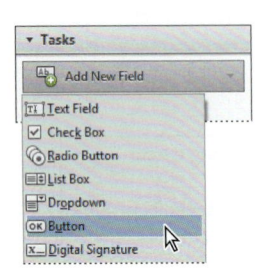

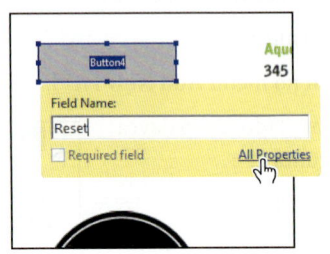

5 Clique na guia Options.

6 Digite **Start over** na caixa Label.

O nome do campo é usado para a coleta e análise dos dados, mas não é exibido no formulário em si. A etiqueta, porém, é exibida no campo quando o usuário está preenchendo o formulário.

7 Clique na guia Actions.

8 Escolha Mouse Up no menu Select Trigger e Reset A Form no menu Select Action. Clique em Add.

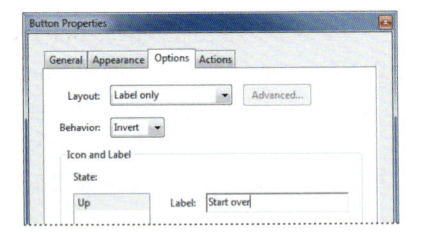

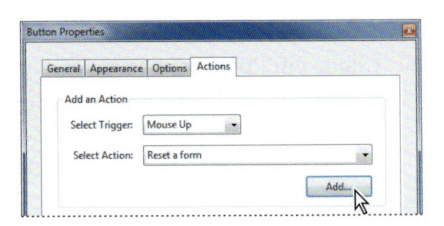

Quando o usuário clica no botão e solta o mouse (Mouse Up), o formulário será redefinido.

9 Clique em OK na caixa de diálogo Reset A Form para redefinir os campos selecionados. Por padrão, todos os campos de formulário estão selecionados.

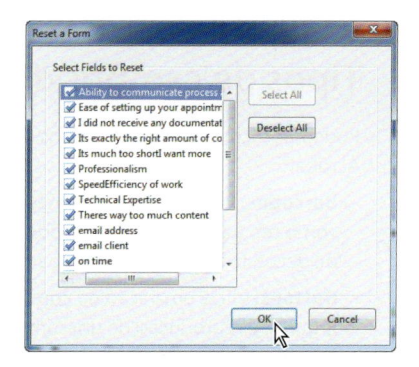

10 Clique na guia Appearance.

11 Clique no seletor Border Color, selecione uma cor azul, clique no seletor Fill Color e selecione cinza.

12 Escolha Beveled no menu Line Style.

O botão será exibido com um fundo cinza e um contorno azul, e a linha biselada fará com que ele pareça tridimensional.

13 Clique em Close para fechar a caixa de diálogo Button Properties.

14 Clique em Preview. Selecione as opções para algumas perguntas e clique no botão Start Over criado. Os campos são redefinidos.

15 Selecione File > Save. Se a caixa de diálogo Save As for exibida, salve o arquivo com o mesmo nome.

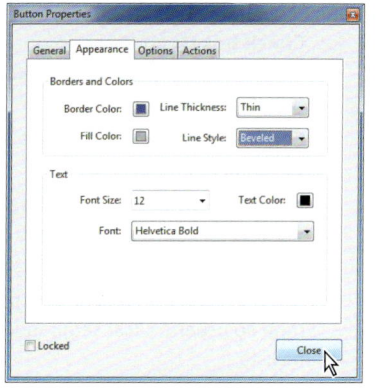

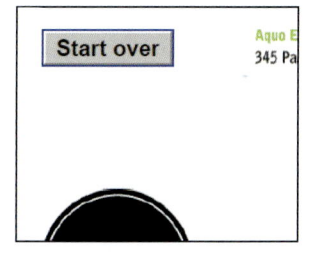

Tipos de campos de formulário

Podemos incluir os seguintes tipos de campos em um formulário PDF criado no Acrobat:

- **Barcodes:** codificam as informações dos campos selecionados e as exibem como um padrão visual que pode ser interpretado por software ou hardware de decodificação (oferecido separadamente).
- **Buttons:** inicia uma ação no computador do usuário, como a abertura de um arquivo, a reprodução de um som ou o envio de dados a um servidor Web. Os botões com imagens, texto e alterações visuais acionados pelo movimento ou clique do mouse podem ser personalizados.
- **Check boxes:** apresentam opções "sim ou não" para itens individuais. Se o formulário contiver várias caixas de seleção, os usuários podem selecionar quantas quiserem.
- **Combo boxes:** permitem que o usuário escolha um item em um menu pop-up ou digite um valor.
- **Digital signatures:** possibilita ao usuário assinar eletronicamente um documento PDF com uma assinatura digital.
- **List boxes:** exibem uma lista de opções as quais podem ser selecionadas pelo usuário. É possível definir uma propriedade do campo de formulário que permite ao usuário clicar segurando Shift ou Control para selecionar vários itens na lista.
- **Radio buttons:** apresentam um grupo de opções entre as quais o usuário pode selecionar apenas uma. Todos os botões de opção com o mesmo nome funcionam em conjunto como um grupo.
- **Text fields:** permitem que os usuários digitem texto, como nome, endereço, endereço de e-mail ou número de telefone.

▶ **Dica:** Quando um formulário PDF estiver sendo preenchido, é possível pressionar a tecla Tab para avançar para o próximo campo. Como o autor do formulário, é possível definir a ordem de tabulação. Para visualizar a ordem de tabulação atual, certifique-se de que o modo Form Editing esteja ativo; a seguir, selecione Other Tasks > Edit Fields > Show Tab Numbers no painel Tasks. O número da ordem de tabulação é exibido no formulário. Para alterar a ordem de tabulação, arraste os campos para uma ordem diferente no painel Fields.

● **Nota:** Não é possível editar um formulário e outros documentos PDF após a ativação de seus direitos para o Reader. Ative um formulário logo antes de distribuí-lo.

Distribua formulários

Após desenvolver e criar o formulário, ele pode ser distribuído de várias maneiras. Se tiver uma conta de e-mail, envie o formulário de *feedback* para si mesmo e colete a resposta no e-mail. Utilizaremos as ferramentas do Acrobat para distribuir o formulário, mas, primeiro, permitiremos que os usuários do Adobe Reader salvem um formulário preenchido.

LIÇÃO 10 | 255
Trabalhe com Formulários no Acrobat

1. Se estiver no modo Form Editing, clique em Close Form Editing, no painel Tasks.
2. Escolha File > Save As > Reader Extended PDF > Enable Additional Features.
3. Leia as informações na caixa de diálogo e clique em Save Now.
4. Clique em Save para salvar o formulário com o mesmo nome.
5. Clique em Yes ou Replace para substituir o arquivo existente.

A princípio, os usuários do Adobe Reader não podem salvar os formulários PDF que preencheram. Quando utilizamos o comando Enable Additional Features, porém, o Acrobat salva o formulário como arquivo PDF compatível com o Reader, para que as pessoas que usam o Adobe Reader possam salvar o formulário preenchido.

6. Clique em Distribute no painel Forms.
7. Clique em Save se uma solicitação for exibida e em Yes se for solicitado limpar o formulário antes de distribuí-lo.

8. Na caixa de diálogo Distribute Form, escolha Manually Collect Responses In My Email Inbox; depois, clique em Next.

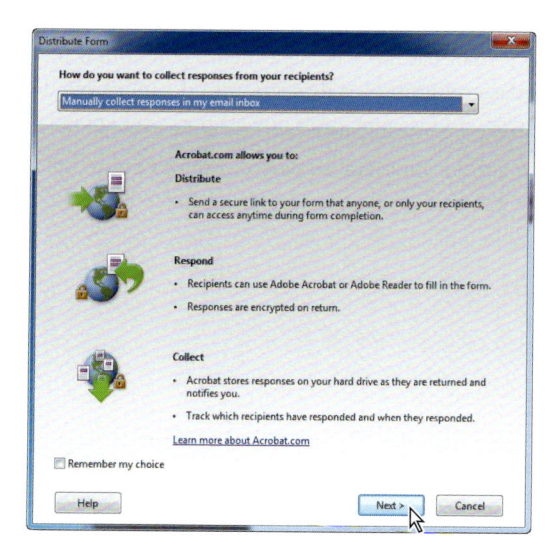

9 Selecione Send It Automatically Using Adobe Acrobat e clique em Next.

10 Se solicitado, insira ou verifique endereço de e-mail, nome, cargo e nome da empresa e clique em Next. Se as informações tiverem sido inseridas anteriormente, o Acrobat usa as informações armazenadas.

11 Digite o seu endereço de e-mail na caixa To. Certifique-se de que Collect Name & Email From Recipients To Provide Optimal Tracking esteja selecionada. A seguir, clique em Send.

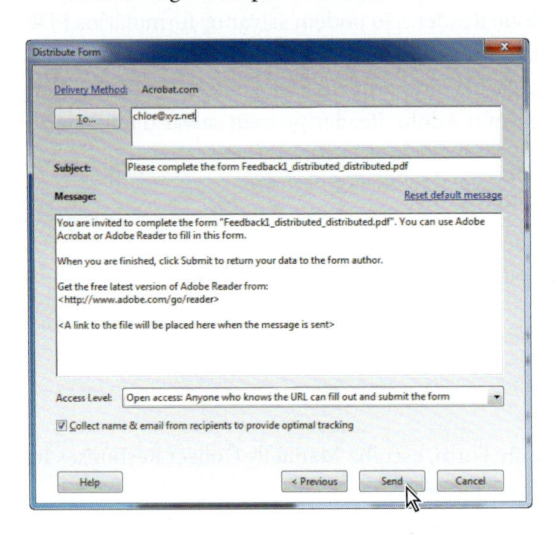

● **Nota:** A linha de assunto e a mensagem de e-mail que acompanham o formulário podem ser personalizadas, e o formulário pode ser enviado a várias pessoas de uma só vez. Para o propósito desta lição, porém, enviaremos o formulário apenas a nós mesmos com a mensagem e a linha de assunto padrão.

O Acrobat abre o aplicativo de e-mail padrão e envia a mensagem com o formulário anexado. Dependendo das configurações de segurança do aplicativo de e-mail, pode ser necessário aprovar a mensagem antes que ela possa ser enviada.

O Acrobat move os endereços inseridos na caixa To para o campo Cco no aplicativo de e-mail para preservar a privacidade dos destinatários do formulário.

O Acrobat abre o Tracker para ajudar no gerenciamento do formulário distribuído. O Tracker permite que o local do arquivo de resposta seja visualizado e editado, os destinatários que responderam rastreados, mais destinatários adicionados, e o envio por e-mail a todos os destinatários e as respostas para um formulário visualizados.

● **Nota:** O Tracker pode ser aberto a qualquer momento selecionando Track no painel Forms.

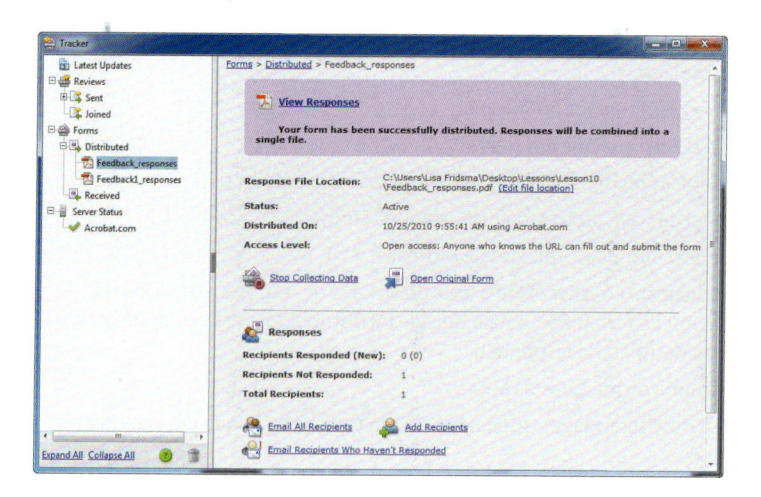

12 Verifique o seu e-mail e abra o arquivo PDF anexado para preencher o formulário.

O formulário é aberto no Acrobat e a barra de mensagens de um documento é exibida sobre ele.

A barra de mensagens do documento mostra as informações sobre o formulário. Se o formulário não contiver um botão Submit Form, ele será incluído nela. Além disso, a barra de mensagens do documento informa aos usuários do Reader sobre seus direitos de uso sobre o formulário e especifica se um formulário foi certificado ou contém campos de assinatura.

● **Nota:** Se os destinatários do formulário estiverem usando versões anteriores do Acrobat ou do Reader, a barra de mensagens do documento pode não estar visível ou pode conter informações diferentes.

Rastreie formulários

Se o Acrobat tiver sido usado para a distribuição dos formulários, os formulários distribuídos ou recebidos podem ser gerenciados. Use o Tracker para visualizar e editar o local do arquivo de resposta, rastrear quem respondeu, adicionar mais destinatários, enviar por e-mail a todos os destinatários e visualizar as respostas para um formulário.

Para rastrear os formulários no Tracker:

1 No painel Forms, clique em Track.

O Tracker exibe as revisões iniciadas e os formulários distribuídos.

2 No painel de navegação esquerdo, expanda Forms.

3 Selecione o formulário que deseja rastrear.

No painel principal, o Tracker exibe o local do arquivo de resposta, o método usado para distribuir o formulário, a data que ele foi distribuído, a lista de destinatários e se cada destinatário respondeu.

4 Execute uma ou mais destas ações:

- Para visualizar todas as respostas para um formulário, clique em View Responses.
- Para modificar o local do arquivo de resposta, em Response File Location, clique em Edit File Location.
- Para visualizar o formulário original, clique em Open Original Form.
- Para enviar o formulário para mais destinatários, clique em Add Recipients.
- Para enviar por e-mail a todos os destinatários, clique em Email All Recipients.
- Para lembrar os destinatários de preencher o formulário, clique em Email Recipientes Who Haven't Responded.

Opções para a distribuição de formulários

Há diversas maneiras de enviar os formulários às pessoas que precisam preenchê-lo. Podemos postá-los em um site, por exemplo, ou enviá-los diretamente do aplicativo de e-mail. Para aproveitar as ferramentas de gerenciamento de formulários do Acrobat para rastrear, coletar e analisar os dados, use uma destas opções:

- Hospede o formulário no Acrobat.com e envie aos destinatários um link seguro dele. No Acrobat, é possível criar uma conta de usuário própria no Acrobat.com e usar o Acrobat.com para transferir e compartilhar a maioria dos tipos de documentos.
- Envie o formulário como um anexo de e-mail e colete respostas manualmente em sua caixa de entrada de e-mail.
- Envie o formulário usando uma pasta de rede ou um servidor Windows como serviços Microsoft SharePoint. Colete respostas automaticamente no servidor interno.

Para distribuir um formulário usando um desses métodos, clique em Distribute no painel Forms e siga as instruções online. Para saber mais sobre a distribuição de formulários, consulte a ajuda do Adobe Acrobat X.

Colete dados de formulário

Os formulários eletrônicos não são apenas mais convenientes para os usuários; eles também facilitam o rastreamento, a coleta e a revisão dos dados do formulário. Quando um formulário é distribuído, o Acrobat cria automaticamente um PDF Portfolio para a coleta dos dados. Por padrão, esse arquivo é salvo na mesma pasta que o formulário original, com o nome [nome do arquivo]_responses.

Preencheremos o formulário e o enviaremos; depois, coletaremos os dados do formulário.

1 Preencha o formulário aberto e selecione as opções para cada pergunta, como se fosse um destinatário. Digite algumas palavras em um campo multilinha para o número 6. A seguir, clique em Submit Form.

2 Na caixa de diálogo Send Form, verifique o endereço de e-mail e o nome usado para o envio dos dados e, depois, clique em Send.

● **Nota:**
Dependendo das configurações de segurança do aplicativo de e-mail, pode ser necessário aprovar a mensagem antes que ela seja enviada.

3 Na caixa de diálogo Select Email Client, selecione Desktop Email Application se um aplicativo como o Microsoft Outlook, Eudora ou Mail for usado. Selecione Internet Email se um serviço de e-mail da Internet, como o Yahoo ou o Hotmail, for usado. (O arquivo deve ser enviado manualmente de um serviço de e-mail da Internet.) Clique em OK.

Se uma mensagem sobre o envio do e-mail for recebida, clique em OK. Dependendo das configurações do aplicativo de e-mail, pode ser necessário enviar a mensagem manualmente.

4 Verifique seu e-mail. O formulário preenchido chega em uma mensagem com o assunto "Submitting Completed Form". Clique duas vezes no anexo dessa mensagem.

5 Selecione Add to An Existing Responses File e aceite o nome de arquivo padrão. A seguir, clique em OK.

O Acrobat compila os dados no arquivo de resposta criado quando o formulário foi distribuído.

6 Clique em Get Started na parte inferior da tela de boas-vindas do PDF Portfolio.

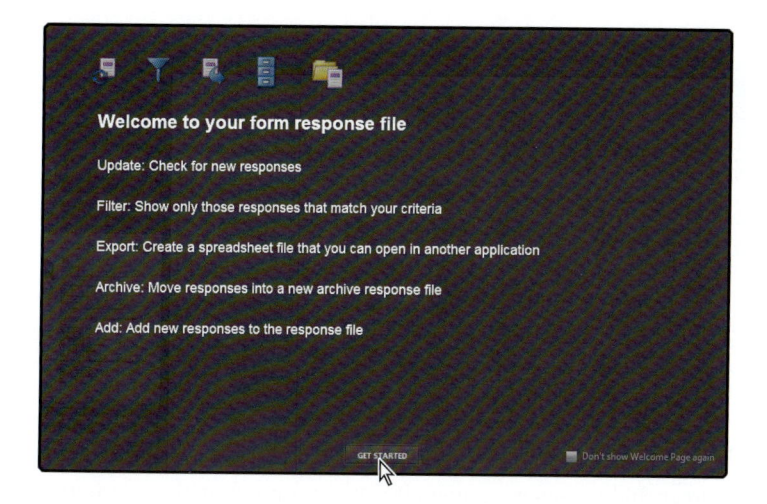

LIÇÃO 10 | **261**
Trabalhe com Formulários no Acrobat

Os dados coletados do formulário estão listados no PDF Portfolio. Cada resposta é listada em um componente separado. O PDF Portfolio pode ser usado para filtrar, exportar e arquivar dados.

● **Nota:** Várias respostas aos formulários podem ser adicionadas ao arquivo de respostas ao mesmo tempo. Clique em Add e vá para as respostas que deseja incluir.

Trabalhe com dados de formulário

Após a compilação dos dados, as respostas podem ser visualizadas e filtradas de acordo com perguntas específicas, e os dados exportados para um arquivo CSV ou XML para serem usados em uma planilha ou em banco de dados ou arquivados para acesso futuro. Filtraremos os dados do formulário de *feedback* e os exportaremos para um arquivo CSV.

1 Clique em Filter à esquerda do PDF Portfolio.

2 Avance até o menu Select Field Name e escolha Other Feedback.

3 Selecione Is Not Blank no próximo menu.

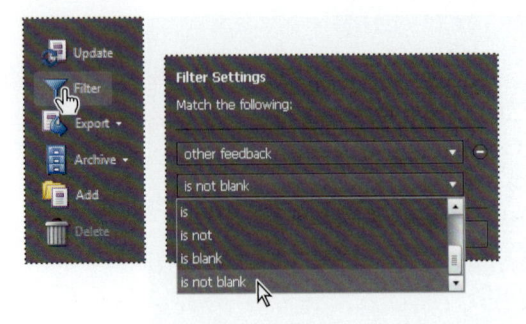

O formulário preenchido é listado, pois ele contém dados no campo Other Feedback.

4   Selecione Is Blank no segundo menu.

O formulário preenchido desaparece, pois ele não corresponde mais aos critérios de filtragem. Podemos adicionar filtros para classificar as respostas, de acordo com quaisquer critérios que queiramos definir.

5   Selecione Is Not Blank novamente, para que o formulário reapareça.

6   Clique em Done no fim do painel Filter Settings.

7   Selecione a resposta.

8   Escolha Export > Export Selected à esquerda do PDF Portfolio.

9   Selecione CSV como o tipo do arquivo e clique em Save.

O Acrobat cria um arquivo de dados separados por ";" que contém os dados das respostas selecionadas. Um arquivo CSV pode ser aberto no Microsoft Excel ou em outro aplicativo de planilhas ou bancos de dados.

10   Feche todos os arquivos PDF e o Tracker.

Explore por conta própria: calcule e valide os campos numéricos

O Acrobat oferece várias maneiras para garantir que os usuários preencham os formulários corretamente. Podemos experimentar a criação de campos que permitirão ao usuário inserir apenas as informações de um tipo específico. Também podemos criar campos que calculem automaticamente os valores de acordo com as informações fornecidas em outros campos.

Valide campos numéricos

Para garantir que as informações corretas são inseridas nos campos do formulário, use o recurso de validação de campos do Acrobat. Por exemplo, se uma resposta precisar ser um número com um valor entre 10 e 20, restrinja as informações aos números dentro desse limite. Limitaremos o preço dos instrumentos em um formulário de compra para não mais que mil dólares.

1. Escolha File > Open, acesse a pasta Lesson10 e abra o arquivo Order_Start.pdf.
2. Abra o painel Forms em Tools e clique em Edit para ativar o modo Form Editing.
3. Clique duas vezes no campo Price.0 (a primeira célula da coluna "Price Each").
4. Na caixa de diálogo Text Field Properties, clique na guia Format e defina estes valores:
   - Para Select Format Category, escolha Number.
   - Para Decimal Places, escolha 2 para permitir que centavos sejam inseridos.
   - Para Separator Style, escolha 1,234.56 (o padrão).
   - Para Currency Symbol, escolha $ (o símbolo de dólares).

Agora especificaremos uma verificação de validação nos dados inseridos nesse campo.

5. Clique na guia Validate e selecione Field Value Is In Range. Nos campos do limite, digite **0** na caixa From e **1000** na caixa To. Clique em Close.
6. Clique em Preview. A seguir, digite **2000** no campo recém-criado e pressione Enter ou Return. Uma mensagem avisa que a informação inserida é inaceitável.

Calcule os campos numéricos

Além de verificar e formatar os dados do formulário, podemos usar o Acrobat para calcular os valores usados nos campos de formulário. Para o formulário de compra em PDF, calcularemos o custo para cada item da linha, de acordo com a quantidade comprada. A seguir, faremos o Acrobat calcular o custo total de todos os itens que foram comprados.

1 Se o modo Preview estiver acionado, clique em Edit.

2 Clique duas vezes no campo Total.0 (a primeira célula na coluna Item Total).

3 Na caixa de diálogo Text Field Properties, clique na guia Calculate e faça o seguinte:
   - Selecione a opção Value Is The.
   - Para o valor, escolha Product (x). Multiplicaremos dois campos.
   - Para selecionar os campos que serão multiplicados, clique em Pick. Na caixa de diálogo Field Selection, selecione as caixas ao lado de Price.0 e Quantity.0.

4 Clique em OK para fechar a caixa de diálogo Field Selection e clique em Close para sair da caixa de diálogo Text Field Properties.

5 Clique em Preview. A seguir, insira **1.50** para o preço e **2** para a quantidade na primeira linha e pressione Enter ou Return. A coluna Item Total exibe $3.00.

6 Feche todos os arquivos abertos e saia do Acrobat quando tiver concluído.

Perguntas de revisão

1 Como podemos converter um documento existente em um formulário PDF interativo?

2 Qual é a diferença entre um botão de opção e um botão?

3 Como podemos distribuir um formulário a vários destinatários?

4 Onde o Acrobat compila as respostas dos formulários?

Respostas

1 Para converter um documento existente em um formulário PDF, abra o documento no Acrobat. Depois, abra o painel Forms, no painel Tools e clique em Create. Selecione o documento atual e siga as instruções exibidas na tela.

2 Os botões de opção permitem que o usuário selecione apenas um item em um conjunto de duas ou mais opções. Os botões acionam ações, como a reprodução de um arquivo de filme, o acesso a outra página ou a limpeza dos dados do formulário.

3 Podemos postar um formulário no Acrobat.com e enviar um convite aos destinatários, enviar o formulário por e-mail aos destinatários ou postar o formulário em um servidor interno. Clique em Distribute no painel Forms para selecionar uma opção de distribuição.

4 Quando usamos o Acrobat para distribuir um formulário, o Acrobat automaticamente cria um arquivo PDF Portfolio para as respostas. Por padrão, o arquivo fica na mesma pasta que o formulário original, e a palavra "_responses" é inserida no nome do formulário original.

11 USE AÇÕES

Visão geral da lição

Nesta lição, você vai aprender a:

- Executar uma ação (Acrobat Pro).
- Criar uma ação.
- Criar um passo de instrução para uma ação.
- Definir as opções nos passos para que o usuário não precise inserir informações.
- Solicitar informações do usuário em passos específicos.
- Compartilhar uma ação.

Esta lição levará aproximadamente 45 minutos para ser concluída. Copie a pasta Lesson11 para o disco rígido do seu computador, caso ainda não a tenha copiado.

As ações no Adobe Acrobat X Pro automatizam as tarefas e padronizam os processos. Podemos usar as ações oferecidas com o Acrobat ou criar ações próprias para utilização e compartilhamento.

Sobre as ações

No Adobe Acrobat X Pro, podemos usar ações para automatizar tarefas de vários passos e compartilhar processos com outras pessoas. Uma ação é um conjunto de passos: Alguns, como adicionar tags a um documento, podem ser realizados automaticamente pelo Acrobat. Outros, como remover informações ocultas, exigem a inserção das informações de remoção ou adição, ou quais configurações devem ser usadas. Outros ainda, como adicionar indicadores, não podem ser feitos automaticamente, pois é necessário deliberação humana para a criação e nomeação dos indicadores; nesses casos, uma ação inclui instruções para que o usuário execute o passo necessário antes que a ação continue.

O Acrobat Pro apresenta várias ações no painel Action Wizard. Elas podem ser usadas para a execução de tarefas comuns, como preparar documentos para distribuição ou criar PDFs acessíveis. Ações personalizadas também podem ser criadas, reunindo passos na ordem adequada ao processo desejado e incluindo passos informativos quando adequado para as pessoas que utilizarão cada ação.

As ações que contêm passos automatizados são especialmente úteis para tarefas executadas com maior frequência. As ações, de modo geral, são úteis para tarefas executadas com menor frequência, mas que exigem os mesmos passos sempre. Com as ações, podemos garantir que os passos essenciais estejam incluídos no processo.

Use ações predefinidas

Para usar uma ação, selecione-a no painel Action Wizard, dentro de Tools. Para adquirirmos experiência no uso das ações, utilizaremos a ação Prepare For Distribution para preparar um documento antes de postá-lo em um site externo.

1 No Acrobat Pro, escolha File > Open. Acesse a pasta Lesson11, selecione o arquivo Aquo_CEO.pdf e clique em Open.

O documento Aquo_CEO.pdf é uma biografia do diretor executivo de uma empresa de bebidas fictícia.

2 Clique em Tools para abrir o painel Tools e clique no Action Wizard para abrir o seu painel.

3 Selecione Prepare For Distribution na área Actions do painel.

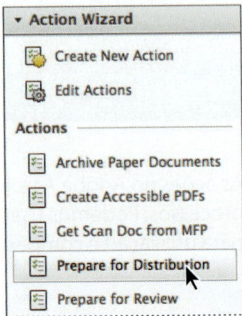

A janela de abertura da ação é exibida. Ela descreve a ação, lista seus passos, mostra se a ação é iniciada com um documento aberto ou não e descreve como o documento alterado deve ser salvo.

4 Revise a descrição e os passos para essa ação. Quando tiver lido as informações, clique em Next para prosseguir para o primeiro passo.

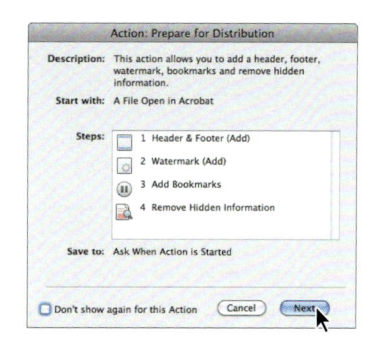

A caixa de diálogo Add Header And Footer é exibida, pois o primeiro passo dessa ação é adicionar um cabeçalho e um rodapé ao documento.

5 Na caixa de diálogo Add Header And Footer, clique no ponto de inserção na caixa Center Header Text e digite **Aquo Corporate Information**. Clique em OK para adicionar o cabeçalho e fechar a caixa de diálogo.

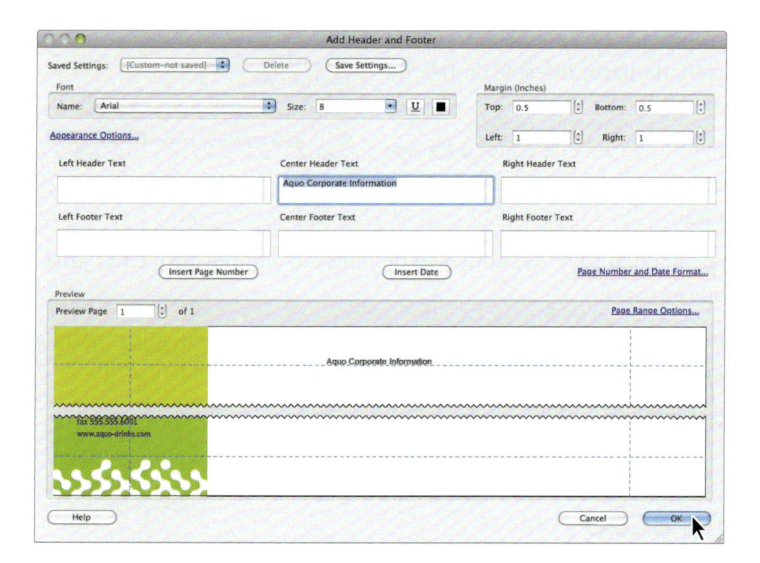

6 Na caixa de diálogo Add Watermark, clique em um ponto de inserção na caixa Text. Digite **Copyright Aquo 2011**. Selecione 20 para o tamanho da fonte e defina Opacity como 25%. Na área Position da caixa de diálogo, insira **1** ponto para Vertical Distance e escolha Bottom no menu From. A seguir, escolha Right no menu From para Horizontal Distance. A marca d'água deverá aparecer no canto inferior direito do documento no painel de visualização. Clique em OK para aceitar a marca d'água.

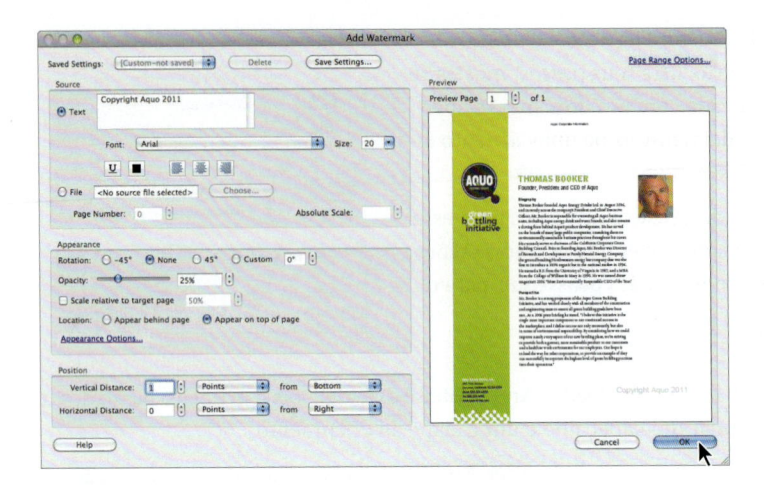

O terceiro passo da ação é adicionar indicadores. Porém, esse é um documento de uma página, por isso, não necessita de indicadores.

7   Clique em Next Step na janela do passo de instrução, na parte inferior da tela do aplicativo.

8   Clique em OK na caixa de diálogo Remove Hidden Information para aceitar as seleções padrão.

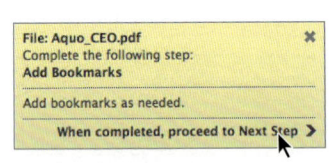

9   Na caixa de diálogo Save As, nomeie o documento como **Aquo_CEO_dist.pdf** e clique em Save.

10 Clique em Close na caixa de diálogo Prepare For Distribution, que mostra a ação executada e o nome e o local do arquivo salvo.

11 Feche o documento.

Crie uma ação

Podemos criar ações personalizadas reunindo passos do Acrobat e passos de instrução para automatizar um processo ou deixá-lo mais padronizado. Antes de criar uma ação, pense sobre os passos envolvidos e a ordem lógica para esses passos. Por exemplo, criptografar um documento com uma proteção de senha ou salvá-lo com recursos estendidos ao Reader devem estar entre os últimos passos de uma ação.

Criaremos uma ação para a montagem de uma apresentação multimídia no Acrobat X Pro. Os passos que utilizaremos para produzir a apresentação multimídia são: combinar os arquivos, adicionar um cabeçalho ou um rodapé para vincular visualmente as páginas umas às outras, adicionar arquivos de vídeo, inserir transições de página, configurar o arquivo para abrir no modo Full Screen e, por fim, adicionar uma senha ao documento para impedir que outras pessoas façam alterações.

1 No Acrobat, escolha File > Action Wizard > Create New Action.

2 Na caixa de diálogo Create New Action, escolha Combine Files Into A Single PDF no menu Start With.

Podemos aplicar uma ação a um arquivo aberto, pedir ao usuário que selecione um arquivo ou pasta, solicitar que o usuário revise um documento, perguntar ao usuário como aplicar a ação ou começar combinando vários arquivos. As apresentações geralmente incluem vários tipos de documentos, assim, iniciaremos essa ação combinando arquivos.

3 Escolha Ask When Action Is Started no menu Save To. Quando a ação for executada, o Acrobat solicitará que o usuário especifique um local para o arquivo salvo.

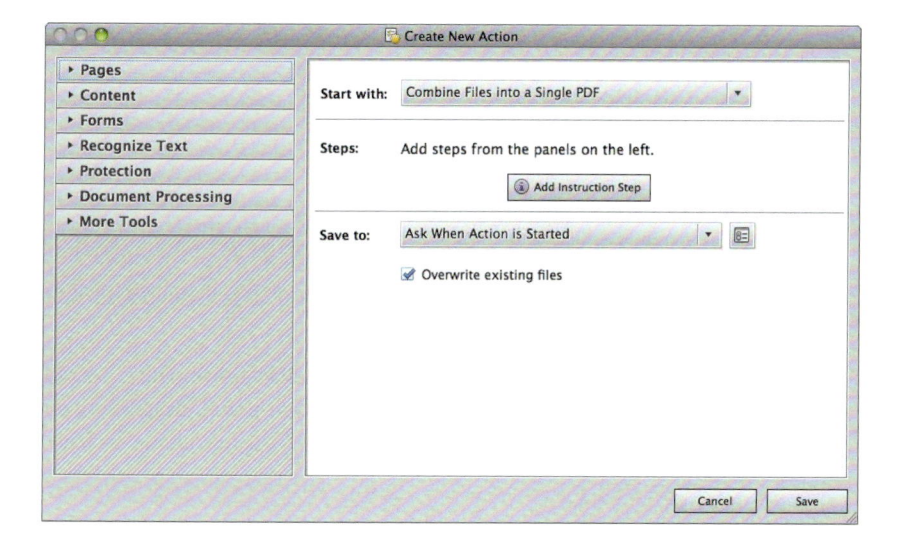

Adicione passos a uma ação

Agora estamos prontos para adicionar passos.

> **Dica:** Caso mudemos de ideia sobre um passo, podemos excluí-lo. Mova o ponteiro sobre o passo e clique no X exibido à sua direita. Para alterar a ordem dos passos, arraste-os para a posição desejada na caixa de diálogo Create New Action.

1 Expanda o painel Pages no painel esquerdo da caixa de diálogo e selecione Header & Footer (Add).

O passo Header & Footer (Add) está listado no painel direito.

2 Selecione Prompt User à direita do passo. Quando a ação for executada, o usuário poderá personalizar o cabeçalho ou o rodapé da apresentação.

O próximo passo é adicionar arquivos de vídeo. Não há um passo Add Video disponível na caixa de diálogo Create New Action; sendo assim, adicionaremos um passo de instrução para o usuário.

3 Clique em Add Instruction Step.

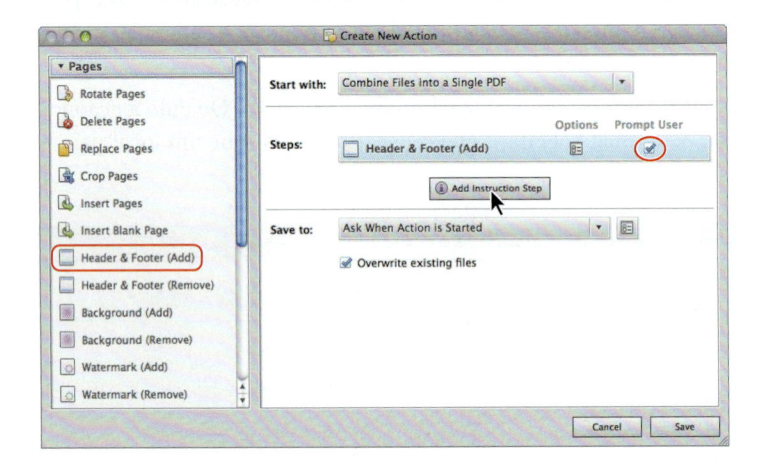

4 Digite **Add video** na caixa de texto Step Name, na caixa de diálogo Add/Edit Instructions.

5 Na caixa de texto Instructions, digite **Add video files as appropriate. To add a video, choose Multimedia > Video in the Content panel, drag a box on the page, and select the video file and any settings.** A seguir, clique em Save.

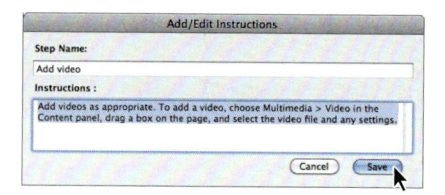

Podemos adicionar a quantidade de informações que quisermos em um passo de instrução. Se estivermos compartilhando a ação com pessoas que não conhecem tão bem o Acrobat, pense em disponibilizar passos detalhados. Se estivermos criando uma ação para nós mesmos, um lembrete para realizar a ação, como "Adicionar vídeo", pode ser o suficiente.

6 Expanda o painel Document Processing no painel esquerdo e clique em Page Transitions.

7 Clique no botão de opções no passo Page Transitions.

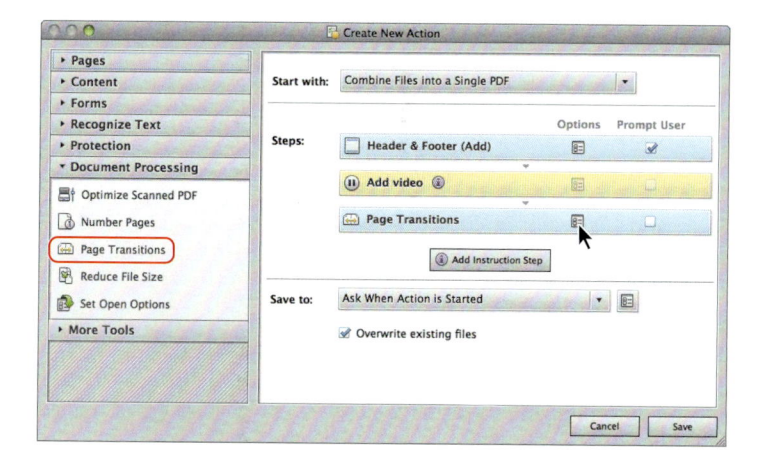

8 Escolha Dissolve no menu Transition e, depois, Medium no menu Speed. A seguir, clique em OK.

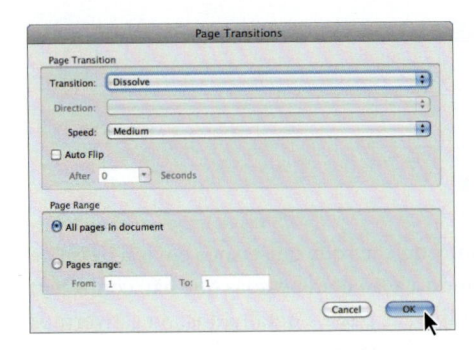

9 Certifique-se de que Prompt User não esteja selecionada no passo Page Transitions.

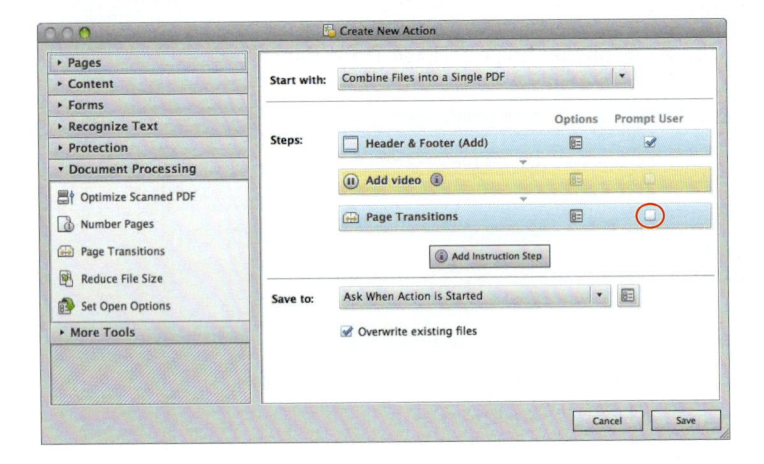

O Acrobat aplicará automaticamente as opções selecionadas para o passo Page Transitions sem perguntar ao usuário.

10 Clique em Set Open Options no painel Document Processing. Clique no botão de opções no novo passo. Na caixa de diálogo Set Open Options, escolha Yes no menu Open In Full Screen Mode. Clique em OK.

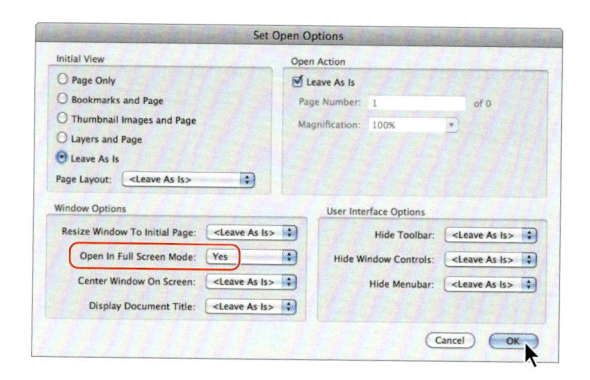

11 Expanda o painel Protection e clique em Encrypt. Selecione Promtpt user no passo Encrypt, para que cada usuário possa definir uma senha individual.

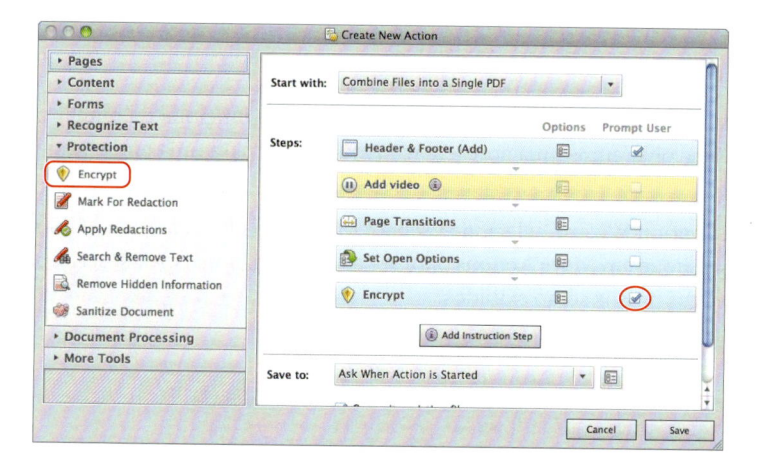

Salve uma ação

Quando tiver adicionado todos os passos, confirmado que eles estão na ordem correta e especificado as opções desejadas, salve e nomeie a ação.

1 Clique em Save.

2 Nomeie a ação como **Prepare Multimedia Presentation**.

3 Para a descrição dessa ação, digite **Combine files for a presentation in full-screen mode with page transitions**. A seguir, clique em Save.

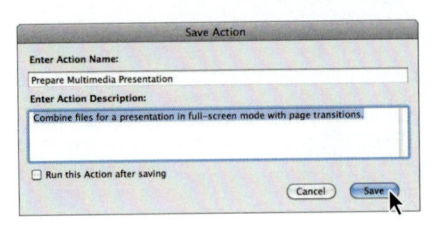

Dê nomes às ações que ajudem a lembrar quais ações executar. Em geral é uma boa ideia, especialmente se a ação for compartilhada, descrever o produto da ação ou quando ele deve ser usado, como quando documentos estiverem sendo preparados para uma finalidade ou um cliente específico.

Teste uma ação

▶ **Dica:** Também podemos executar ações no menu File. Escolha File > Action Wizard > [nome da ação] para executar a ação.

Criamos uma ação. Agora a testaremos para garantir que funciona da maneira esperada. Desenvolveremos uma apresentação multimídia para uma empresa de bebidas fictícia.

1 No painel Action Wizard, selecione Prepare Multimedia Presentation. (Caso não a veja, clique em More Actions para ver as ações adicionais.) A descrição da ação e seus passos serão exibidos.

2 Clique em Next.

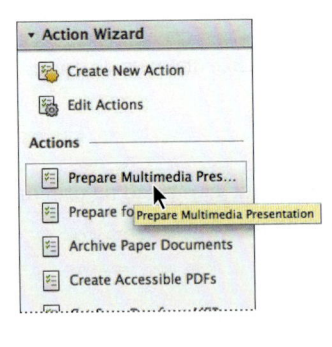

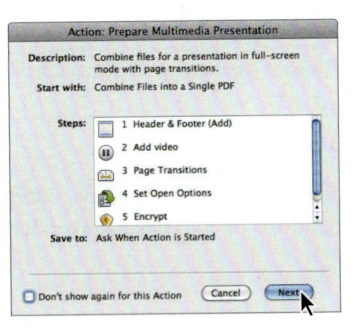

3 Na caixa de diálogo Select Files, clique em Add Files e escolha Add Files no menu. Acesse a pasta Lesson11 e clique segurando Ctrl (Windows) ou Command (Mac OS) para selecionar os arquivos Aquo_Bottle_Ad.pdf, Aquo_CEO.pdf e Aquo_FAQ.pdf. Clique em Add Files.

4 Organize os arquivos de maneira que o arquivo Aquo_Bottle_Ad.pdf seja o primeiro, seguido por Aquo_FAQ.pdf e, por fim, Aquo_CEO.pdf. Para mover um arquivo para cima na ordem de arquivos, selecione-o e clique em Move Up. Para mover um arquivo para baixo, selecione-o e clique em Move Down.

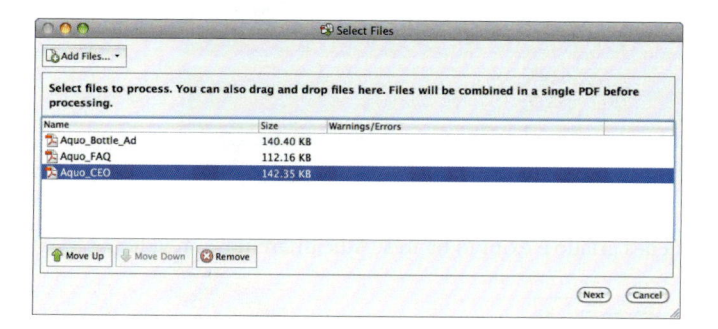

Essa é a ordem em que os arquivos serão exibidos na apresentação final.

5 Clique em Next para combinar os arquivos e avançar para o primeiro passo na ação.

6 Na caixa de diálogo Add Header And Footer, clique no ponto de inserção na caixa Left Header Text e digite **Aquo Shareholders Meeting 2012**. Clique em OK.

O passo de instruções criado é exibido na tela. Adicionaremos um vídeo.

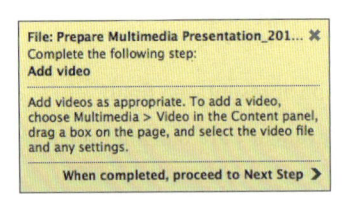

7 Abra o painel Content no painel Tools e selecione Multimedia > Video. Arraste a caixa na metade direita da página do anúncio da garrafa (a primeira página do documento). Clique em Choose ou Browse, selecione o arquivo Aquo_T03_Loop.flv, na pasta Lesson11, e clique em Open. A seguir, clique em OK.

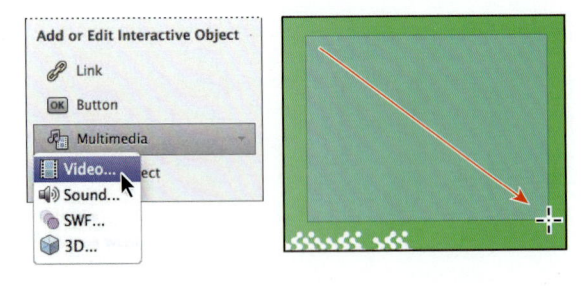

8 Clique no botão Play para visualizar o arquivo de vídeo. Quando tiver terminado, clique no botão Pause para interrompê-lo. Clique em Next Step no passo de instrução para dar continuidade à ação.

O Acrobat executa automaticamente os próximos dois passos – adicionando as transições de páginas e configurando a apresentação para ser aberta no modo Full Screen –, pois nenhuma informação precisa ser inserida. O passo final é adicionar uma senha, que requer inserção de informações.

9 Na caixa de diálogo Document Security, escolha Password Security no menu Security Method. Na área Permissions da caixa de diálogo Password Security – Settings, selecione Restrict Editing And Printing Of the Document. Na caixa Change Permissions Password, insira **Aquo1234** como senha. A seguir, clique em OK.

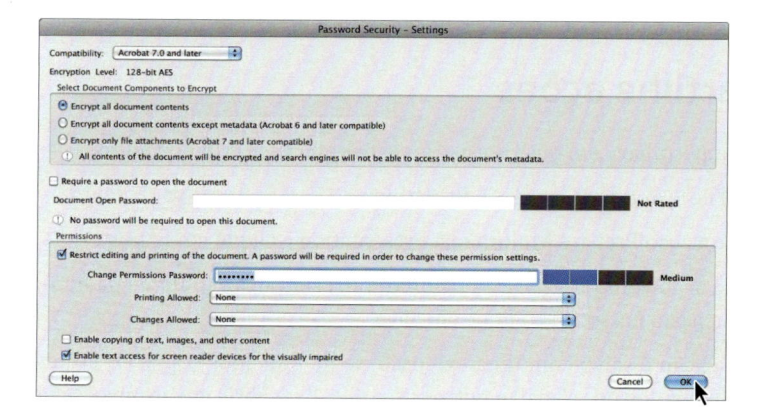

10 Clique em OK na caixa de diálogo informativa, insira a senha novamente quando solicitado e clique em OK. Clique em Close para fechar a caixa de diálogo Document Security.

11 Na caixa de diálogo Save As, nomeie o arquivo da apresentação como **Aquo_meeting.pdf**. Clique em Save.

O Acrobat informa que a apresentação Prepare Multimedia Presentation foi concluída.

12 Clique em Close. Feche o arquivo do documento. Se quiser visualizar a apresentação aberta no modo Full Screen com seu cabeçalho e as transições de página, abra o arquivo no Acrobat. Quando tiver visualizado a apresentação, pressione Esc para sair do modo Full Screen e feche o arquivo.

Evite o aviso do modo Full Screen

Por padrão, o Acrobat avisa quando um arquivo PDF está definido para ser aberto no modo Full Screen, pois é possível que programadores mal-intencionados criem arquivos PDF que pareçam ser outros aplicativos. Se clicarmos em Remember My Choice For This Document, o Acrobat não mostrará o aviso novamente quando abrirmos a apresentação no computador que está sendo usado. Se estivermos apresentando um material em nosso próprio computador, podemos alterar as preferências para que o Acrobat não exiba o aviso no início da apresentação. Para alterar a preferência, escolha Edit > Preferences (Windows) ou Acrobat > Preferences (Mac OS) e clique em Full Screen à esquerda. Desmarque a opção Alert When Document Requests Full Screen.

Compartilhe ações

Podemos compartilhar com outros usuários ações que você criou ou editou.

1 Escolha File > Action Wizard > Edit Actions.

2 Selecione a ação Prepare Multimedia Presentation e clique em Export.

3 Nomeie a ação como **Prepare Multimedia Presentation** (o nome padrão), salve-a na pasta Lesson11 e clique em Save.

O arquivo da ação é salvo com uma extensão .sequ. Podemos copiar os arquivos .sequ ou enviá-los por e-mail a outros usuários. Para abrir um arquivo .sequ enviado por outra pessoa, clique em Import, na caixa de diálogo Edit Actions, e selecione o arquivo da ação.

4 Clique em Close para fechar a caixa de diálogo Edit Actions. Feche todos os documentos abertos e saia do Acrobat.

Perguntas de revisão

1 O que é uma ação no Acrobat X Pro?

2 Como podemos criar um passo em uma ação se o passo não estiver disponível no painel esquerdo da caixa de diálogo Create New Action?

3 Como podemos compartilhar uma ação com outras pessoas?

Respostas

1 Uma ação é um conjunto de passos: Alguns, como adicionar tags a um documento, podem ser realizados automaticamente pelo Acrobat. Outros, como remover informações ocultas, exigem a inserção das informações sobre o que deve ser removido ou adicionado, ou quais configurações usar. Outros ainda, como a adição de indicadores, não podem ser feitos automaticamente, pois é preciso usar de deliberação humana para criar e nomear os indicadores.

2 Para incluir um passo que não está predefinido no Acrobat, clique em Add Instruction Step e digite as instruções para o usuário.

3 Para compartilhar uma ação, escolha File > Action Wizard > Edit Actions, selecione a ação que deseja compartilhar e clique em Export. Depois, envie o arquivo .sequ resultante para a pessoa com a qual deseja compartilhar a ação.

12 USE OS RECURSOS LEGAIS

Visão geral da lição

Nesta lição, você vai aprender a:

- Aplicar a numeração de Bates a um documento.
- Aplicar Redaction para eliminar informações confidenciais.
- Pesquisar padrões de texto para marcar áreas para remoção.
- Marcar a mesma área em várias páginas para remoção.
- Combinar vários documentos em um PDF.

Esta lição levará aproximadamente 45 minutos para ser concluída. Copie a pasta Lesson12 para o disco rígido do seu computador, caso ainda não a tenha copiado.

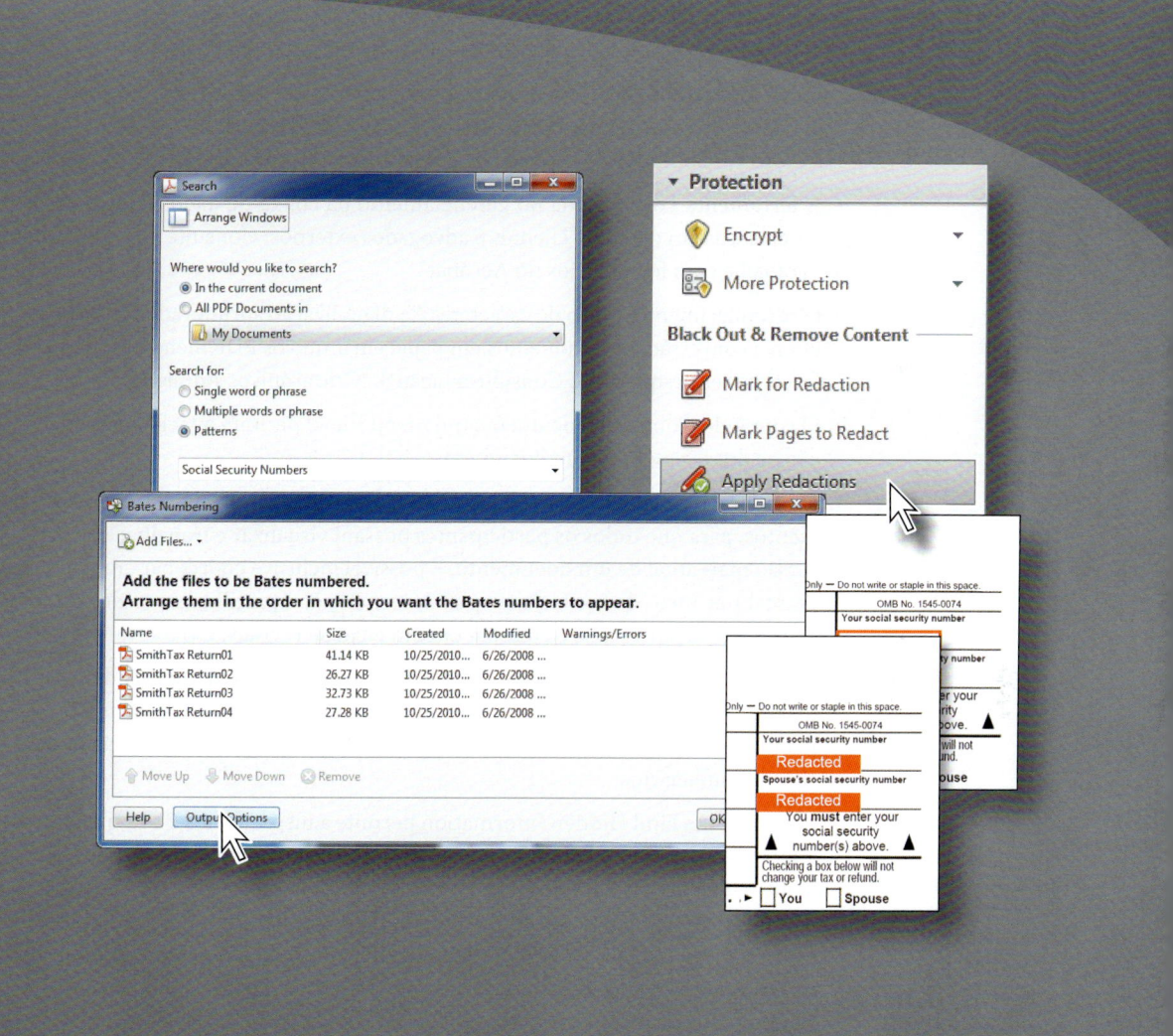

O Adobe Acrobat X Pro inclui recursos que são especialmente úteis para documentos legais. Podemos aplicar a numeração de Bates a documentos envolvidos em um caso e a remoção de conteúdo para garantir que as informações confidenciais continuem privadas.

Os recursos legais do Adobe Acrobat X

Cada vez mais nos sistemas judiciais e nos escritórios de advocacia nos Estados Unidos documentos são processados eletronicamente, em geral como Adobe PDF. O Acrobat X Pro oferece vários recursos destinados especificamente para aperfeiçoar o fluxo de trabalho nesse tipo de ambiente. Além da numeração de Bates e da remoção de conteúdo oculto, que são abordadas nesta lição, outros recursos úteis à comunidade jurídica incluem o seguinte:

- Os PDF Portfolio facilitam a coleta de documentos para e-Briefs e o gerenciamento de casos. Para obter informações sobre os PDF Portfolios, consulte a Lição 7, "Combine arquivos em PDF Portfolios".

- A ferramenta Forms ajuda no gerenciamento da coleta de dados dentro da empresa, assim como de clientes e advogados externos. Consulte a Lição 10, "Trabalhe com formulários no Acrobat".

- O reconhecimento óptico de caracteres e a digitalização aprimorados possibilitam a conversão de documentos em papel em arquivos PDF menores e mais fáceis de ser pesquisados. Consulte a Lição 3, "Crie arquivos Adobe PDF".

- O comando Compare Documents (no menu View) permite a fácil comparação de duas versões de um documento.

- Os recursos de colaboração facilitam o compartilhamento online de documentos, para que todos os participantes possam visualizar e trabalhar com a versão mais atual de um documento. É possível inclusive coordenar em tempo real por meio de conferência pela Internet e compartilhamento de tela. Consulte a Lição 9, "Use o Acrobat em um ciclo de revisão".

- A ferramenta Split Document torna possível que um documento grande seja dividido fácil e rapidamente em documentos menores, de acordo com o tamanho do arquivo, para melhor atender aos requisitos de transferência dos sistemas judiciários.

- A ferramenta Find Hidden Information permite a inspeção dos PDFs quanto a metadados (como o nome do autor do documento), notas, anexos, dados ocultos, campos de formulário, camadas ocultas e indicadores. Para encontrar informações ocultas em um documento, clique em Remove Hidden Information no painel Protection. O painel Remove Hidden exibirá as informações que o Acrobat encontrar. Clique em Remove para excluir os itens selecionados.

Sobre a numeração de Bates e a remoção de conteúdo oculto

Em escritórios de advocacia, a numeração de Bates é frequentemente aplicada a cada página de um documento que faz parte de um caso ou processo jurídico. Com o Acrobat X Pro, é possível aplicar automaticamente a numeração de Bates como um cabeçalho ou rodapé a qualquer documento ou aos documentos em um PDF Portfolio. (Se o PDF Portfolio contiver arquivos que não são PDFs, o Acrobat converte os arquivos em PDF e adiciona a numeração de Bates.) É possível adicionar prefixos e sufixos personalizados, assim como um carimbo de data. Além disso, é possível especificar se a numeração será sempre aplicada fora da área do texto ou da imagem na página do documento.

As ferramentas de Redaction podem ser usadas para a pesquisa de um documento PDF e para remover automática e permanentemente imagens, palavras, sentenças ou segmentos de caracteres (números e letras) confidenciais ou sigilosos. Podemos pesquisar padrões, como padrões associados a números de telefone ou números de previdência social. Podemos até mesmo remover a mesma área em todas as páginas de um documento.

Aplique a numeração de Bates

Aplicaremos a numeração de Bates a vários documentos, ajustando o formato da numeração para evitar a sobreposição de texto no corpo dos documentos.

● **Nota:** A numeração de Bates não pode ser aplicada a arquivos protegidos ou criptografados nem a alguns formulários.

1. Abra o Acrobat. Na tela de boas-vindas, clique em Open.
2. Acesse a pasta Lesson12 no seu disco rígido, selecione o arquivo de nome SmithTax Return01.pdf e clique em Open.
3. Clique em Tools para abrir o painel Tools. A seguir, clique em Pages.
4. Clique em Bates Numbering e escolha Add Bates Numbering.
5. Na caixa de diálogo Bates Numbering, clique em Add Files e escolha Add Files no menu.

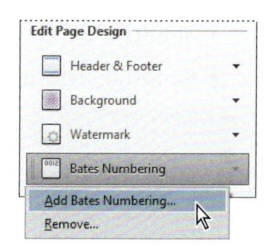

Podemos adicionar numerações de Bates a arquivos individuais ou ao conteúdo de pastas, assim como a PDF Portfolios. Se uma pasta contiver arquivos não compatíveis com a conversão de PDFs do Acrobat, esses arquivos não serão adicionados.

▶ **Dica:** Se for necessário adicionar a numeração de Bates a documentos em papel, digitalize o documento em papel usando o comando File > Create > PDF From Scanner e aplique a numeração de Bates ao arquivo PDF resultante.

6 Acesse a pasta Lesson12 e selecione o arquivo SmithTax Return01.pdf. Clique segurando Ctrl (Windows) ou Command (Mac OS) para adicionar estes arquivos à seleção:

- SmithTax Return02.pdf
- SmithTax Return03.pdf
- SmithTax Return04.pdf

Podemos também adicionar arquivos em formatos que não o PDF, mas eles devem estar em um formato que possa ser convertido em PDF.

7 Clique em Open (Windows) ou Add Files (Mac OS).

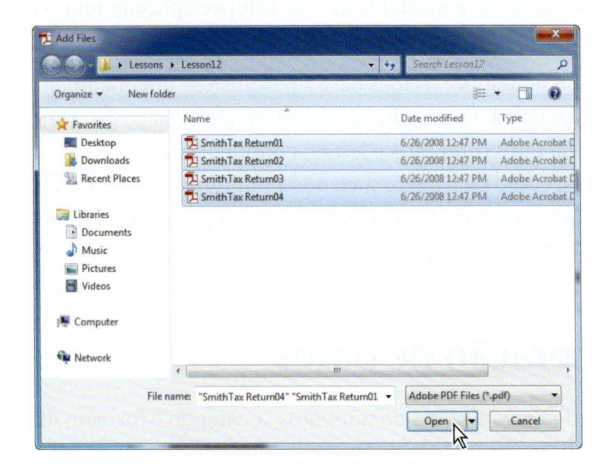

8 Se necessário, use os botões Move Up e Move Down para organizar os arquivos na seguinte ordem:

- SmithTax Return01.pdf
- SmithTax Return02.pdf
- SmithTax Return03.pdf
- SmithTax Return04.pdf

O nome do arquivo com a numeração de Bates e o local para o arquivo salvo são definidos na caixa de diálogo Output Options.

9 Clique em Output Options.

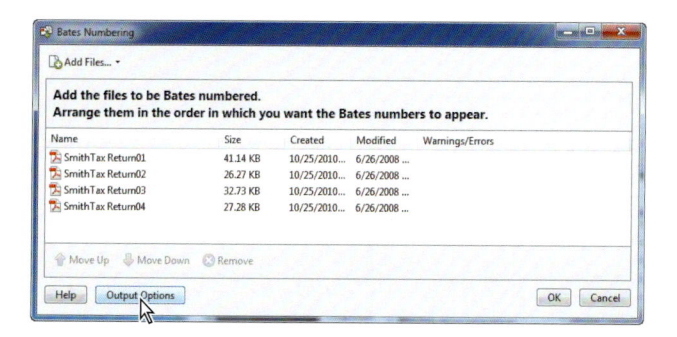

10 Na caixa de diálogo Output Options, selecione The Same Folder Selected At Start para especificar onde os arquivos serão salvos. O padrão é salvá-los na mesma pasta dos documentos não numerados.

Se A Folder On My Computer for selecionada, você será solicitado a explorar para selecionar um destino.

11 Em File Naming, selecione a opção Add To Original File Names.

Se escolhermos manter o nome de arquivo original, devemos nos certificar de salvar o arquivo em um local diferente do arquivo original; caso contrário, sobrescreveremos o arquivo original.

12 Digite **Bates** na caixa de texto Insert After. É possível inserir qualquer dado para ser exibido antes ou depois do número da página nas caixas de texto Insert Before e Insert After.

13 Desmarque a opção Overwrite Existing Files e deixe as outras opções como estão.

14 Clique em OK para aplicar as opções e retornar à caixa de diálogo Bates Numbering.

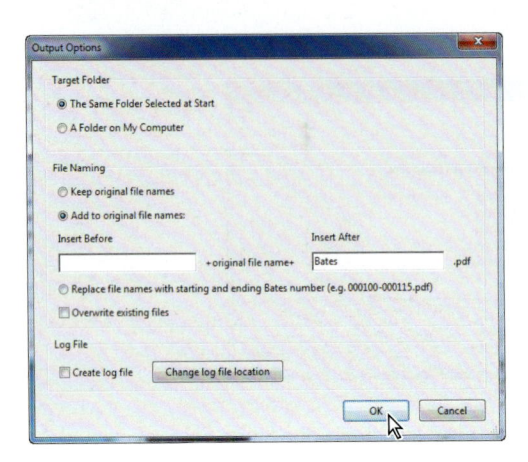

15 Clique em OK para fechar a caixa de diálogo Bates Numbering.

A caixa de diálogo Add Header And Footer é exibida. Utilizaremos essa caixa de diálogo no próximo exercício para definir o estilo da numeração de Bates que será aplicado.

Defina a numeração de Bates

Definimos a fonte, a cor, o tamanho da fonte e o local da numeração de Bates na caixa de diálogo Add Header And Footer. É nela também que optamos por diminuir o conteúdo do documento para evitar sobrescrever o conteúdo com a numeração de Bates. O número de Bates pode ter de seis a 15 dígitos, além de prefixos e sufixos.

Primeiro especificaremos a fonte, o tamanho da fonte e a cor.

1 Na caixa de diálogo Add Header And Footer, especifique as configurações da fonte. Escolha Arial para fonte e 10 para o seu tamanho. Clique na opção de sublinhado para ativá-la; a seguir, clique no seletor de cores e selecione vermelho para a numeração da página.

2 Especifique o tamanho da margem em branco ao redor da área de imagem ou texto da página na área Margin da caixa de diálogo. Aceite os valores padrão de 0,5 polegada para as margens superior e inferior e 1,0 polegada para as margens esquerda e direita. Essa área em branco é onde a numeração de Bates será adicionada para evitar a sobreposição de texto ou imagem no documento.

3 Clique em Apperance Options.

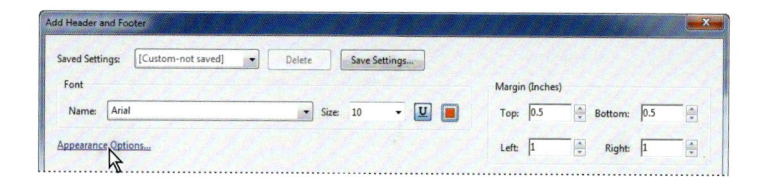

4 Selecione a opção Shrink Document To Avoid Overwriting The Document's Text And Graphics. Clique em OK.

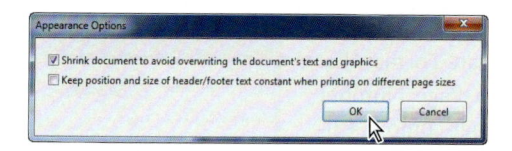

Agora escolheremos onde colocar a numeração de Bates: cabeçalho esquerdo, central ou direito (topo da página) ou rodapé esquerdo, central ou direito (parte inferior da página).

5 Clique na caixa Right Header Text. O texto inserido nessa caixa será exibido no canto superior direito da página.

O formato da sequência da numeração de Bates é especificado na caixa de diálogo Bates Numbering Options. Podemos especificar um prefixo, sufixo ou ambos, assim como o número de dígitos na parte numérica do número.

6 Clique em Insert Bates Number.

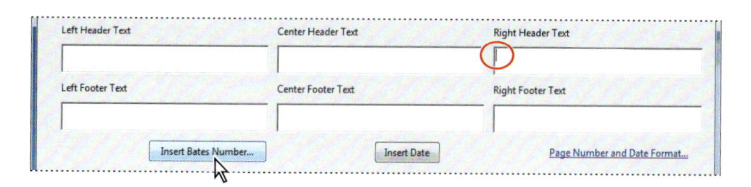

7 Especifique **6** dígitos (15 é o máximo), com um prefixo **Smith** (para o nome do cliente) e um sufixo **Jones** (para o nome do advogado principal). Como esse é o primeiro documento do pacote, deixe Start Number em 1. Clique em OK.

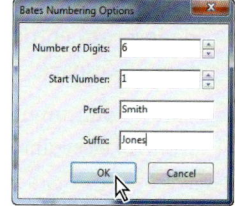

As opções selecionadas se refletem na caixa de texto escolhida no passo 5. Podemos adicionar a data como parte da numeração de Bates ou, então, incorporá-la separadamente.

8 Para adicionar a data como parte da numeração de Bates, clique em Page Number And Date Format.

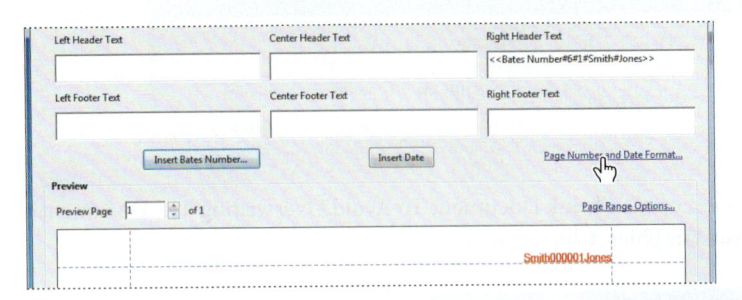

9 Escolha mm/dd/yy no menu Date Format. Escolha Bates Number no menu Page Number Format. Deixe Start Page Number como 1. Clique em OK para retornar à caixa de diálogo Add Header And Footer.

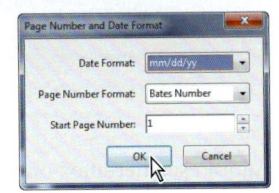

10 Clique em Insert Date para adicionar a data à fórmula da numeração de Bates. Podemos visualizar as informações inseridas na parte inferior da caixa de diálogo.

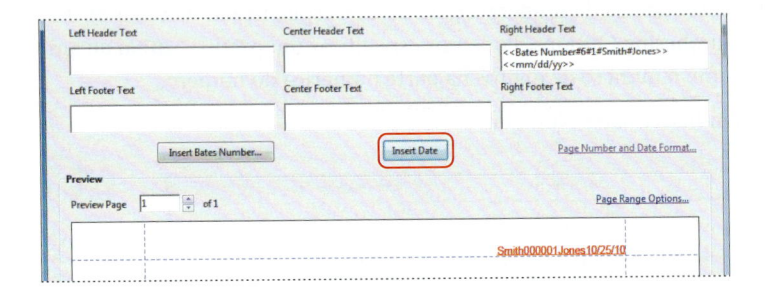

É possível editar as opções da numeração de Bates nessa caixa de diálogo:

- Para adicionar espaços entre o número de Bates e a data, clique em um ponto de inserção entre as marcações (na caixa Right Header Text) e pressione a barra de espaço.
- Para excluir um item, selecione-o, clique com o botão direito ou segurando Control e escolha Cut no menu de contexto.

- Para mover a data, marque-a e arraste-a para uma posição anterior ou posterior à numeração de Bates.
- Para alterar a posição em que a numeração de Bates é exibida na página, arraste-a para uma caixa de texto diferente.

Agora salvaremos as configurações.

11 Clique em Save Settings na parte superior da caixa de diálogo e nomeie as configurações como **Smith_Jones**. Clique em OK.

Salvar as configurações facilita a numeração de documentos adicionais mais tarde.

12 Quando estiver satisfeito com o estilo da numeração de Bates, clique em OK para aplicá-la em todos os documentos de destino. Clique em OK para limpar a caixa de mensagem informando que os documentos foram numerados com êxito.

13 Visualize o arquivo SmithTex Return01Bates.pdf que continua aberto. A numeração de Bates foi aplicada ao canto superior direito desse arquivo, assim como a SmithTax Return02Bates.pdf, SmithTax Return03Bates.pdf e SmithTax Return04Bates.pdf.

14 Feche todos os documentos abertos.

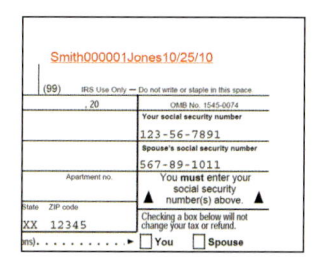

Se for necessário adicionar documentos ao grupo no futuro, adicione a numeração de Bates aos documentos após os passos acima, mas selecione as configurações no menu Save Settings na parte superior da caixa de diálogo Add Header And Footer. A seguir, altere o número da página inicial para seguir a última página do conjunto existente. Por exemplo, se páginas tivessem sido adicionadas a esse conjunto, selecionaríamos 5 como número da página inicial para os documentos adicionais.

Para aplicar a numeração de Bates aos documentos em um PDF Portfolio, selecione o PDF Portfolio na caixa de diálogo Add Files, como faria com qualquer arquivo PDF.

Edite a numeração de Bates

Não é possível editar a numeração de página de Bates após ela ter sido adicionada a um documento. É possível, porém, excluir a numeração de Bates e aplicar uma fórmula diferente à numeração.

Compare versões diferentes de um documento

No Acrobat Pro, podemos visualizar as diferenças entre duas versões de um documento PDF. Quando utilizamos o comando Compare Documents, o painel Compare relaciona as diferenças que o Acrobat identifica e o novo documento é adaptado para indicar as alterações.

1 Escolha View > Compare Documents.

2 Selecione os documentos que serão comparados.

3 Se desejar comparar apenas parte dos documentos, especifique as páginas. Caso não seja necessário comparar os elementos gráficos, mas apenas identificar as alterações do texto, selecione Compare Text Only na caixa de diálogo Compare Documents.

4 Selecione a descrição mais adequada para os documentos que estão sendo comparados e clique em OK.

O Acrobat analisa os dois documentos e abre um documento de resultados com notas indicando as alterações. A primeira página do novo documento resume os resultados da comparação.

5 Revise as diferenças informadas no painel Compare. As notas podem ser personalizadas ocultando-as ou alterando as opções de exibição. Clique na miniatura de uma página para acessá-la.

6 Para exibir cada um dos documentos comparados em sua própria janela, escolha Show Documents Tiled ou Show Documents Side By Side no menu de opções do painel Compare. Escolha Synchronize Pages se desejar sincronizar as páginas da maneira que foram exibidas em suas próprias janelas.

▶ **Dica:** Como a adaptação não pode ser desfeita, deve-se sempre trabalhar com uma cópia ou arquivar uma cópia não editada para uso no futuro. Por padrão, o Acrobat salva os arquivos adaptados com o sufixo _Redacted inserido no nome do arquivo. Se for necessário mudar essa configuração, escolha Edit > Preferences (Windows) ou Acrobat > Preferences (Mas OS), selecione Documents nas categorias à esquerda e faça as alterações necessárias.

Aplique remoção de conteúdo oculto

Sempre que os tribunais publicam documentos ou escritórios de advocacia precisam produzir documentos que contêm informações potencialmente confidenciais ou sigilosas, a ferramenta Redaction pode ser usada para ocultar esse tipo de informação. Tradicionalmente, a remoção de conteúdo oculto tem sido um processo manual demorado. Entretanto, com o Acrobat Pro, podemos usar a ferramenta Redaction para pesquisar automaticamente e remover permanentemente qualquer informação sigilosa. Primeiro, convertemos os documentos eletrônicos em Adobe PDF ou digitalizamos os documentos em papel diretamente em PDF. Depois, usamos a ferramenta Redaction para pesquisar termos específicos, como nomes, números de telefone ou números de contas, e apagar permanentemente essas informações de uma cópia do documento.

Também podemos pesquisar padrões comuns. É possível pesquisar uma página ou um grupo de páginas. Podemos remover informações sigilosas ou confidenciais usando o equivalente de um pincel atômico preto, ou podemos sobrepor texto à remoção, identificando a sigilosidade declarada, a citação do estatuto ou código aplicável, ou outro fundamento para a remoção.

Primeiro observaremos um exemplo de remoção de conteúdo oculto.

1 No Acrobat, escolha File > Open, acesse a pasta Lesson12 e clique duas vezes em SmithTax Return03.pdf.

Observe que, tanto na Part I quanto na Part II, a descrição da propriedade foi removida.

2 Com a ferramenta Hand ( ) ou Selection ( ), tente selecionar o item removido. Não é possível. Uma vez aplicada Redaction, ela não pode ser removida, nem o material sob a marca pode ser acessado. Por isso, é sempre uma boa ideia salvar o arquivo no qual a remoção de conteúdo oculto foi aplicada com outro nome. Se o arquivo original for substituído acidentalmente, não será possível recuperar as informações removidas.

3 Escolha File > Close para fechar a declaração do imposto de renda.

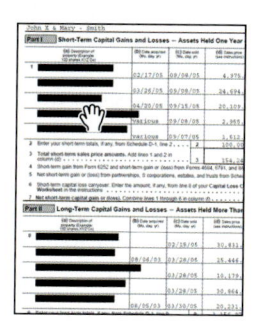

Altere a aparência dos marcadores de redação

Podemos alterar as propriedades dos marcadores de redação, incluindo a cor da ferramenta Redaction (o padrão é preto), se incluiremos texto sobreposto, ou como o texto sobreposto será formatado. As propriedades afetam as marcações adicionadas após sua modificação; as marcações existentes não serão afetadas.

1 Abra o arquivo SmithTax Return01.pdf.

2 Abra o painel Protection, dentro de Tools, e selecione Redaction Properties.

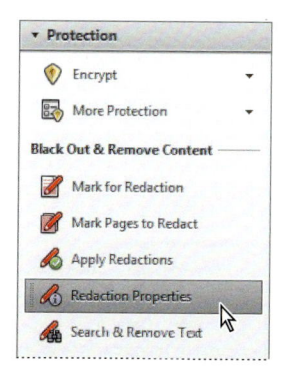

3 Na caixa de diálogo Redaction Tool Properties, clique no seletor de cores ao lado do título Redacted Area Fill Color e selecione uma cor vermelha para a marca de redação.

4 Selecione a opção Use Overlay Text.

5 Na área Overlay Text, escolha uma fonte para o texto da redação. Utilizamos a fonte padrão.

6 Selecione a opção Auto-Size Text To Fit Redaction Region. Essa opção pode dimensionar automaticamente o texto, dependendo do tamanho da área de redação. É possível selecionar um tamanho de fonte específico se necessário.

7 Para a cor da fonte escolha branco. Certifique-se de que a opção Repeat Overlay Text não esteja selecionada, para que a mensagem da redação seja exibida apenas uma vez por remoção. Selecione Center para o alinhamento do texto.

8 Com a opção Custom Text selecionada, digite **Redacted** para a sobreposição do texto da redação.

Se desejar indicar que as informações foram removidas de acordo com a lei de privacidade norte-americana ou a lei de liberdade de informações norte-americana, selecione Redaction Code e o conjunto de códigos e a informação do código adequados.

9 Clique em OK para aplicar as configurações.

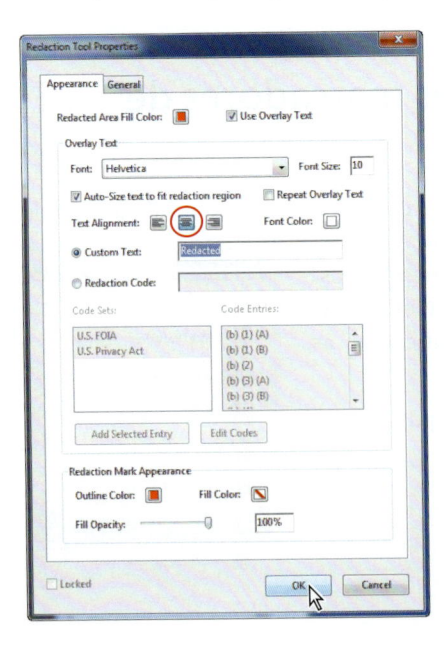

Pesquise marcações no texto

Podemos usar o recurso de pesquisa e remoção para encontrar uma palavra, sentença, número, segmento de caracteres ou padrão e marcá-los para remoção. Pesquisaremos números de previdência social e os removeremos antes de produzir documentos em uma descoberta de bens após o julgamento.

1 Selecione Search & Remove Text no painel Protection. Clique em OK para limpar as mensagens informativas.

2 No painel Search, selecione In The Current Document para pesquisar o documento aberto. É possível também pesquisar todos os documentos em uma pasta.

Se for necessário pesquisar e marcar apenas na página atual ou em um grupo de páginas em um documento, selecione Mark Pages To Redact no painel Protection e especifique um grupo de páginas.

Use a opção de pesquisa Multiple Words Or Phrase se desejar pesquisar e remover mais de uma palavra ou sentença ao mesmo tempo, em vez de executar pesquisas separadas para cada palavra ou sentença.

3 Na área Search For, selecione Patterns. A seguir, escolha Social Security Numbers no menu. Clique em Search And Redact.

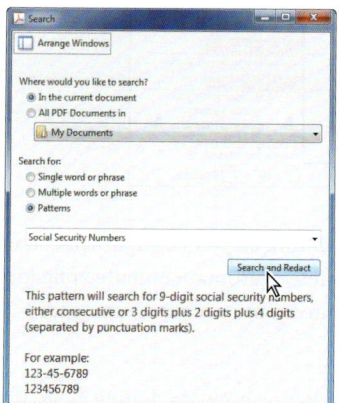

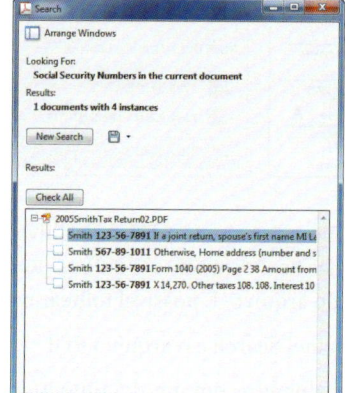

O painel Search exibe os resultados. Cada ocorrência do segmento de pesquisa é listada.

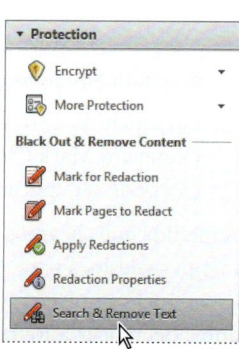

4 Clique em um item no painel Search para acessar essa ocorrência no documento.

5 No painel Search, clique em Check All para selecionar todas as ocorrências do padrão do número de previdência social listadas.

6 Para identificar todos os itens verificados como candidatos para a remoção, clique em Mark Checked Results For Redaction, no painel Search. A remoção pode ser aplicada após as informações marcadas terem sido verificadas.

À medida que clicamos em cada item no painel Search, o foco do painel do documento se desloca para o item marcado para remoção. Podemos salvar e imprimir essa cópia se quisermos que nossos colegas verifiquem o processo de remoção antes de aplicar a Redaction. Assegure-se de escolher a opção Document And Markups (dentro de Comments And Forms) na caixa de diálogo Print, para imprimir as marcações de remoção.

7 Quando tiver certeza de que as marcações estão corretas e completas, clique em Apply Redactions no painel Protection. Clique em OK para fechar a caixa de mensagem. Clique em No para fechar a próxima caixa de mensagem. (Esse arquivo PDF de imposto de renda foi criado por meio da digitalização de um formulário simples em papel. É improvável que haja informações em camadas ocultas ou em metadados, portanto, não é necessário executar uma varredura para obter informações adicionais.)

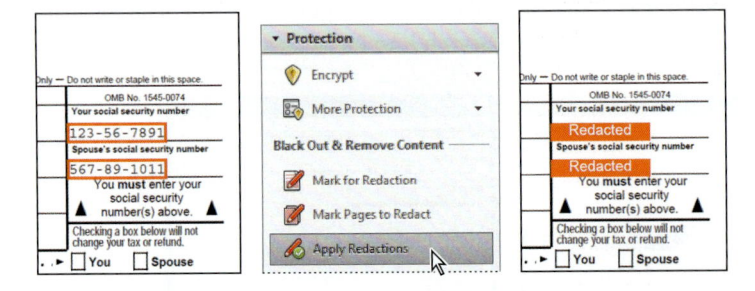

▶ **Dica:** Se não for possível selecionar o texto ou os gráficos usando a ferramenta Mark For Redaction, ainda será possível aplicar a marcação pressionando Ctrl ou Command enquanto o texto ou gráfico é marcado e clicando na ferramenta Apply Redactions.

8 Escolha File > Save para salvar o arquivo. Em função das configurações das preferências de Documents, o sufixo _Redacted é automaticamente aplicado ao nome do arquivo. É possível folhear o arquivo para revisar a remoção.

9 Feche o painel Search e o arquivo PDF.

Se estiver trabalhando com um documento criado por meio da digitalização de uma versão em papel e da conversão do arquivo resultante em PDF, parte do texto ou dos gráficos pode ser convertida em imagens. Esses textos e gráficos não podem ser pesquisados, a menos que apliquemos o reconhecimento óptico de caracteres (OCR). Para saber mais sobre a aplicação de OCR, consulte a Lição 3, "Crie arquivos Adobe PDF".

Monte documentos PDF

Podemos montar documentos para e-Briefs e gerenciamento de casos combinando vários arquivos PDF em um único documento ou, se estivermos usando o Acrobat Pro, criando um PDF Portfolio. A vantagem de usar um PDF Portfolio é que os documentos permanecem separados, para que possamos reutilizar ou compartilhar facilmente um documento individual. Os documentos em PDF Portfolio retêm suas configurações individuais de segurança e exibições padrão. Cada arquivo pode ser lido, editado, formatado e impresso independentemente dos outros no PDF Portfolio. As alterações feitas aos documentos em um PDF Portfolio não são aplicadas ao documento original. O original permanece inalterado. Para obter informações sobre a utilização dos PDF Portfolios, consulte a Lição 5, "Combine arquivos em PDF Portfolios".

Caso não deseje utilizar documentos individuais novamente, pode ser mais simples fundir os arquivos PDF em um único documento para distribuição e arquivamento. Fundiremos quatro arquivos de imposto de renda em um único documento PDF.

1 Escolha File > Create > Combine Files Into A Single PDF.

2 Na caixa de diálogo Combine Files, clique em Add Files e escolha Add Files.

3 Na caixa de diálogo Add Files, acesse a pasta Lesson12 e selecione SmithTax Return01_Redacted.pdf. Pressione Ctrl ou Command e selecione SmithTax Return02.pdf, SmithTax Return03.pdf e SmithTax Return04.pdf.

4 Clique em Open ou Add Files. Os arquivos selecionados são exibidos na caixa de diálogo Combine Files. Podemos alterar a posição de um arquivo selecionando-o e clicando em Move Up ou Move Down. Quando os arquivos estiverem na ordem adequada, clique em Combine Files.

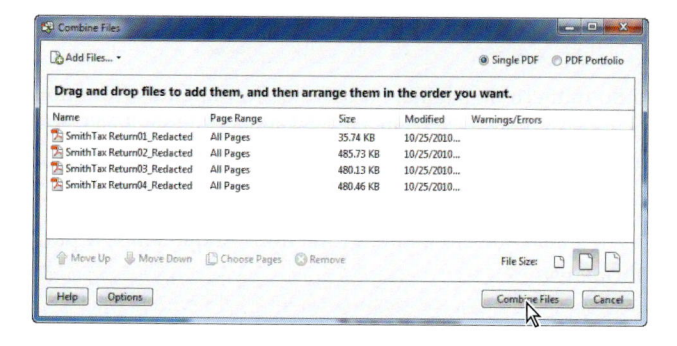

O Acrobat funde os arquivos em um novo documento aberto chamado Binder.pdf.

5 Escolha File > Save As > PDF.

6 Nomeie o arquivo como **SmithTaxReturn_set** e clique em Save.

Divida documentos

Se os arquivos forem consolidados em um único arquivo PDF fundido em vez de reunidos em um PDF Portfolio, podemos usar o comando Split Document para separar os documentos originais. Podemos também usar esse comando para dividir um documento muito grande para os requisitos de transferência do tribunal.

1 Abra o arquivo PDF combinado e clique em Split Document no painel Pages, em Tools.

2 Na caixa de diálogo Split Document, especifique se o documento será divido com base em um número de páginas, um tamanho de arquivo máximo para cada documento criado pela divisão ou indicadores de nível superior.

3 Clique no botão Output Options para especificar uma pasta de destino para os arquivos divididos e as preferências de nomenclatura dos arquivos.

Não é possível dividir documentos que tenham recebido recursos de segurança.

Podemos dividir vários documentos usando os mesmos critérios com o botão Apply To Multiple, na caixa de diálogo Split Document.

Marque as remoções de conteúdo oculto em várias páginas

É possível usar a ferramenta Mark For Redaction para selecionar texto, um objeto ou uma área da página que será removido, sendo que a mesma área pode ser removida em várias páginas. Reunimos os arquivos de imposto de renda em um único documento, mas os números de previdência social foram removidos apenas do arquivo PDF original. Utilizaremos a ferramenta Mark For Redaction para remover o campo de previdência social nas últimas três páginas do documento combinado.

1 Digite **4** na caixa do número da página, na barra de ferramentas Common Tools, e pressione Enter ou Return. A página 4 do arquivo combinado é Schedule C. O campo do número de previdência social está no canto superior direito da página.

2 Clique em Mark For Redaction no painel Protection. Clique em OK para fechar a caixa informativa.

LIÇÃO 12 | 299
Use os Recursos Legais

3 Pressione Ctrl ou Command para que o ponteiro se transforme em uma retícula. Arraste-o marcando todo o campo Social Security Number. A área selecionada é sombreada à medida que arrastamos o ponteiro e contornada para remoção quando soltamos o mouse.

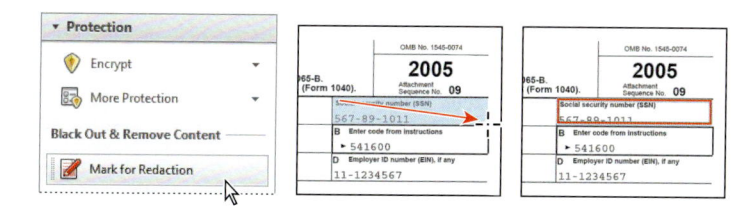

A área ainda não está removida. Podemos desfazer a marcação até que Apply Redactions seja selecionada.

4 Clique com o botão direito (Windows) ou segurando Control (Mac OS) na área selecionada e escolha Repeat Mark Across Pages.

5 Na caixa de diálogo Repeat Redaction Mark Across, selecione Specify Range. Digite **4-6** na caixa de texto e clique em OK.

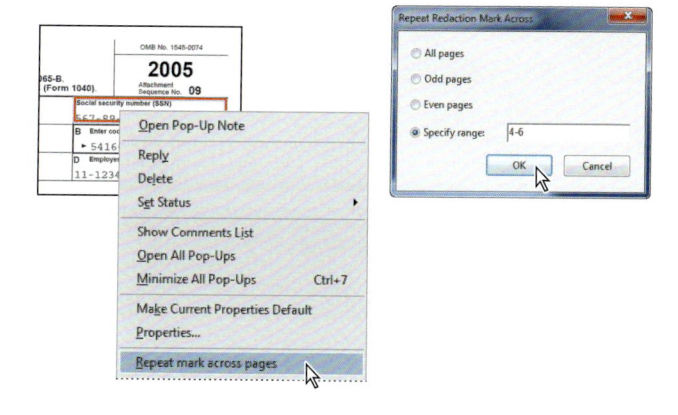

6 Visualize as páginas 5 e 6. A área selecionada é destacada para remoção.

7 Clique em Apply Redaction no painel Protection. Clique em OK para fechar a mensagem de aviso. Clique em No quando solicitado a examinar as informações adicionais do documento.

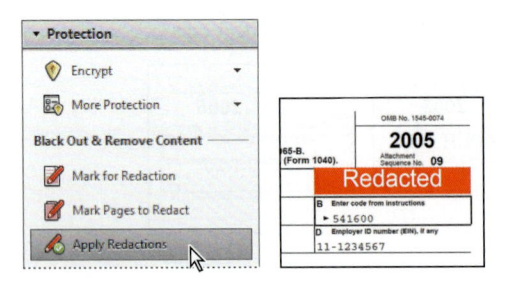

O Acrobat salva o arquivo com o sufixo _Redacted, de acordo com as configurações nas preferências de Documents.

8 Visualize o campo de número da previdência social nas outras páginas do documento. O número foi removido em todas as páginas.

9 Feche o documento.

Perguntas de revisão

1 Podemos remover as marcas de remoção se selecionarmos acidentalmente as informações incorretas?

2 Como nos certificamos de que a numeração de Bates não se sobrepõe a textos ou gráficos em um documento?

3 Podemos editar a numeração de Bates após aplicá-la a um conjunto de documentos?

Respostas

1 Não. A remoção é permanente. Sempre revise o material marcado para remoção cuidadosamente antes de aplicá-la. Sempre salve o arquivo removido com um nome diferente para evitar a substituição do arquivo original e sua perda. Observe, porém, que, se o documento não foi salvo após a aplicação da remoção, é possível selecionar a marcação e removê-la.

2 Na caixa de diálogo Add Header And Footer, clique em Appearance Options e selecione Shrink Document To Avoid Overwriting The Document's Text And Graphics.

3 Não. É possível apenas excluir a numeração de Bates e aplicar uma fórmula diferente à numeração.

13 USE O ACROBAT NA IMPRESSÃO PROFISSIONAL

Visão geral da lição

Nesta lição, você vai aprender a:

- Criar arquivos Adobe PDF adequados à impressão em alta resolução.
- Comprovar um arquivo Adobe PDF para verificar sua qualidade e padronização (Acrobat Pro).
- Visualizar como objetos transparentes afetam uma página (Acrobat Pro).
- Configurar o gerenciamento de cores.
- Usar o Acrobat para gerar separações de cores.

Esta lição levará aproximadamente 60 minutos para ser concluída. Copie a pasta Lesson13 para o disco rígido do seu computador, caso ainda não a tenha copiado.

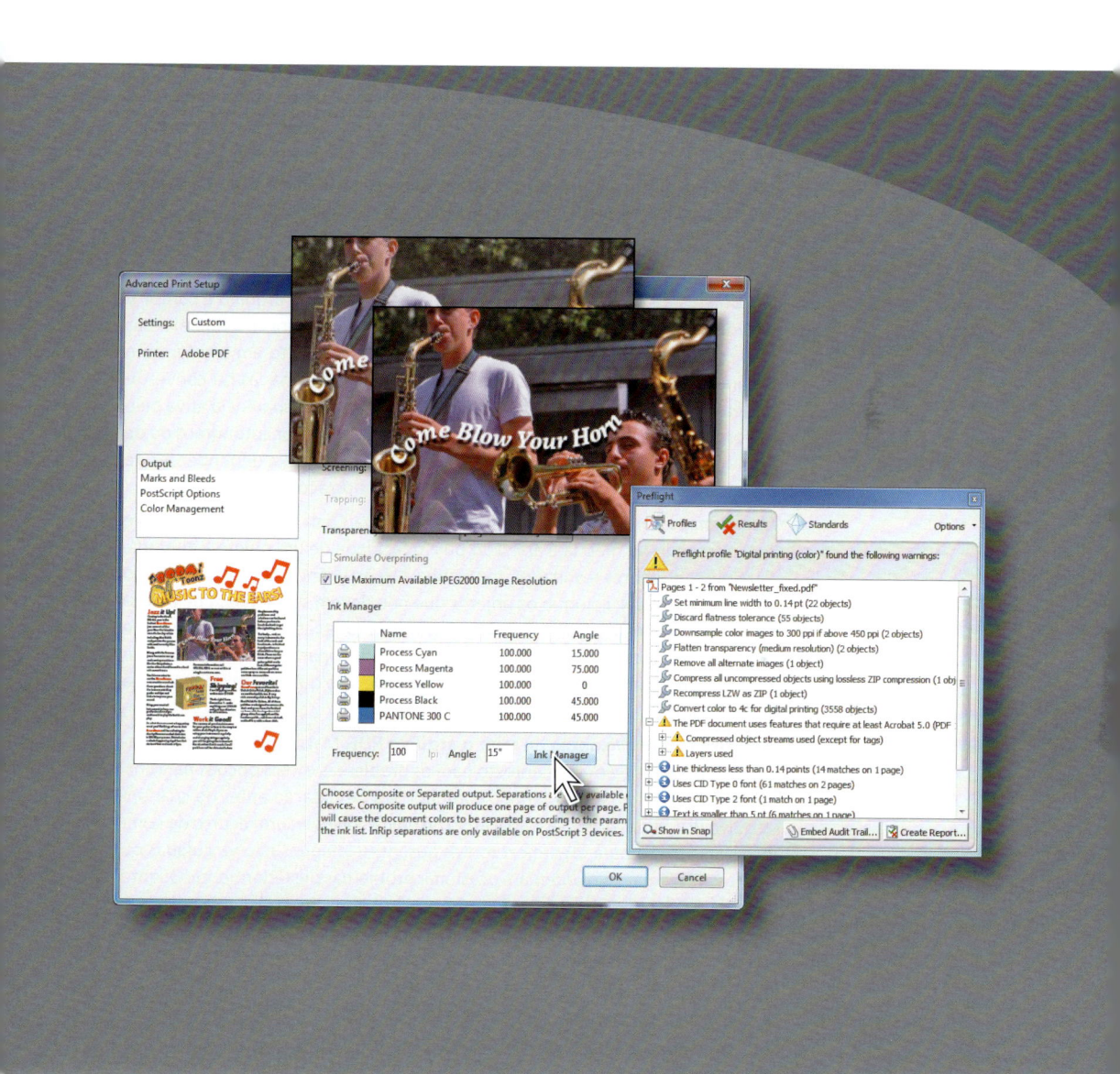

O Acrobat Pro oferece ferramentas de impressão profissional, incluindo visualizações de comprovação e transparência, para ajudar na obtenção de um produto de alta qualidade.

Diretrizes para criar arquivos PDF prontos para impressão

No momento em que um arquivo PDF for enviado à impressora, os dados foram lançados. Uma impressora pode gerar uma impressão de arquivos PDF de baixa qualidade, mas, na maioria dos casos, a impressão se restringe às decisões feitas durante o processo criativo. Seguindo estas diretrizes, é possível enviar um arquivo PDF mais robusto e de maior qualidade à impressora.

- **Lembre-se de que o produto final apresentará a mesma qualidade que seus componentes.** Para impressões de alta qualidade, um arquivo PDF deve conter imagens, fontes e outros componentes apropriados.

- **Converta apenas quando for absolutamente necessário.** Sempre que textos, objetos ou cores forem convertidos, a integridade do arquivo é comprometida. O produto impresso ficará mais próximo da intenção original se as conversões forem reduzidas ao mínimo. Mantenha o texto em seu formato original, no que diz respeito às fontes, em vez de contorná-las ou convertê-las em bitmap. Mantenha os gradientes. Mantenha a transparência ativa pelo maior tempo possível. Não converta cores de espaços de cor autônomos ou de gamut alta, como RGB, para espaços de cor de gamut baixa dependentes de dispositivos ou, como CMYK, a menos que tenha sido aconselhado.

- **Use transparências eficientemente.** As transparências são usadas sempre que um modo de mescla é aplicado ou a opacidade de um objeto é alterada. Para obter melhores resultados, mantenha a transparência ativa pelo máximo de tempo possível; coloque os objetos que não devem ser afetados pela mesclagem (como texto e objetos de linha) acima de todas as origens próximas de transparência, preferencialmente em uma camada separada; e use as configurações de mesclagem com a mais alta qualidade se e quando a transparência for mesclada.

- **Revise e comprove antes de criar o arquivo PDF.** Mais cedo no fluxo de trabalho, dispomos de maior contexto para os problemas e mais opções para corrigi-los. Revise cuidadosamente o conteúdo e a formatação antes de criar um arquivo PDF. Além disso, se o aplicativo de edição oferecer um recurso de comprovação, use-o para identificar fontes ausentes, imagens não vinculadas ou outros problemas que poderiam ocasionar problemas posteriormente. Quanto mais cedo identificarmos e corrigirmos um problema, mais fácil e mais barato será para corrigi-lo. Com certeza, problemas técnicos encontrados durante o trabalho com o programa de edição são mais fáceis de ser corrigidos que problemas encontrados no Acrobat ou na impressão.

- **Fontes incorporadas.** Para diminuir as chances de complicações, incorpore as fontes no arquivo PDF. Leia o acordo de licença de usuário final antes de adquirir uma fonte, para garantir que ela permita a incorporação.

- **Use o arquivo de configurações PDF adequado.** Ao criar um arquivo PDF, certifique-se de que esteja usando as configurações adequadas. O arquivo de configurações do PDF determina como dados de imagem são salvos, se as fontes são incorporadas e se as cores são convertidas. Por padrão, o Acrobat PDFMaker no Microsoft Office cria arquivos PDF usando o arquivo de configurações Standard, que não atende aos requisitos da maioria das impressoras mais sofisticadas. Independentemente do aplicativo usado para a criação de um arquivo PDF para a impressão profissional, assegure-se de que você esteja utilizando o arquivo de configurações Press Quality PDF ou o arquivo de configurações recomendado pela sua impressora.

- **Crie um arquivo PDF/X, se oportuno.** O PDF/X é um subconjunto da especificação do Adobe PDF, exigindo que os arquivos PDF atendam a critérios específicos, criando arquivos PDF mais confiáveis. Usar arquivos compatíveis com PDF/X elimina os erros mais comuns na preparação de arquivos: fontes não incorporadas, espaços de cores incorretos, imagens ausentes e problemas de impressão sobreposta e interceptação. PDF/X-1a, PDF/X-3 e PDF/X-4 são os formatos mais populares; cada um deles foi desenvolvido para uma finalidade diferente. Pergunte a seu serviço de impressão se o arquivo deve ser salvo em um formato PDF/X.

Crie arquivos PDF para impressão e pré-impressão

Há muitas maneiras de criar um arquivo PDF a partir de um documento original. Independentemente do método escolhido, porém, é necessário usar a predefinição PDF adequada para o produto pretendido. Para impressão profissional em alta resolução, especifique a predefinição Press Quality PDF ou uma predefinição PDF personalizada fornecida pelo seu serviço de impressão.

Predefinições do Adobe PDF

Uma predefinição do PDF é um grupo de configurações que influenciam o processo de criação de um arquivo PDF. Essas configurações são desenvolvidas para equilibrar o tamanho do arquivo com a qualidade, dependendo de como o arquivo PDF será utilizado. A maioria das predefinições é compartilhada em todos os aplicativos do Adobe Creative Suite, incluindo o Adobe InDesign, o Adobe Illustrator, o Adobe Photoshop e o Acrobat. Também é possível criar e compartilhar predefinições personalizadas para atender a determinadas necessidades.

Algumas predefinições de PDF não ficam disponíveis até que sejam movidas da pasta Extras para a pasta Settings. A pasta Extras é instalada apenas com o Acrobat Pro. Para obter descrições detalhadas de cada predefinição, consulte a ajuda do Adobe Acrobat X.

- **High Quality Print** cria PDFs para a impressão de qualidade em impressoras comuns e dispositivos de revisão de texto.
- **Oversized Pages** gera PDFs adequados para a visualização e impressão de desenhos técnicos que ultrapassam 200 x 200 polegadas.
- **PDF/A-1b: 2005 (CMYK and RGB)** é usada para a conservação (arquivamento) de longo prazo de documentos eletrônicos.
- Os padrões **PDF/X-1a (2001 e 2003)** minimizam o número de variáveis em um documento PDF a fim de aumentar a confiabilidade. Os arquivos PDF/X-1a geralmente são empregados em anúncios digitais que serão reproduzidos em uma impressora.
- Os arquivos **PDF/X-3 (2003)** são semelhantes aos PDF/X-1a, mas não são compatíveis com fluxos de trabalho gerenciados por cores e permitem algumas imagens RGB.
- **PDF/X-4 (2007)** apresenta as mesmas especificações de cores ICC de gerenciamento de cores que os PDF/X-3, mas inclui o suporte à transparência ao vivo.
- **Press Quality** cria arquivos PDF para produção de impressões de alta qualidade (por exemplo, para a impressão digital ou para separações para uma fotocompositora ou tipógrafo).
- **Rich Content PDF** gera arquivos PDF acessíveis que incluem tags, hiperlinks, favoritos, elementos interativos e camadas.
- **Smallest File Size** cria arquivos PDF para a exibição na Internet ou em uma Intranet, ou para a distribuição por um sistema de e-mail.
- **Standard** cria arquivos PDF que serão impressos em impressoras comuns ou copiadoras digitais, publicados em um CD ou enviados a um cliente como prova de publicação.

Podemos criar um arquivo PDF a partir de qualquer aplicativo por meio do comando Imprimir. Como não sabemos qual aplicativo você utilizará, não incluímos um arquivo para este exercício. Qualquer documento existente pode ser usado ou um novo documento criado.

1 Abra qualquer documento em seu aplicativo original.

2 Escolha Arquivo > Imprimir.

3 No Windows: Escolha Adobe PDF na lista de impressoras disponíveis. Clique em Propriedades, Preferências ou Configuração, dependendo do aplicativo. Escolha Press Quality ou um arquivo de configurações PDF personalizado.

No Mac OS: Clique em PDF, escolha Save As Adobe PDF no menu. A seguir, na caixa de diálogo Save As Adobe PDF, selecione o arquivo de configurações Press Quality ou um arquivo de configurações personalizado no menu Adobe PDF Settings e clique em Continue.

4 No Windows, selecione Prompt For Adobe PDF Filename no menu Adobe PDF Output Folder e clique em OK. Caso essa opção não seja selecionada, a impressora Adobe PDF salva o arquivo na pasta Meus Documentos. (No Mac OS, um nome de arquivo e um local será solicitado automaticamente.)

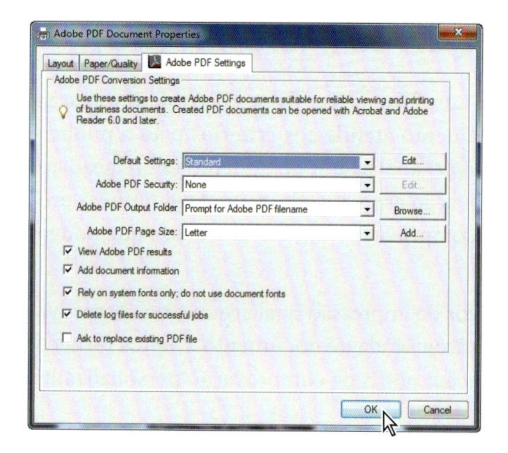

5 No Windows, clique em Imprimir.

6 Especifique o nome de um arquivo e uma pasta para o arquivo PDF quando for solicitado e clique em Salvar.

7 Feche o arquivo PDF e o documento original.

Para obter mais informações sobre a seleção das predefinições, consulte a ajuda do Adobe Acrobat X.

> ### Crie PDFs com o Distiller
>
> Também é possível converter arquivos PostScript para PDF usando o Distiller, que é automaticamente instalado com o Acrobat. A maneira que um documento é impresso em PostScript depende do aplicativo de edição. Alguns aplicativos incluem opções específicas para a impressão de um arquivo PostScript; em outros, é necessário configurar uma impressora usando uma porta configurada para imprimir em arquivo. Para criar o arquivo PDF, abra o Distiller, escolha as configurações que serão empregadas e abra o arquivo PostScript no Distiller. O Distiller converte o documento de acordo com as configurações selecionadas.
>
> Para iniciar o Distiller no Acrobat Pro, selecione o Acrobat Distiller no painel Print Production, no painel Tools.

Comprovação de arquivos (Acrobat Pro)

Antes de enviar um arquivo PDF a um fornecedor de serviços de impressão, comprove-o para verificar se o documento atende aos critérios para a publicação impressa. A comprovação (*preflight*) analisa um documento em relação aos critérios listados no perfil de comprovação especificado; além de identificar problemas potenciais, muitos perfis de comprovação contêm correções que podem ser aplicadas a problemas.

Pergunte ao seu fornecedor de serviços de impressão qual arquivo de comprovação deve ser usado para a comprovação acurada do documento. Muitos fornecedores de serviços de impressão oferecem perfis de comprovação personalizados a seus clientes.

Comprovaremos um arquivo de boletim informativo para determinar se ele está pronto para impressão digital.

1 No Acrobat Pro, escolha File > Open e acesse a pasta Lesson13. Selecione o arquivo Newsletter.pdf e clique em Open.

2 No painel Tools, abra o painel Print Production. Se ele não estiver disponível, escolha View > Tools > Print Production para que seja exibido.

3 Selecione Preflight no painel Print Production.

A caixa de diálogo Preflight lista os perfis de comprovação disponíveis, agrupados em categorias que descrevem os testes que eles realizam.

4 Clique no triângulo ao lado de Digital Printing And Online Publishing para expandir a categoria.

5 Selecione o perfil Digital Printing (Color).

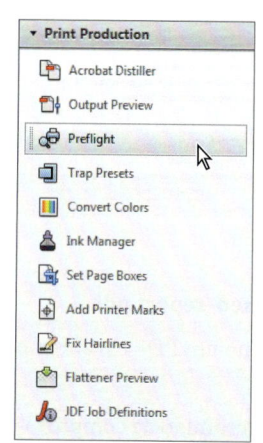

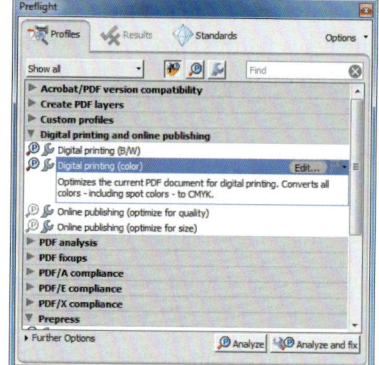

O ícone da lupa ao lado do perfil indica que ele realiza uma análise; o ícone da chave inglesa informa que ele também executa correções. Quando o perfil é selecionado, o Acrobat exibe sua descrição. Se um perfil não inclui análise ou verificações, a lupa é exibida como um contorno. Se um perfil não incluir correções, a chave inglesa é exibida como um contorno.

6 Clique em Analyze And Fix.

7 Na caixa de diálogo Save PDF File, nomeie o arquivo corrigido como **Newsletter_fixed.pdf** e clique em Save.

Como o perfil aplica correções, ele faz alterações ao perfil. Salvar o arquivo com um nome diferente garante que o arquivo original possa ser aberto, caso necessário.

8 Revise os resultados da comprovação.

O Acrobat exibe os resultados da comprovação no painel Results. Nesse arquivo, o Acrobat executou várias correções, aplicando compressão, conversão de cores e mesclagem de transparência, entre outras alterações.

O painel Results também observa que o documento PDF usa recursos que exigem PDF 1.4 ou posterior, inclui fontes CID Type 0 e CID Type 2 e contém texto menor que 5 pontos. Se esse documento estiver sendo impresso profissionalmente, pode ser necessário entrar em contato com o fornecedor de serviços de impressão para garantir que esses fatores não causarão problemas durante a impressão do documento.

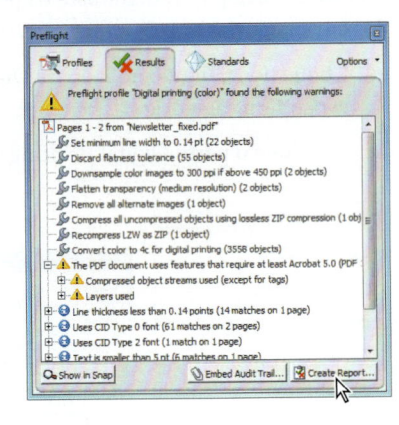

9 Clique em Create Report.

10 Clique em Save para salvar o relatório na pasta Lesson13 com o nome padrão **Newsletter_fixed_report.pdf**.

▶ **Dica:** É possível ocultar ou exibir camadas individuais criadas no aplicativo de edição e determinar quais delas serão impressas. Para saber mais sobre a exibição, ocultação e impressão de camadas, consulte a ajuda do Adobe Acrobat X.

O Acrobat cria o relatório resumido da comprovação como um PDF e o abre no Acrobat.

11 Feche a caixa de diálogo Preflight e revise o relatório resumido da comprovação.

O relatório resumido de comprovação pode ser enviado ao fornecedor de serviços de impressão se houver qualquer dúvida sobre a preparação do arquivo.

12 Feche o relatório resumido de comprovação e o arquivo Newsletter_fixed.pdf.

Perfis de comprovação personalizados

É possível personalizar os perfis de comprovação inclusos no Acrobat, importar os perfis fornecidos pelo fornecedor de serviços de impressão ou criar perfis personalizados pessoais. Para criar um novo perfil, abra a caixa de diálogo Preflight e escolha Options > Create New Preflight Profile. Para modificar um perfil existente, clique em Edit ao lado de seu nome e, a seguir, se ele estiver bloqueado, escolha Unlocked e dê à versão personalizada um novo nome. A seguir, escolha um grupo para o perfil. Clique em uma categoria de critérios e adicione ou remova as verificações ou correções específicas. Salve o perfil quando tiver terminado.

Para importar um perfil de comprovação, abra a caixa de diálogo Preflight e escolha Options > Import Preflight Profile. Acesse o perfil personalizado, que tem uma extensão .kfp, e clique em Open.

Para exportar um perfil, selecione o perfil que será compartilhado e escolha Options > Export Preflight Profile. Defina o nome de exibição do perfil e o local onde ele será salvo.

Padrões PDF

Os padrões PDF são padrões definidos internacionalmente desenvolvidos para simplificar a troca de conteúdo gráfico (PDF/X), documentos arquivados (PDF/A) ou fluxos de trabalho de engenharia (PDF/E). Os padrões mais comumente usados para um fluxo de trabalho de publicação de impressão são o PDF/X-1a, o PDF/X-3 e o PDF/X-4.

O conteúdo PDF pode ser validado em relação aos critérios do PDF/X, PDF/A ou PDF/E no Acrobat Pro e, uma cópia do documento, salva como PDF/X, PDF/A ou PDF/E, desde que ele esteja de acordo com os requisitos especificados. Um arquivo PDF também pode ser salvo como um arquivo PDF/X ou PDF/A quando o arquivo é criado com o comando Print ou o comando Export ou Save no aplicativo da Adobe.

Quando um arquivo PDF/X ou PDF/A for aberto no Acrobat X ou no Reader X, o painel Standards é automaticamente aberto exibindo as informações sobre a conformidade do arquivo. Se o Acrobat X Pro estiver sendo usado, também é possível clicar em Verify, no painel Standards, para verificar se o arquivo PDF é um arquivo PDF/X ou PDF/A válido, por meio do recuso de comprovação.

Para salvar uma cópia de um arquivo PDF existente como um arquivo PDF/X, PDF/A ou PDF/E no Acrobat X Pro:

1. Selecione Preflight no painel Print Production.
2. Na caixa de diálogo Preflight, clique em Standards.
3. Selecione Save As PDF/X, Save As PDF/A ou Save As PDF/E e clique em Continue.
4. Especifique a versão do padrão e clique em Continue.
5. Selecione um perfil de conversão e uma das condições de exibição ou impressão disponíveis.
6. Se desejar aplicar as correções durante a conversão, selecione Apply Corrections.
7. Para converter o arquivo PDF de acordo com o perfil e as configurações selecionadas, clique em Save As.
8. Nomeie o arquivo convertido e clique em Save.
9. Revise os resultados da conversão. Se a conversão for bem-sucedida, um V verde é exibido na caixa de diálogo Preflight. Se a conversão falhar, um X vermelho é exibido. O painel Results descreve os motivos pelos quais a conversão falhou.

Trabalhe com transparências (Acrobat Pro)

Os aplicativos Adobe permitem a modificação de objetos de maneiras que podem influenciar a arte subjacente, criando a aparência de transparência. As transparências podem ser criadas com a utilização do controle deslizante de opacidade no InDesign, no Illustrator ou no Photoshop, ou alterando o modo de mesclagem para uma camada ou objeto selecionado. A transparência também é usada sempre que a sombra de objeto for criada ou na aplicação de difusão das bordas. Os aplicativos Adobe podem manter a transparência ativa, ou editável, à medida que os documentos são movidos de um aplicativo para outro, mas a transparência deve ser mesclada antes da impressão. No Acrobat Pro, é possível visualizar as áreas do documento afetadas pela transparência, e como essas áreas serão impressas.

Visualize transparências

Quando imprimimos na maioria das impressoras, a transparência é mesclada. O processo de mesclagem separa áreas sobrepostas da arte em seções diferentes que são convertidas em formas vetoriais separadas ou em pixels rasterizados para manter a aparência da transparência.

Antes da mesclagem, é possível determinar quanto da área transparente permanece vetorial e quanto fica rasterizada. Alguns efeitos, como a sombra de um objeto, devem ser rasterizados para que sejam impressos corretamente.

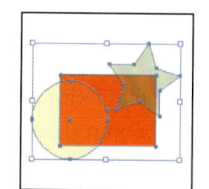

Objetos antes da mesclagem

Objetos depois da mesclagem
(A área sobreposta é dividida quando mesclada.)

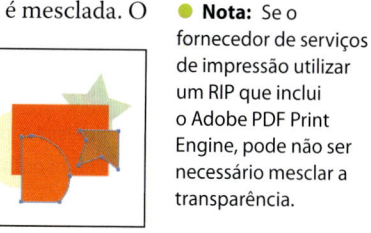

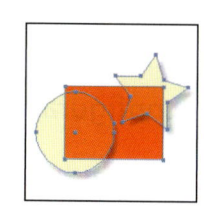

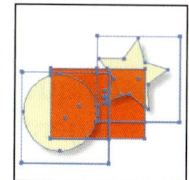

● **Nota:** Se o fornecedor de serviços de impressão utilizar um RIP que inclui o Adobe PDF Print Engine, pode não ser necessário mesclar a transparência.

Se tivermos recebido um PDF criado por outra pessoa, talvez não saibamos se ou onde a transparência foi aplicada. A visualização de transparência do Acrobat mostra onde a transparência é usada em um documento. Esse recurso também pode ajudar a determinar as melhores configurações de mesclagem que devem ser usadas na impressão de um documento.

O que é a rasterização?

A rasterização é o processo de alteração de objetos vetoriais, incluindo fontes, em imagens bitmap para exibição ou impressão. O número de pixels por polegada (ppi) é chamado de *resolução*. Quanto maior a resolução de uma imagem em bitmap, melhor sua qualidade. Quando a mesclagem ocorre, alguns objetos podem precisar ser rasterizados, dependendo das configurações de mesclagem.

Objeto vetorial — Rasterizado a 72 ppi — Rasterizado a 300 ppi

Visualizaremos a transparência no arquivo Newsletter.pdf.

1 Abra o arquivo Newsletter.pdf na pasta Lesson13.

2 Acesse a página 2 do boletim informativo. Se toda a página não estiver visível, escolha View > Zoom > Zoom To Page Level.

3 Selecione Flattener Preview no painel Print Production.

A Flattener Preview mostra uma visualização da página 2 do boletim informativo à direita da caixa de diálogo.

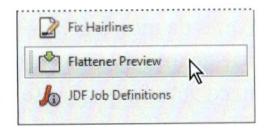

Especifique as configurações de visualização da mesclagem

Podemos selecionar diferentes configurações para visualizar diferentes aspectos da maneira como a transparência interage com os objetos do documento.

1 Na caixa de diálogo Flattener Preview, escolha All Affected Objects no menu Highlight. A foto e as três notas musicais são marcadas em vermelho, indicando que elas têm propriedades transparentes ou interagem com os objetos com propriedades transparentes.

2 Escolha High Resolution no menu Preset, na área Transparency Flattener Preset Options. A predefinição determina quanto da arte permanece vetorial e quanto é rasterizada. Para a impressão profissional, use a predefinição High Resolution, a menos que o fornecedor de serviços de impressão aconselhe outra predefinição.

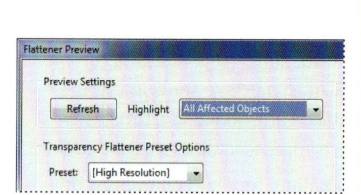

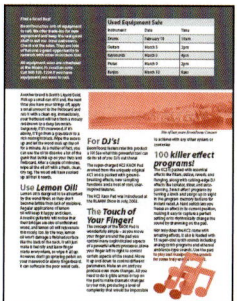

3 Clique na extremidade esquerda do controle deslizante Raster/Vector Balance ou digite **0** na caixa. A seguir, clique em Refresh e escolha All Affected Objects no menu Highlight.

Tudo na página é marcado em vermelho, indicando que tudo seria rasterizado com essa configuração.

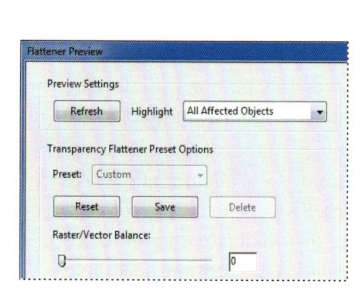

4 Faça outras seleções para ver como elas afetam o documento. Quando tiver terminado, clique no botão fechar no canto superior direito (Windows) ou superior esquerdo (Mac OS) da janela para fechar a Flattener Preview sem aplicar as configurações.

▶ **Dica:** Há mais informações sobre os problemas da produção de transparências no site da Adobe, www.adobe.com.

Se desejar usar as configurações de mesclagem de transparência selecionadas na impressão, clique em Apply na caixa de diálogo Flattener Preview.

Sobre as opções de mesclagem na caixa de diálogo Flattener Preview

- **Line Art And Text Resolution:** Como ilustrações e textos envolvem um contraste mais preciso nas bordas, eles não precisam ser rasterizados com uma resolução maior para que uma aparência de maior qualidade seja mantida. Uma resolução de 300 ppi é bastante para a revisão, mas ela deve ser aumentada para uma resolução maior para uma produção final de alta qualidade. Uma resolução de 1200 ppi normalmente é suficiente para a impressão de alta qualidade.

- **Gradient And Mesh Resolution:** Gradientes e malhas, às vezes chamadas de *misturas*, serão rasterizadas e devem ter uma resolução adequada para a impressora específica. Para a revisão em uma impressora a laser de uso geral ou uma impressora a jato de tinta, a configuração padrão de 150 ppi é adequada. Para a impressão na maioria dos dispositivos de impressão de alta qualidade, como um dispositivo de impressão em filme ou chapas, uma resolução de 300 ppi geralmente é suficiente.

- **Convert All Text To Outlines** garante que a largura de todo o texto na ilustração permaneça coerente. Porém, converter fontes pequenas em contornos pode fazer com que elas pareçam mais grossas e fiquem menos legíveis (especialmente na impressão em sistemas de impressão menos avançados).

- **Convert All Strokes To Outlines** assegura que a largura de todos os traços na ilustração permaneça coerente. Selecionar essa opção, porém, faz com que traços finos pareçam ligeiramente mais grossos (em especial na impressão em sistemas de impressão menos avançados).

- **Clip Complex Regions** certifica que os limites entre a arte vetorial e a arte rasterizada se ajustem aos caminhos dos objetos. Essa opção reduz a costura em artefatos resultante da rasterização de parte de um objeto enquanto outra parte permanece na forma vetorial (como definido pelo controle deslizante Raster/Vector). Selecionar essa opção pode produzir caminhos de recorte extremamente complexos, que podem levar muito tempo para ser processados e causar erros na impressão.

- **Preserve Overprint** mescla a cor da arte transparente com a cor de fundo para criar um efeito de impressão sobreposta. As cores de impressão sobreposta são duas ou mais tintas impressas uma sobre a outra. Por exemplo, quando a tinta ciano é impressa sobre uma tinta amarela, a impressão sobreposta resultante é uma cor verde. Sem a impressão sobreposta, o amarelo subjacente não seria impresso, redundando em uma cor ciano.

Configure o gerenciamento de cores

O gerenciamento de cores pode ajudar na obtenção de cores uniformes em todo o fluxo de trabalho. Os perfis de cores descrevem as características de cada dispositivo. O gerenciamento de cores usa esses perfis para mapear as cores possíveis para um dispositivo, como o monitor de um computador, com as cores possíveis para outro dispositivo, como uma impressora.

1 Escolha Edit > Preferences (Windows) ou Acrobat > Preferences (Mac OS) e selecione Color Management na lista à esquerda.

2 No menu Settings, escolha North America Prepress 2. Com essa configuração, o Acrobat exibe as cores da maneira que geralmente seriam exibidas quando impressas com a utilização dos padrões de impressão norte-americanos.

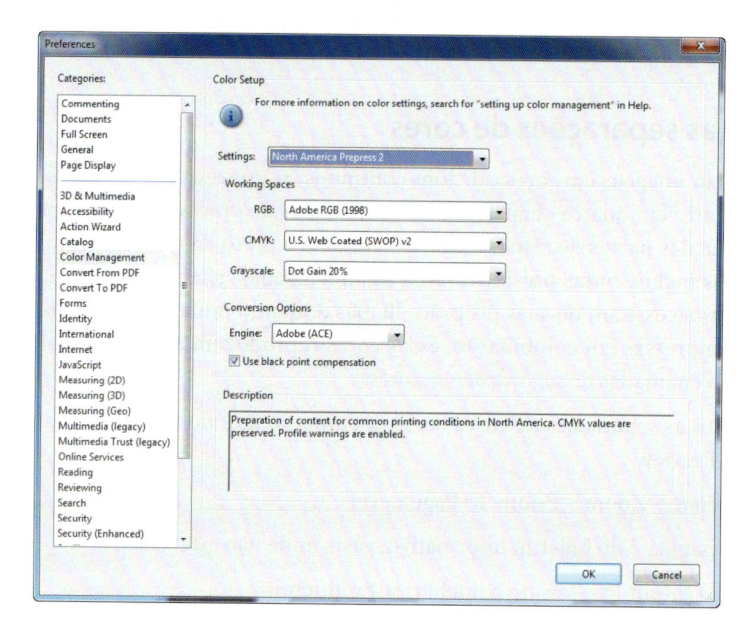

● **Nota:** É possível sincronizar as configurações do gerenciamento de cores para todos os aplicativos do Adobe Creative Suite no Adobe Bridge. Consulte a ajuda do Bridge para obter mais informações.

A configuração selecionada determina quais espaços de trabalho de cores são usados pelo aplicativo, o que acontece quando arquivos são abertos e importados com perfis incorporados e como o sistema de gerenciamento de cores converte as cores. Para visualizar uma descrição de uma configuração, selecione a configuração e posicione o ponteiro sobre o nome da configuração. A descrição é exibida no fim da caixa de diálogo.

O ACE (Adobe Color Engine) é o mesmo mecanismo de gerenciamento de cores usado por outros softwares gráficos da Adobe, sendo assim, você pode ter certeza de que as configurações do gerenciamento de cores aplicadas no Acrobat refletirão as adotadas nos outros aplicativos Adobe.

3 Clique em OK para fechar a caixa de diálogo Preferences.

Visualizando o trabalho de impressão (Acrobat Pro)

Já vimos como será impressa a transparência. Agora visualizaremos as separações de cores e verificaremos a resolução de objetos individuais. Também faremos uma *prova eletrônica*, ou seja, revisaremos o documento na tela sem a necessidade de imprimi-lo.

Visualize as separações de cores

Para reproduzir imagens em cores e de tons contínuos, as impressoras geralmente separam a arte em quatro chapas, chamadas de *cores de processo*, uma chapa para cada uma das partes de ciano, magenta, amarelo e preto da imagem. Também podemos incluir tintas pré-misturadas personalizadas, chamadas de *cores especiais*, que necessitam de suas próprias chapas. Quando pintadas com a cor adequada e impressas em combinação, essas cores reproduzem a arte original. As chapas são chamadas de *separações de cores*.

Visualizaremos as separações de cores desse documento usando a caixa de diálogo Output Preview.

1 Escolha View > Zoom > Zoom To Page Level.

2 Acesse a página 2 do boletim informativo, caso ainda não esteja aberta.

3 Selecione Output Preview no painel Print Production.

4 Escolha Separations no menu Preview.

A área Separations da caixa de diálogo lista todas as tintas incluídas nesse documento para impressão. Há quatro tintas de processo (ciano, magenta, amarelo e preto) e uma cor especial (PANTONE 300 C).

5 Arraste a caixa de diálogo Output Preview para o lado a fim de que o documento possa ser visualizado. A seguir, na caixa de diálogo Output Preview, desmarque todas as tintas exceto PANTONE 300 C. Os itens que permanecem na página usam a tinta selecionada.

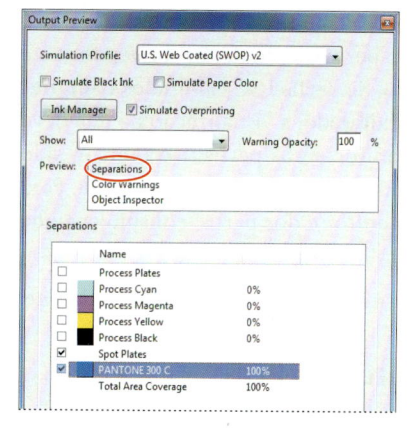

6 Desmarque PANTONE 300 C e selecione Process Magenta. Apenas os itens que seriam impressos na chapa magenta são exibidos.

7 Selecione todas as tintas novamente.

Prova eletrônica do documento

A caixa de diálogo Output Preview pode ser usada para a prova eletrônica de um documento, permitindo a visualização na tela da aparência do documento impresso. Use as configurações de simulação para aproximar a cor.

1 Escolha U.S. Web Coated (SWOP) v2 no menu Simulation Profile.

2 Abra a página 1 do boletim informativo.

3 Escolha Apple RGB no menu Simulation Profile.

4 Escolha Adobe RGB no menu Simulation Profile.

▶ **Dica:** Se desejar remaperar uma cor especial para uma cor de processo a fim de limitar o número de chapas, e também o gasto, de um trabalho de impressão, é possível usar o Ink Manager, também disponível na caixa de diálogo Output Preview.

À medida que o perfil de simulação é alterado, a cor muda no monitor. Quando a prova eletrônica de um documento é feita, o perfil de simulação correspondente ao dispositivo de saída deve ser selecionado. Se perfis ICC calibrados com precisão forem usados e o monitor tiver sido calibrado, a visualização na tela deve corresponder ao produto final. Caso o monitor ou os perfis não tenham sido calibrados, a visualização pode não apresentar uma correspondência exata. Para obter informações sobre a calibração do monitor e dos perfis, consulte a ajuda do Adobe Acrobat X.

5 Escolha U.S. Web Coated (SWOP) v2 no menu Simulation Profile novamente.

Inspecione os objetos em um arquivo PDF

Podemos analisar mais detalhadamente gráficos e textos individuais em um arquivo PDF usando o Object Inspector. O Object Inspector exibe a resolução da imagem, o modo de cor, transparência e outras informações sobre o objeto selecionado.

Verificaremos a resolução da imagem na página 2.

1 Escolha o Object Inspector no menu Preview, na caixa de diálogo Output Preview.

2 Avance para a página 2 e clique na imagem da cidade à beira-mar.

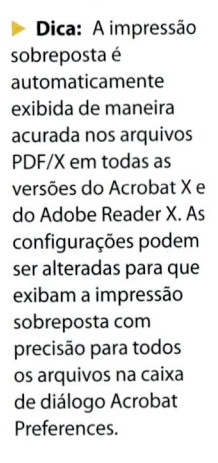

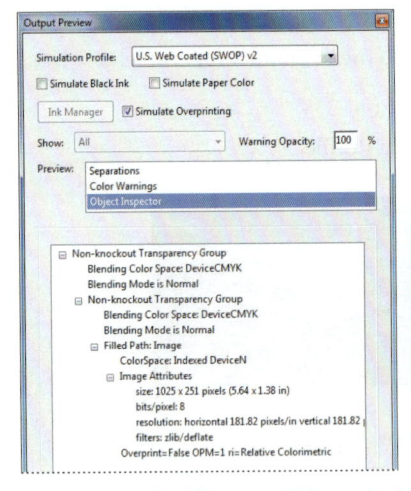

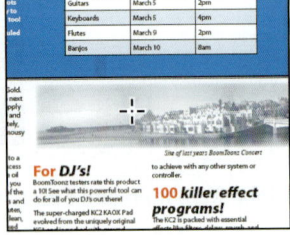

▶ **Dica:** A impressão sobreposta é automaticamente exibida de maneira acurada nos arquivos PDF/X em todas as versões do Acrobat X e do Adobe Reader X. As configurações podem ser alteradas para que exibam a impressão sobreposta com precisão para todos os arquivos na caixa de diálogo Acrobat Preferences.

O Object Inspector lista os atributos da imagem clicada, incluindo sua resolução: 181,82 por 181,82 pixels.

3 Feche a caixa de dialogo Output Preview.

Controles de impressão avançados

Utilizaremos os recursos de impressão avançados do Acrobat X Pro para produzir separações de cores, adicionar marcas de impressão e controlar o nível de transparência e complexidade dos itens representados.

1 Escolha Arquivo > Imprimir.

2 Na caixa de diálogo Print, escolha uma impressora PostScript. No Windows, caso não haja uma impressora PostScript disponível, podemos escolher a Adobe PDF.

Algumas opções de impressão avançadas, incluindo as separações de cores, estão disponíveis apenas para impressoras PostScript. A impressora Adobe PDF usa um driver de impressão PostScript, por isso permite o acesso às opções tratadas neste exercício.

3 Na área Print Range, selecione All.

4 Na área Page Handling, escolha Fit To Printable Area, no menu Page Scaling.

A opção Fit To Printable Area reduz ou aumenta cada página, de maneira que se ajustem ao tamanho do papel.

5 Clique em Advanced.

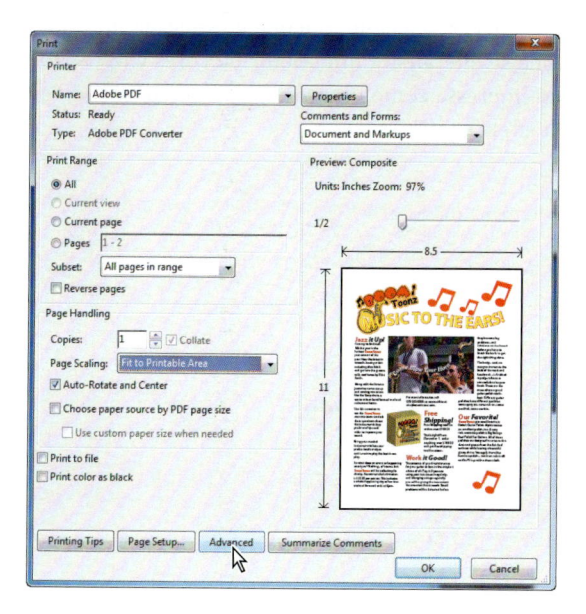

Há quatro opções à esquerda da caixa de diálogo: Output, Marks And Bleeds, PostScript Options e Color Management.

6 Selecione Output e, a seguir, Separations, no menu Color.

7 Clique no botão Ink Manager, na área Ink Manager.

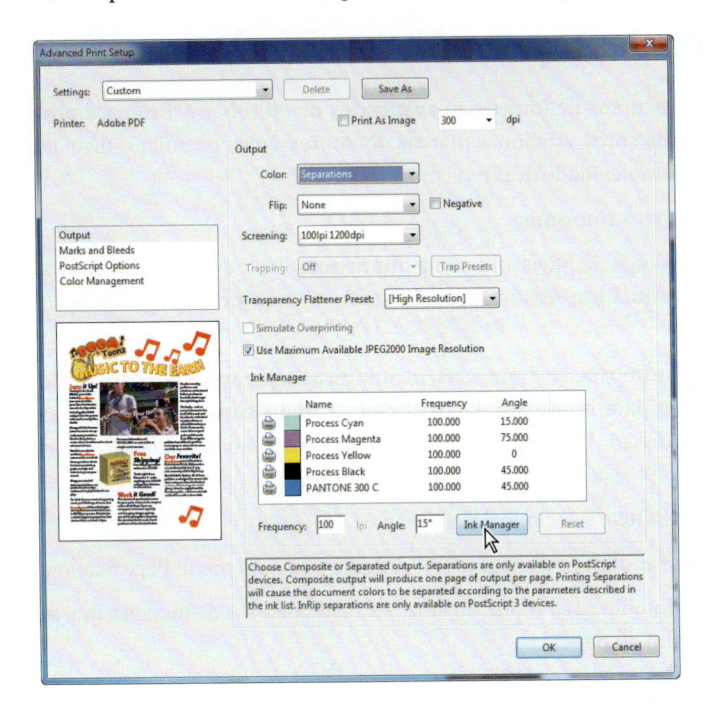

8 Na caixa de diálogo Ink Manager, selecione o ícone à esquerda do nome PANTONE 300 C. O ícone se altera para um seletor de cores CMYK, indicando que essa cor será impressa como uma cor de processo, usando as chapas ciano, magenta, amarelo e preto.

O Acrobat misturará ciano e preto para simular a tinta dedicada usada para produzir a cor especial PANTONE 300 C. Em muitos casos, é mais econômico empregar uma mistura de tintas CMYK que adicionar uma tinta de cor especial completamente nova.

Para converter globalmente todas as cores especiais em seus equivalentes CMYK, selecione Convert All Spots To Process.

9 Clique em OK para fechar a caixa de diálogo Ink Manager.

10 Na caixa de diálogo Advanced Print Setup, selecione Marks And Bleeds na lista à esquerda. Selecione All Marks para ativar as marcas de cor, de sangrado, de registro, as barras de cores e as informações da página que serão impressas em cada chapa, fora das bordas do documento.

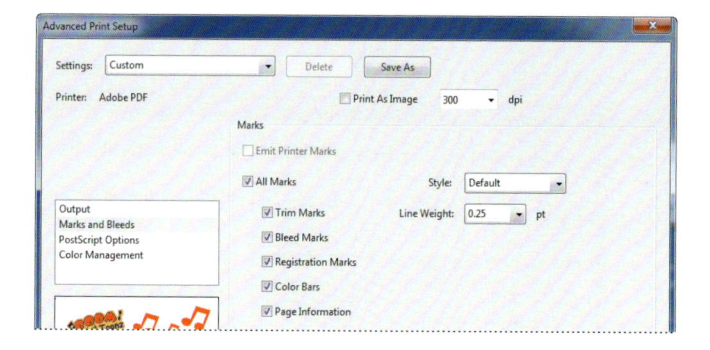

11 Selecione Color Management na lista à esquerda.
12 Escolha Acrobat Color Manager no menu Color Handling.
13 Escolha Working CMYK: U.S. Web Coated (SWOP) v2 no menu Color Profile.

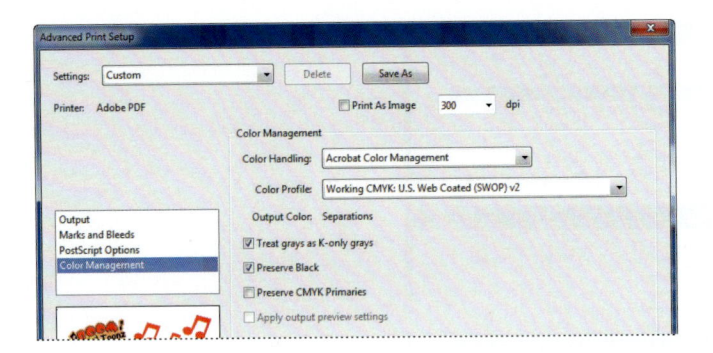

O perfil de cores selecionado deve corresponder ao dispositivo no qual o documento será impresso.

14 Clique em Save As no topo da caixa de diálogo Advanced Print Setup e salve as configurações usando o nome **Newsletter.** A seguir, clique em OK.

As configurações salvas são adicionadas ao menu de configurações para que possam ser utilizadas em trabalhos de impressão futuros sem a necessidade de reinserir as configurações para certos trabalhos ou dispositivos de impressão específicos.

15 Clique em OK para sair da caixa de diálogo Advanced Print Setup. A seguir, clique em OK para imprimir esse documento ou em Cancel se preferir não imprimir neste momento.

16 Feche o documento e saia do Acrobat.

Perguntas de revisão

1 O que é a impressora Adobe PDF e como a utilizamos?

2 Como selecionamos um arquivo de configurações quando criamos um PDF usando o comando Imprimir no Mac OS?

3 Quais problemas o Preflight pode detectar dentro de um PDF?

4 O que é uma cor especial e como ela pode ser remapeada para uma cor de processo?

Respostas

1 A impressora Adobe PDF é uma impressora instalada pelo Acrobat para o Windows. Ela pode ser usada para imprimir um arquivo PDF em qualquer aplicativo do Windows. Basta selecioná-la como a impressora na caixa de diálogo Imprimir do aplicativo.

2 Para alterar o arquivo de configurações no Mac OS, primeiro escolha Save As Adobe PDF no menu PDF, na caixa de diálogo Imprimir. A seguir, escolha uma predefinição no menu Adobe PDF Settings.

3 Use o comando Preflight para verificar todas as áreas de interesse em um PDF. Por exemplo, se um arquivo PDF estiver sendo enviado para uma impressora profissional, comprove o documento para verificar se as fontes estão incorporadas, se os gráficos apresentam a resolução adequada e se as cores estão corretas.

4 Uma cor especial é uma tinta de pré-mistura especial usada em vez de, ou com, as tintas de processo CMYK; elas necessitam de sua própria chapa de impressão em uma impressora. Se a precisão absoluta da cor não for essencial e não for viável imprimir uma chapa de cor especial com as chapas CMYK, é possível remapear a cor especial para uma cor de processo usando o Ink Manager. Na caixa de diálogo Advanced Print, selecione Separations e clique em Ink Manager. No Ink Manager, clique no ícone à esquerda da cor especial a fim de remapeá-la para uma cor de processo para o trabalho de impressão.

ÍNDICE

A

abrir
  arquivos PDF 28, 42
  arquivos PDF protegidos por senha 202–203
  PDFs no modo Full Screen 30
Accessibility, painel 48
Accessibility Setup Assistant (assistente de configuração de acessibilidade) 123–124
ACE (Adobe Color Engine) 317–318
acessibilidade, preferências de 124–126
acessibilidade 114–115, 122–125
  adicionar 118–123
  verificar 115–116
acessível, texto, copiar texto como 172
ações
  adicionar aos campos de formulário 251–252
  adicionar passos a 272–273
  compartilhar 279–280
  criar 270–271
  exportar 279–280
  janelas de visão geral para 269
  nomear 275–276
  passos de instruções no 272–273
  salvar 275–276
  sobre 268
  usar 268, 276–277
Acrobat.com
  compartilhar arquivos no 46, 127–128
  hospedar um formulário no 259–260
  sobre 17, 238
  usar com os PDF Portfolios 190–191
  usar nas revisões compartilhadas 237
Acrobat PDFMaker 21–22, 132–133
  caixa de diálogo 133–134, 139–140
  no Lotus Notes 82–83
  no Microsoft Outlook 82–83
  opções 71–73
  usar 69–70
Acrobat Pro. *Consulte* Adobe Acrobat X Pro
Action Wizard, painel 48, 268
Actual Size, comando 100, 103–104
adaptações 292
Add New Field, menu 248–249
Add Note To Text, ferramenta 226–227
Add Or Edit Text Box 69–70, 113
Add Tags To Document, commando 119–120
adicionar
  Alt text 121–123
  arquivos de video 167–168
  arquivos para PDF Portfolios 181–183
  arquivos SWF 170
  campos de formulário 247–255
  campos de texto 248–249
  códigos de barras 254–255
  comentários 225–232
  ferramentas de navegação para a barra de ferramentas Common Tools 105–107
  ferramentas para a barra de ferramentas Quick Tools 50
  indicadores 163
  marcações 119–121
  notas adesivas 227–228
  palavras-chave 175–176
  passos para as ações 272–273
  segurança 201
  senhas 201
Adobe, certificação 15–16
Adobe Acrobat X
  iniciais 14–15
  instalar 13
  recursos de estudo 14–16
  sobre 20–23
Adobe Acrobat X Classroom in a Book
  copiar arquivos de lições para 14–15
  pré-requisitos 13
  sobre 12
Adobe Acrobat X Help 34–38
  pesquisar 37
Adobe Acrobat X Pro 13
  Adobe Acrobat X Standard 13
  comparado ao Acrobat Standard 3
  recursos legais 284
  lições que necessitam 13
Adobe Authorized Training Centers 15–16
Adobe BrowserLab 17
Adobe Certified Associate (ACA) 15–16
Adobe Certified Expert 15–16
Adobe Certified Instructor 15–16
Adobe Color Engine (ACE) 317–318
Adobe CS Live 17
Adobe CS Review 17
Adobe IDs, criar e verificar 237
Adobe LiveCycle Designer ES 248–249
Adobe LiveCycle Rights Gerenciamento 198–199
Adobe PDF, arquivos
  abrir 28, 42
  acessível 114–115
  adicionar segurança a 198–199
  alternar entre aberto 28
  assinar 212
  certificar 215–216
  comparar 292
  consolidar e converter arquivos fonte 66–67
  converter para documentos do Microsoft Word 145–146
  criar 20, 60–93
  criar arrastando e soltando 66
  de documentos do Microsoft Word 133–134
  de páginas Web 86, 87, 144–145
  design para visualização online 31
  dividir em vários documentos 298

dos arquivos do Microsoft Excel 138–139
Estruturado 114–115
fechar 29
marcado 114–116
modificar assinado 213
na Web 23–24
navegar 51–55, 99
redefinir 116–117
sobre 20
vantagens 20
Adobe PDF, impressora 73–75
Adobe PDF Print Engine 313
Adobe PDF Settings (predefinições) 63–64
Adobe PDF Settings, caixa de diálogo 64–65
Adobe PDFs, criar 20, 62–63
　arrastando e soltando 66
　da área de transferência 79
　de documentos digitalizados 80–81
　de páginas Web 87
　nos aplicativos do Office 132–149
　para impressão e pré-impressão 305–306
　usando a impressora Adobe PDF (Windows) 73–75
　usando a opção Save As Adobe PDF (Mac OS) 75–76
　usando o comando Print (imprimir) 73
Adobe Portable Document Format (PDF). *Consulte* Adobe PDF, arquivos
Adobe Presenter 144–145
Adobe Reader
　comentar no 226–227
　distribuir 25
　estender os recursos de comentários para 226–227
　habilitar formulários para o 248–249, 255
　sobre 23–24
　usar modo protegido no 196
Adobe SendNow Online 127–128
Adobe Story 17
Ajuda. *Consulte* Adobe Acrobat X Help
ajuda do Acrobat. *Consulte* a ajuda do Adobe Acrobat X
Allow Fast Web View, opção 86
Allow Speculative Downloading In The Background, opção 87
Alt text, adicionar a um PDF 121–122

alternar documentos 28
alternar texto. *Consutle* Alt text
ampliação
　alterar 44, 51–52
　sobre 98
analisar
　arquivos PDF para impressão 308
　dados de formulário 261–262
anexar arquivos PDF ao e-mail 128
anexos, criptografar 218–219
Anlyze, painel 48
Annotations, painel 49
Append To Document, páginas Web 89–90
apresentações, configurar 170
apresentações de slides, criar 144–145
apresentar amostras 79
área de trabalho
　padrão 42
　visão geral 25
área de transferência
　colar conteúdo nos PDFs 174–175
　criar Adobe PDF a partir do índice 79
arquivar e-mail 83–84
arquivo de resposta, adicionar dados do formulário ao 260–261
arquivos. *Consultar também*
　arquivos Adobe PDF, combinar 66–67
　arquivos multimídia, adicionar aos arquivos PDF 166–170
　arquivos PDF. *Consulte* Adobe PDF, arquivos
　arquivos PDF certificados, assinar 217–218
　arquivos PDF protegidos por senha
　　abrir 202–203
　　criar 201–202
　arquivos SWF, adicionar aos arquivos PDF 170
arrastar e soltar para criar PDFs 66
Arrow, ferramenta 226–227
assinar
　arquivos certificados 217–218
　arquivos PDF 212
　métodos 206
assinaturas digitais
　adicionar aos formulários 254–255
　criar 203–204
　personalizar 204–205

　personalizar a aparência de 205–206
　reverter 214–215
　sobre 203–204
　usar o modo Preview Document com 206
　validar 214–215
　verificar 206
atalhos, teclas de 51–52
Attach File, ferramenta 225–226
áudio, adicionar aos arquivos PDF 166–167
AutoDesk AutoCAD PDFMaker, opções 72
automatizar tarefas usando ações 268

B

barra de mensagem do documento 257
barra de menu 26
　reabrir 27
barras de ferramentas
　barra de ferramentas Common Tools 43
　barra de ferramentas Quick Tools 43
　resetar 106–107
　sobre 43
　Typewriter 113
Bates, numeração de
　alterar 291
　aplicar 285–288
　definir 288–291
　formatar 288–291
　sobre 285
Bookmarks, botão no painel de navegação 28, 54–55, 152
Bookmarks, guia, PDFMaker 134–135
Bookmarks, painel 28, 152
botões, adicionar aos formulários 251–252, 254–255
botões de opção,
　adicionar 251, 254–255
　nomear 251
botões de redefinição, adicionar aos formulários 251–252
botões do painel de tarefas 27

C

cabeçalhos nos PDF Portfolios 187–188

campos de formulário
   adicionar ações aos 251–252
   adicionar automaticamente 247
   adicionar etiquetas a 251–252
   assinaturas digitais 254–255
   avançar nos campos de texto 250
   botões 251–252, 254–255
   botões de opção 251, 254–255
   caixas de listas 254–255
   caixas de seleção 254–255
   calcular campos numéricos 262–263
   campos de código postal 250
   campos de data 250
   campos de número de telefone 250
   campos de texto 248–249, 254–255
   códigos de barras 254–255
   combo boxes (menus pop-up) 254–255
   editar propriedades para 249
   nomear 248–249
   redimensionar 249
   restringir formatos de resposta para 250
   revisar no painel Fields 247
   tipos 254–255
   validar campos numéricos 262–263
   visualizar 250
campos de texto
   adicionar aos formulários 248–249, 254–255
   formatar para várias linhas 249
campos de texto multilinha, adicionar 249
campos numéricos, calcular e validar 262–264
carimbos, criar personalizados 226–227
cascata, organização de vários documentos em 56
certificados, ID digital 211
certificar arquivos PDF 215–221
Classroom in a Book, pré-requisitos para o 13
ClearScan 81–82
Clip Complex Regions, na mesclagem de transparência 316
Cloud, ferramenta 226–227
códigos de barras, adicionar 254–255
colaboração ao vivo
   iniciar 241–242
   sobre 224–225, 241–242

colar conteúdo da área de transferência para PDFs 174–175
coletar dados de formulários 259–261
Collaborate Live 224–225, 241–242
comando, Number Pages 158
comando PDF From Web Page 87
combinar arquivos
   em PDF Portfolios 180
   em um único PDF 66–67, 192, 297
Combine Files, caixa de diálogo 66–67
Combine Files Into A Single PDF, comando 66–67, 297
combo boxes, em formulários 254–255
comentários
   adicionar a um PDF 225–232
   adicionar no Adobe Reader 226–227
   alterar a cor de 227–229
   alterar o nome do revisor no 227–229
   alterar o status de 234–235
   classificar 232–233
   exportar 232–233
   filtrar 233–234
   importar 231–233
   indexação 235–236
   inserir texto com 230–231
   marcar edições de texto 229–232
   nas revisões compartilhadas 238–239
   personalizar a aparência de 227–228
   responder a 234–235
   visualizar 231–233
   visualizar no contexto 233–234
comentários, responder a 234–235
Comment, painel 46, 49
Comments, marcas de seleção na lista 233–234
Comments List 49, 231–232
   usar marcas de seleção na 233–234
Common Tools, barra de ferramentas 43
   adicionar ferramentas à 106–107
comparar as versões de um PDF 240, 292

Compare Documents, comando 240, 292
compartilhar
   ações 279–280
   arquivos PDF 127–128
   arquivos PDF como anexos de e-mail 128
   PDF Portfolios 190–191
compatibilidade na criptografia 201
compressão 79
comprovação, perfis de
   criar personalizados 310–311
   exportar 310–311
   importar 310–311
comprovação, relatório resumido de 310–311
comprovação, verificações na 308
configurações da visualização da mesclagem 314
configurações de conversão
   no PDFMaker 135–136
   para converter páginas Web 87
configurações de exibição 124–125
configurar apresentações 170
configurar uma exibição de abertura 96
Connected Lines, ferramenta 226–227
Content, painel 47, 48
Convert All Strokes To Outlines, opção 316
Convert All Text To Outlines, opção 316
Convert Displayed Comments To Notes In Adobe PDF, opção 134–135
Convert To Adobe PDF, botão 136–137
Convert To Adobe PDF And Send For Review, botão 140–141
Convert To PDF, preferências 64–65
converter
   cores especiais para cores de processo 322–323
   e combinar arquivos 66–67
   e-mails 82–83
   páginas Web 86, 87
   páginas Web do Internet Explorer 144–145
   um grupo de páginas 67–68
convidar revisores 235–236
copiar arquivos das lições 14–15
copiar e colar imagens 172

Copy With Formatting, comando 173–174
cor, alterando cor do texto 172
cor de fundo, alterar na tela 124–126
cores especiais, remapear para processo 318–319
correções e comprovação 308
corrigir arquivos PDF para impressão 308
Create, botão 63–64
Create, comandos 20, 62–63
Create And Send For Review, botão 140–141
Create Artifact, opção 174–175
Create PDF, comandos 63–64, 66–67
Create PDF From File, comando 63–64
Create PDF From Web Page, comando 21–22, 87–89
criar
  ações 270–271
  carimbos personalizados 226–227
  formulários 246
  links em arquivos PDF 161
  PDF Portfolios 181
  perfis de comprovação personalizados 240
criar ferramentas para comentários 226–227
criar PDFs para exibição online 31
criptografar anexos de arquivos 218–219
criptografar arquivos PDF 198–199, 201
criptografia 209–210
CS Live. *Consulte* Adobe CS Live

D

dados do formulário
  analisar 261–262
  classificar 261–262
  exportar 261–262
  filtrar 261–262
  usar em uma planilha ou banco de dados 261–262
  visualizar respostas em um PDF Portfolio 259–260
Delete Clip, opção 174–175
descrições em PDF Portfolios 184–185
Details, painel na edição de PDF Portfolios 183–184
digitalizar documentos em papel como PDF 80–81
  usar OCR 80–81
Display PDF In Browser, opção 86
Distiller
  criar PDFs com 308
  iniciar 308
distribuir
  Adobe Reader 25
  arquivos PDF para revisão 235–236
  formulários 254–255, 259–260
dividir
  a exibição de um documento 56–57
  arquivos PDF em vários documentos 298
Document Open, senha 201
Document Processing, painel 48
documentos
  alternar 28
  comparar 240
  dividir 298
  ler 98, 107–108
  procurar informações ocultas 284
documentos digitalizados, criar formulários interativos de 246
documentos lado a lado 55
Dynamic Zoom, ferramenta 105–106

E

edições de texto, marcar nos comentários 229–232
Edit Document Text, ferramenta 47, 171
Edit Image, comando 174–175
Edit Object, comando 174–175
editar
  imagens 174–175
  numeração de Bates 291
  PDF Portfolios 185–187
e-mail
  arquivamento automático 83–84
  converter mensagens 82–83
  converter pastas 82–83
  distribuir formulários por 259–260
  distribuir PDF Portfolios por 190–191
Enable Accessibility And Reflow With Tagged PDF, opção 139–140
Enable Additional Features, comando 255
Enable Content Access For The Visually Impaired, opção 116–117
Enter, tecla, explorar com 99
envelopes de segurança 218–220
esquemas de cores nos PDF Portfolios 187–188
estrutura nos arquivos PDF 114–115
etiquetas, adicionar aos campos de formulário 251–252
excluir páginas 157
exibição de abertura, alterar 96
exibição inicial
  configurar 96
  configurar para o modo Full Screen 30
exibição na tela 98
exibições
  Actual Size 100
  alterar 103–104
  divisão 56–57
  divisão de planilhas 142–143
  Fit Visible 100
  Fit Width 100
  inicial 96
  Zoom To Page Level 100
exibir
  comentários 231–233
  componentes no PDF Portfolios 182–183
  PDFs no modo Full Screen 29–31
  várias exibições de um documento 56–57
  vários documentos 55
exibir e ocultar camadas durante a impressão 310–311
exibir na tela 98
exibir tamanho de página 28
exportar
  ações 279–280
  comentários 232–233
  dados de formulário 261–262
  perfis de comprovação 310–311
  tabelas de PDF como planilhas do Excel 146–147

F

faixa do Acrobat X Pro no Microsoft Office 132–133
fechar arquivos PDF 29
ferramenta, Eraser 226–227
ferramentas
  Arrow 226–227
  Callout 226–227

ÍNDICE | **331**

carimbo personalizado 226–227
Cloud 226–227
comentários e marcações 225–226
Highlight Text 225–226, 229–230
Oval 226–227
para criar comentários 226–227
Pencil 226–227
pesquisando no Acrobat X 45
selecionar 43
selecionar no painel Tools 46
Stamp 226–227
Sticky Note 225–226
Text Box 226–227
ferramentas de ampliação 44, 104–105
ferramentas de comentários 49, 225–227
ferramentas do Acrobat 9, pesquisar no Acrobat X 45
Fields, painel 247
File Details, exibição, nos PDF Portfolios 189–190
filtrar
    comentários 233–234
    dados de formulário 261–262
Find First Suspect, ferramenta 82–83
Find Hidden Information, ferramenta 284
FIPS, modo 198–199
First Page, botão 106–107
First Page, comando 100
Fit One Full Page, botão 64–65, 100
Fit To Paper Width, opção 140–141
Fit Visible, comando 100
Fit Width, comando 51–52, 99, 103–104
Fit Worksheet To A Single Page no Excel, opção l 140–141
Flash, animações, adicionar aos arquivos PDF 166–167, 170
Flattener Preview 314
FLV, arquivos, adicionar aos PDFs 167–168
força da senha 201–202
Form Editing, modo 247–249
formatar respostas dos campos de texto 250
Forms, painel 48
Forms, preferências de 125–126
formulários
    adicionar campos de texto a 248–249

    adicionar um botão de redefinição 251–252
    alterar a ordem de tabulação 254–255
    barra de mensagem do documento em 257
    coletar dados de 259–260
    compilar respostas de 260–261
    converter papel em PDF 246
    criar de documentos digitalizados 246
    criar de documentos do Word 246
    distribuir 254–255, 259–260
    distribuir com o Microsoft SharePoint 259–260
    habilitar para o Adobe Reader 248–249, 255
    não interativo 112
    preencher 112, 254–255
    rastrear 257, 258
    simples 112
    tornar interativo 246
formulários dinâmicos, criar com LiveCycle Designer 248–249
formulários interativos, criar 246
formulários simples, converter para formulários interativos 112, 246
Full Screen, modo
    configurar um arquivo para ser aberto no 30
    definir as preferências para 30, 125–126
    evitar a mensagem de aviso 279–280
    exibir ferramentas de navegação em 30
    sair do 30
    visualizar PDFs em 29
fundir arquivos em um único PDF 66–67, 192, 297
fundir e-mails, converter arquivos Word em PDF 138–139

G

gerenciamento de cores
    ao imprimir 323–324
    configuração 317
    sincronizar as configurações no Adobe Creative Suite 317
    sobre 317
Go To Page, caixa de diálogo 52–53
Gradient And Mesh Resolution, opção 316

H

habilitar direitos de uso 215–216
Hand, ferramenta 44, 99
Highlight Text, ferramenta 225–226, 229–230
hospedar um formulário no Acrobat.com 259–260

I

IBM Lotus Notes 21–22
    arquivar e-mails como PDF no 82–83
    opções do PDFMaker 72
identidades confiáveis 211
IDs digitais
    assinatura automática 208–209
    certificados para 211
    criar 207
    sobre 203–204
imagens
    copiar e colar 172
    editar 174–175
    salvar 173–174
importar
    ações 279–280
    comentários 231–232
    perfis de comprovação 310–311
impressão, opções de 320–321
impressão, visualização de 317–318
impressão frente e verso 112
impressão profissional, criar PDFs para 304–305
imprimir
    arquivos PDF 109–110
    comentários 235–236
    livretos 112
    marcas das impressoras 323–324
    separações de cores 321–322
    usar o gerenciamento de cores 323–324
indexar comentários 235–236
indicadores
    Adicionar 163–164
    alterar destinos para 164–166
    aninhar 55, 166–167
    aumentar o tamanho do texto em 126–127
    criar 55, 165–166
    dos títulos e estilos do Word 133–134
    mover 166–167
    navegar com 54–55

nomear automaticamente 165–166
para páginas Web convertidas 88–89
iniciar
    colaboração ao vivo 241–242
    revisões compartilhadas 235–236
iniciar as configurações para os arquivos de vídeo 167–168
Ink Manager 318–319, 322–323
inserir
    páginas de um arquivo PDF em outra 154–155
    páginas em branco 69–70
Insert Text, ferramenta 226–227, 230–231
inspecionar objetos em um arquivo PDF 319–320
instaladores, Adobe Reader 25
instalar o Acrobat 13
Internet, configurações de converter páginas Web 86
Internet Explorer, converter páginas Web 144–145
isolamento de processos. *Consulte* Protected Mode Save As Adobe PDF, opção 75–76

J

JavaScript, painel 48

L

layouts em PDF Portfolios 185–187
leitura em voz alta 126–127
ler
    comentários 231–232
    PDFs 22–23, 98
letreiro de zoom 105–106
Line Art And Text Resolution 316
Link, ferramenta 161
links
    abrir 105–107
    criar 161
    editar 159
links da Internet, transferir e converter 89–90
listar comentários 231–233
LiveCycle Designer 248–249
LiveCycle Rights Management 198–199
livretos, imprimir 112
localizar e pesquisar 107–108

logomarcas
    em assinaturas digitais 205–206
    em PDF Portfolios 187–189
Lotus Notes. *Consulte* IBM Lotus Notes

M

Make Searchable, opção 80–81
marcação, ferramentas de 225–227
marcações
    adicionar a um PDF 119–122
    pesquisar e adaptar 295
marcadores de redação, alterar as propriedades de 293
marcar áreas afetadas pela transparência 314
marcas das impressoras 323–324
Mark For Redaction, ferramenta 298
menus suspensos, adicionar aos formulários 254–255
mesclagem de transparência, opções predefinidas 315
mesclar transparência 313
    opções 316
metadados
    adicionar aos arquivos PDF 175–176
    remover 284
Microsoft Excel
    exportar tabelas para o 146–147
    opções do PDFMaker 71
    usar o PDFMaker com 138–143
Microsoft Internet Explorer
    converter páginas Web do 144–145
    opções do PDFMaker 73
Microsoft Office, aplicativos do, usando PDFMaker com os 132–149
Microsoft Office para Mac OS, criar PDFs no 66
Microsoft Outlook 21–22
    arquivar e-mails como PDF no 82–83
    opções do PDFMaker 71
Microsoft PowerPoint
    opções do PDFMaker 71
    usar o PDFMaker com 143–145
Microsoft SharePoint, usar com formulários 259–260
Microsoft Word
    opções do PDFMaker 71
    usar o PDFMaker com 133–139

Microsoft Word, notas dos comentários do 134–135
miniaturas. *Ver também* páginas, mover com as miniaturas de 153–154
    exibir 52–53
modificar PDF Portfolios 185–186
mover páginas 153–154

N

navegação, ferramentas de, adicionar à barra de ferramentas Common Tools 106–107
navegação, painel de 29, 152
    abrir painéis de navegação no 29
    painel Bookmarks 28
    painel Page Thumbnails 52–53
    painel Signatures 213–214
    painel Tags 118–119
navegar
    arquivos PDF 51–52, 99
    com a barra de rolagem 100
    com as teclas Enter e Return 99
    com miniaturas de página 101
    documentos 98–107
    no modo Full Screen 30
    usar indicadores 28
Navigation Bar no modo Full Screen 30
New Bookmark, botão 55, 163, 165–166
Next Page, botão 54–55
Next Page, comando 52–53
Next View, botão 106–107
nomear
    botões de opção 251
    campos de formulário 248–249
notas adesivas, adicionar 227–228

O

Object Inspector 319–320
OCR, aplicar 80–81
ocultar camadas na impressão 310–311
Office. *Consulte* Microsoft Office, Microsoft Word, Microsoft Excel, Microsoft PowerPoint ou Microsoft Outlook
online, documentos, criar 31
ordem de tabulação, alterar nos formulários 254–255
organizar
    comentários 232–233
    dados de formulário 261–262

organizar arquivos que serão combinados 67–68
Output Preview, caixa de diálogo 318–319
Oval, ferramenta 226–227

P

padrão
  área de trabalho 42
  ferramenta 43
Padrão do Acrobat. *Consulte* Adobe Acrobat X Standard
Page Display, preferências 125–126
Page Thumbnails, botão 52–53
Page Thumbnails, painel 52–53, 101
Pages, painel 46, 48
página, ampliação da exibição da 103–104
página, caixa de visualização de 101
página, miniaturas de 101
  ampliar páginas com 102–103
  mover páginas com 153–154
  navegar com 101
página, tamanho da, exibir 28
páginas
  excluir 157
  girar 46, 156
  imprimir 109–110
  inserir 154–155
  mover com as miniaturas de página 153–154
  renumerar 157
páginas, caixa de exibição de, nas miniaturas 102–103
páginas, girar 156
páginas, grupo de, converter 67–68
páginas, renumerar as 157–159
páginas em branco, inserir 69–70
páginas Web
  configurações de conversão 87, 90–91
  converter em PDF 86, 144–145
  navegar 89–90
painéis de tarefas 45, 46
painel do documento 28
palavras-chave, adicionar a um PDF 175–176
passos de instruções, adicionar às ações 272–273
pastas
  adicionar aos PDF Portfolios 183–184

adicionar arquivos a, no PDF Portfolios 183–184
pastas de rede, usar para distribuir formulários 259–260
PDF, arquivos de configurações de (predefinições)
  selecionar 307
  sobre 77, 305–306
PDF, comprovação de arquivos 308–311
PDF, padrões do 312
PDF, predefinições para os arquivos 77, 305–306
PDF, tabelas do, salvar como planilhas do Excel, 146–147
PDF marcado 114–116
PDF Portfolios, personalizar os 185–186
PDF/A
  salvar como 310–311
  validar 310–311
PDF/E
  salvar como 310–311
  validar 310–311
PDF/X
  arquivos criar para impressão profissional 304–305
  salvar como 310–311
  validar 310–311
PDFMaker. *Consulte* Acrobat PDFMaker
PDF Portfolios
  adicionar arquivos a 181–184
  adicionar arquivos a pastas no 183–184
  adicionar cabeçalhos 187–188
  adicionar descrições a arquivos componentes 184–185
  coletar respostas de formulários em 259–260
  compartilhar 190–191
  criar 181
  criar pastas no 183–184
  editar 185–187
  exibição File Details 189–190
  exibir componentes no 182–183
  exibir detalhes de arquivos no 189–190
  layouts 185–186
  painel Details 183–184
  para documentos legais 297
  personalizar 185–186
  pesquisar 190–191
  publicar 190–191

  selecionar esquemas de cores para o 187–188
  sobre 180
  usar logomarcas no 187–188
  vantagens do 180
  visualização 186–187
PDFMaker do Microsoft Access, opções do 72
PDFMaker do Microsoft Project, opções do 71
PDFMaker do Microsoft Publisher, opções do 72
PDFMaker do Microsoft Visio, opções do 72
PDFMaker do Mozilla Firefox, opções do 73
Pencil, ferramenta 226–227
Permissions, senha 201
personalizar
  a aparência dos comentários 227–228
  a barra de ferramentas Quick Tools 50
  PDF Portfolios 185–186
  perfis de comprovação 310–311
pesquisar
  ajuda do Adobe Acrobat X Help 37
  documentos PDF 107–108
  para marcação 295
  PDF Portfolios 190–191
planilhas do Excel
  converter em PDF 138–139
  salvar tabelas PDF como 146–147
Polygon, ferramenta 226–227
pop-up, menus, adicionar aos formulários 254–255
pôsteres para arquivos de vídeo 169
PostScript, driver da impressora 320–321
PowerPoint, apresentações em, converter para PDF 143–145
práticas recomendadas para criar arquivos PDF prontos para impressão 304–305
preencher formulários PDF 112, 254–255
preferências
  Accessibility 124–126
  Convert To PDF 64–65
  Forms 125–126
  General 124–125
  Internet 86

modo Full Screen 30, 125–126, 279–280
Page Display 125–126
Reading 126–128
Security 203–204
Spelling 125–126
preferências de ortografia 125–126
preferências gerais 124–125
pré-impressão, criar arquivos PDF para 305–306
Presenter 144–145
Preserve Overprint, opção 316
Preview Document, modo 206
Previous Page, comando 52–53
Previous View, comando 106–107
Print (Imprimir), comando 21–22
    usar para criar arquivos PDF 73
Print Production, painel 48, 308
processos de revisão de documentos 224–225
procurar informações ocultas nos documentos 284
Prompt For Selecting Excel Sheets opção, no Excel 139–140
propriedades
    documento 175–176
    editar para os campos de formulário 249
    ferramenta Redaction 293
propriedades do documento, configuração 175–176
Protection, painel 48, 201, 296
proteção por senha 201
proteger arquivos PDF 198–221
protegido, modo, no Adobe Reader 23–24, 196
    desabilitar 198–199
    verificar 196–197
prova eletrônica de um arquivo PDF 318–319
publicar PDF Portfolios 190–191

Q

Quick Tools, barra de ferramentas 27, 43
    personalizar 50

R

Raster/Vector Balance, controle deslizante, 315
rasterização 314
Read, modo 31, 98

Reading, preferências de 126–128
Recognition Report 120–121
Recognize Text, painel 48, 81–82
Record Audio, ferramenta 226–227
Rectangle, ferramenta 226–227
recursos de estudo do Acrobat 14–15
recursos legais do Adobe Acrobat X Pro 284
redação, adicionar sobreposição de texto a 294
redefinir o texto 116–119
reduzir o tamanho do arquivo 78
remapear as cores especiais para cores de processo 318–319, 322–323
remoção, aplicar 296
remoções, marcar em várias páginas 298
Remove Split, comando 58
remover metadados 284
Replace Text, ferramenta 226–227, 229–230
resolução, verificar 319–320
resolução do monitor 98
Results, painel, na caixa de diálogo Preflight 309–311
Return, tecla, navegar com 99
revisão na tela 318–319
revisões
    compartilhadas 224–225
    ferramentas de comentários e marcação para 225–226
    por e-mail 140–141, 241–242
    sobre 224–225
    tipos de 224–225
revisões compartilhadas
    convidar revisores para 235–236
    iniciar 235–236
    participar de 238–239
    rastrear comentários em 240
    sobre 224–225
    usar o Tracker em 240
revisões por e-mail 140–141, 241–242
    sobre 224–225
rich text, formato, copiar texto como 172
rolagem 100, 123–124
rolagem automática 123–124

S

salvar
    ações 275–276

como arquivos de imagem 173–174
    como RTF 172
Scrolling Mode, botão 99
segurança, configurações de 198–199
segurança, preferências de 203–204
segurança nos arquivos PDF
    adicionar 201
    e acessibilidade 116–117
    sobre 198–199
Selection, ferramenta 54–55
Send For Shared Review, assistente 235–236
separações de cores
    imprimir 321–322
    sobre 317–318
    visualização 317–318
Set Bookmark Destination, comando 165–166
Share, painel 46, 127–128, 190–191
Sign & Certify, painel 48, 212
Signatures, botão 213–214
Signatures, painel 213–214
SiteCatalyst NetAverages 17
sites, incluindo PDFs em 23–24
skins para arquivos de video 169
Snapshot, ferramenta 173–174
sobreposições de texto na adaptação 294
Split, comando 56–57
Spreadsheet Split, comando 142–143
Stamp, ferramenta 226–227
Standards, painel 310–311
Sticky Note, ferramenta 49, 225–226
Strikethrough, ferramenta 226–227, 230–231
suavizar o texto 125–126

T

Tags, painel 118–119
Take A Snapshot, comando 173–174
tamanho do arquivo, reduzir 78
teclas de atalho 51–52, 124–125
tela de boas-vindas 42
    criar PDFs a partir de 63–64
temas visuais nos PDF Portfolios 187–188
Text Box, ferramenta 226–227

texto
  alterar a cor do 172
  alternativo (Alt) 121–122
  copiar como texto acessível 172
  copiar de um arquivo PDF 172
  copiar em RTF 172
  editar 47, 170–172
  inserir nos comentários 226–227, 230–231
  marcar para exclusão 230–232
  redefinir 116–119
  remover 295
  suavizar 125–126
  tornar o texto digitalizado editável 80–81
títulos e estilos no Word, converter em indicadores 133–134
Tools, painel 27, 43, 46
  painéis no 48
Tools, selecionar as ferramentas no painel 46
TouchUp, caixa de diálogo 82–83
TouchUp Properties, caixa de diálogo 172
TouchUp Reading Order, ferramenta 118–119
Track Forms, comando 257
Tracker
  nas revisões compartilhadas 240
  usar para rastrear formulários 257, 258

transparência
  configurações da visualização da mesclagem 314
  mesclar 313
  opções de mesclagem 316
  sobre 313
  usar eficientemente para a impressão 304–305
  visualizar 313
Typewriter, barra de ferramentas 69–70
Typewriter, ferramenta 113

U

Underline, ferramenta 226–227
Use Single-Key Accelerators To Access Tools, opção 51–52

V

validar os dados do campo de formulário 262–263
vários documentos
  combinar em um único PDF 66–67
  comparar 292
  exibir 55
verificar acessibilidade 115–116
verificar as assinaturas digitais 206
vídeo, arquivos de
  adicionar aos arquivos PDF 166–167

  definir opções para 167–168
  selecionar skins para 169
Video, ferramenta 167–168
View Signed Version, opção, assinaturas digitais 214–215
visualizar
  campos de formulário 250
  imprimir 317–318
  PDF Portfolios 186–187
  separações de cores 317–318
  transparência 313

W

Windows Certificates 207
Word, comentários do, converter para notas do PDF 134–135
Word, documentos do
  converter em Adobe PDF 133–134
  salvar arquivos PDF como 145–146
Word, guia, PDFMaker 134–135

Z

Zoom In, botão 44
Zoom Out, botão 44
Zoom To, comando 52–53
Zoom To Page Level, comando 49

Notas de produção

O *Adobe Acrobat X Classroom in a Book* foi criado eletronicamente com o InDesign CS4. A arte foi produzida com o Adobe InDesign, o Adobe Illustrator e o Adobe Photoshop. As famílias de fonte Myriad Pro e Warnock OpenType foram utilizadas em todo o livro.

As referências a nomes de empresa nas lições são apenas para fins ilustrativos e não pretendem referir-se a nenhuma organização ou pessoa real.

Imagens

As fotografias e ilustrações se destinam exclusivamente ao uso com os tutoriais.

Tipos de fonte utilizados

As fontes Myriad Pro e Adobe Warnock Pro são utilizadas em todas as lições. Para mais informações sobre as fontes OpenType e Adobe, visite www.adobe.com/type/opentype/.

Créditos da equipe

As pessoas a seguir contribuíram para o desenvolvimento desta edição do *Adobe Acrobat X Classroom in a Book*:

Redatora: Brie Gyncild
Gerente de projeto: Lisa Fridsma
Elaboração das Lições: Brie Gyncild
Ilustradora: Lisa Fridsma
Revisora: Wendy Katz
Revisora Técnica: Megan Tytler
Indexadora: Brie Gyncild
Design da capa: Eddie Yuen
Design interno: Mimi Heft
Editor Executivo da Adobe Press: Victor Gavenda
Editor de Produção da Adobe Press: Hilal Sala
Editor de Projeto da Adobe Press: Connie Jeung-Mills